ジェイコブ・H・シフ

日本を支持したユダヤ系銀行家の軌跡

村岡美奈

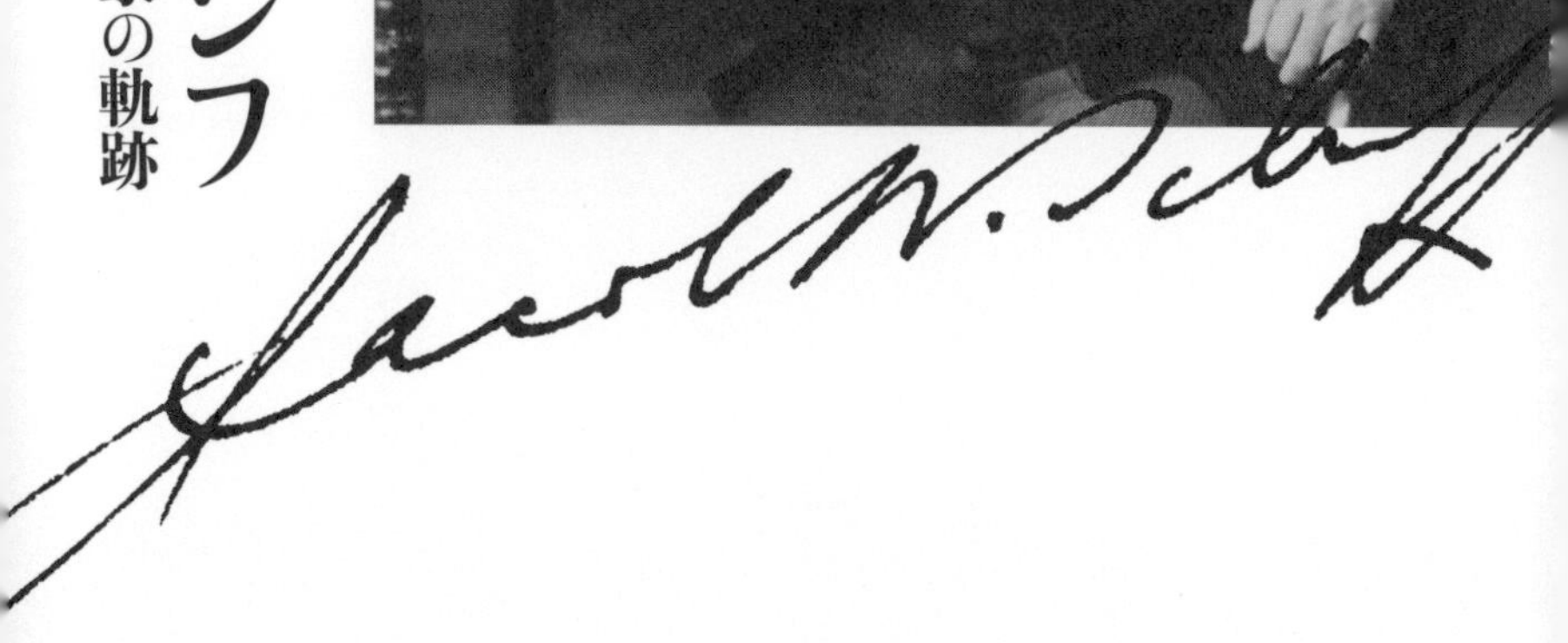

春風社

ジェイコブ・H・シフ——日本を支持したユダヤ系銀行家の軌跡◆目次

凡例

1 本書における人名、地名は現地の発音に近い片仮名表記を採用する。必要に応じて現地語を丸括弧内に付記する。たとえば、シフのファーストネームであるJacobに関しては、ドイツ時代はヤコブ、アメリカ時代はジェイコブと表記する。WarburgやRothschildに関しても同様に、ドイツに拠点をおいて活動した者に関してはヴァールブルクやロートシルト、英語圏の国に拠点をおいて活動した者に関してはウォーバーグやロスチャイルドと表記する。

2 公文書はすべて片仮名書きであるが、引用に際しては平仮名書きとする。

3 本文中の（　）は筆者による短い補足説明や注記である。

はじめに

ジェイコブ・ヘンリー・シフ（Jacob Henry Schiff, 出生時は Jakob Heinrich Schiff）は一八四七年にドイツのフランクフルトに生まれた。[1] 一九世紀末から二〇世紀初頭の激動の時代に、アメリカ国内外で銀行家として、そしてユダヤ人共同体における指導者として活躍した。一九二〇年九月二五日に、ニューヨーク、マンハッタンの五番街七八丁目にある邸宅で、七三年の人生に幕を閉じたが、紛れもなくその当時アメリカで最も有名で有力なユダヤ人だった。一八歳の時に故郷のフランクフルトからアメリカに移住してから五五年の間に、シフはアメリカを代表する銀行家の座に上りつめた。一九世紀半ばより発展を遂げた鉄道建設ビジネスで巨大な富を築き、本業である金融業における偉大な成功に加えて、慈善家としても福祉や教育の分野に多額の寄付をして評価された。多額の寄付をする慈善家は他にもいたが、シフは金銭的な支援のみならず、自ら現場に赴いて偵察をしたり、相談役として的確なアドヴァイスをしたりすることを怠らなかった。このような関わり方は、他の銀行家による慈善活動には一般的にみられなかった特徴であり、シフの慈善に対する思いと彼の人柄が大きく反映されたものだった。

アメリカ・ユダヤ史において、シフが活躍した時代は「シフの時代」（Schiff Era）[2]とも呼ばれ、その名のとおり彼はユダヤ人共同体の指導者としても多岐にわたって活動した。当時ユダヤ人を最も悩ませたのは、ロシアのユダヤ人迫害問題だった。それはアメリカに押し寄せるユダヤ移民の大量流入の原因でもあり、シフを中心とする指導者層はアメリカ政府の介入を呼びかけ、精力的にロビー活動を行った。シフは有力な銀行家としての立場を利用し、時には大統領に直々に申し出て、アメリカ政府の対ロシア政策に口を挟んだり異議を唱えたりすることもあった。彼はこのような強硬な姿勢をもって、ロシアのユダヤ人がおかれている境遇を改善することを試みたのである。シフの個人的な政治への圧力は、当然ながら政府高官から疎まれることもあれば、一般からの批判を受けることもあった。しかし彼は揺るぎない信念と使命感をもってその活動に取り組んだのである。

シフのユニークな生涯をひときわ輝かせたのは日本との関係だった。シフは文明開花する日本に早くから関心を示していたが、日本との直接的な関わりをもったのは、一九〇四年二月に勃発した日露戦争以降である。この戦争において、日本は朝鮮半島と満洲の権益をかけて大国ロシアと戦うことになったが、当時の日本は近代国家としては未熟であり、ロシアと比較すると、兵力や武力に加えて、とりわけ資金力の弱さが懸念された。そのため日本は外債募集をすることになり、日本銀行の副頭取で海外経験がある高橋是清を戦費調達の任務に就かせた。当初一般的な発行市場の状況の悪さや戦時公債のリスクに加え、日本の敗戦が危惧されていたため、高橋が外債発行の引き受け先をなかなか見つけることができず苦労するなか、ロンドンで初めて出会ったシフが発行を引き受けてくれたのである。(3) シフが頭取を務めるクーン・ローブ商会は、戦争が終結するまでに合計二億ドルの公債を発行するに至った。

このような理由から、シフは日本の恩人としても知られている。日露戦争から一二〇年の月日がたった今日も、日本人がシフについて知ることがあるとすれば、それはこの日露戦争への関与があったからである。一方で、日露戦争に関わる部分を除けば、シフに対する関心は日本ではほとんど見られないと言える。さらには、日露戦争時には恩人として尊敬されていたにもかかわらず、彼が有力なユダヤ人銀行家だったことから「金儲けが上手い」というユダヤ人に対する典型的なステレオタイプばかりが誇張され記憶されてきたのである。(4)

ところで明治維新から日露戦争までの明治日本を描いた、司馬遼太郎の『坂の上の雲』(『司馬遼太郎全集』に収録、文藝春秋、一九七三年)にもシフは登場する。本作品は、NHKによってドラマ化され、二〇〇九年から一一年にかけて三部構成で全一三回が放送された。シフが登場するのは第一〇話であり、高橋是清が日露戦争の資金調達のためにロンドンで第二回目の起債についてシフに交渉する場面である。高橋が宿泊する安宿の薄暗い部屋において、揺らめく暖炉の火のそばで話し合うシフと高橋の姿が五分程度で描かれているが、この密談が行われているかのような場面に先駆けて、シフ役は次の台詞を発するのである。日本は第二回旅順要塞総攻撃に失敗し、ロンドンで日本の外債の人気が落ち困窮している。よって高橋たちは、外債募集を続けるために「その身を一ポンド渡してでも居座るだろう」というものである。この台詞は実際の記録に基づいておらず、ドラマ性をもたせるための脚色であるが、少なからずユダヤ人に対するステレオタイプが誇張された脚色であったといえる。なぜならば、人肉裁判をテーマにしたシェイクスピアの『ヴェニスの商人』（*The Merchant of Venice*, 1596-97）に登場する強欲なユダヤ人高利貸しのシャイロックを連想させる台詞だからである。この物語において、主人公の好青年アントーニオは、友人の代わりに金を借りるために、期日までに借りた金を返済できない場合には自らの肉一ポンドを与えよというシャイロックの条件に合意するのである。仮にドラマにおけるシフと高橋の場面を『ヴェニスの商人』に重ねるとすれば、日本はアントーニオのように正義感が強い存在であり、それに対してシフはシャイロックのように強欲なユダヤ人高利貸しという構図になるであろう。さらにドラマでは、実際のシフとは異なる人物像が作り上げられている。日本の外債募集にたずさわった時、シフは五〇代後半の青く真っすぐな瞳が印象的な、揺るがない自信、カリスマ性、厳格な雰囲気をもちあわせた人物だったが、スクリーンのなかのシフは若干弱々しい雰囲気をもつ老紳士として描かれている。このように日本で抱かれてきたシフのイメージは実際のものとは異なっている。シフが日露戦争において日本を支持するに至った理由には、金融とユダヤ人というイメージのみでは語ることのできない複雑な背景があった。

これまでもシフは研究の対象として取り上げられてきた。アメリカやイスラエルで出版された文献は、主に彼の経済的活動やリーダーシップに着目している。さらに、シフはアメリカ・ユダヤ史において最も重要な人物の一人であるため、彼の日露戦争関与については珍しい事例としてガリー・ディーン・ベスト、ナオミ・W・コーエン、ダニエル・グッドヴァイン、ロテム・コーネル、プリシラ・ロバーツなどの研究家によって経済史や外交史の視点から言及されてきた（Best, 1982; Cohen 1999; Gutwein 1989; Kowner 2006; Roberts 1997）。[5] 最近の研究では、アダム・ゴウワーによる金融史の視点からシフの活動を論じた研究や、ダニエル・シュルマンやスティーブン・ウジフサによる書籍がある（Gower, 2018; Schulman, 2024; Ujifusa, 2023）。[6] とりわけゴウワーは、シフが日露戦争における公債発行を通して、「当時まだ内部成長に集中していたアメリカ市場に、トランスナショナルな視点を持ち込んだ」ことを評価している。[7]

一方で、日本で出版された論文や書籍は、主に日露戦争との関わりに着目したものに限られているため、シフについては十分に触れられてこなかった。[8] そこで本書の目的は、シフの生い立ちから銀行家としての成功、そしてアメリカ・ユダヤ社会において彼が果たした役割を取り上げ、彼の慈善家としての取り組みや同胞ユダヤ人のためにアメリカ政府に対し行ったロビー活動にも着目しつつ、日露戦争に関与するに至った経緯や動機をさらに明らかにすることである。それに加えて、シフの日露戦争後の日本との関わりについても広い視点から考察する。日本においては十分に注目されてこなかったシフのユダヤ人としてのアイデンティティや、ユダヤ教とユダヤ民族に対する思い、さらには移民問題や当時まだ建国されていなかったユダヤ人国家の建設に対する考えについても検討し、その人物像を深く掘り下げることを試みたい。

今日では、アメリカ・ユダヤ社会が直面した問題において関わらないものがなかったと、その功績を高く評価されているシフだが、友人のサイラス・アドラーが、シフ没後に家族からの依頼を受けて一九二八年に全二巻の伝記を出版した以後、シフに関する研究は長い間存在しなかった。[9] 一九九九年に出版されたナオミ・コーエンによる研究書は、シフのユダヤ社会における指導者としての側面に着目し、慈善への関与を中心に構成されているが、コーエンがシフの研究をしようと思い立ったきっかけもまた、彼の存在が人々の記憶から消えてしまっていることに気がついたことだったという。「シフの時代」には、危機に直面するとアメリカ・ユダヤ人は決まって彼の助言を求めたにもかかわらず、七〇年近くたった一九八〇年代後半には、彼の存在が完全に忘れ去られていたという。コーエンによると、それを裏付けたのは一九八八年に学術雑誌『アメリカ・ユダヤ史（*American Jewish History*）』誌が実施した調査の結果である。この調査は、一九世紀と二〇世紀における偉大なアメリカ・ユダヤ人の指導者を確認するために、一一名のアメリカ・ユダヤ史の研究者を対象に行われたものだが、誰一人としてシフの名前を挙げる者はいなかったことをコーエンは指摘している。[10]

しかし、確かにシフに特化した研究はなかったものの、完全に忘れ去られていたわけでもなかった。実際には多くの書籍が彼の名に触れており、たとえば一九六七年に出版されたスティーブン・バーミンガムによるノンフィクション小説の『我々の仲間』（*Our Crowd: The Great Jewish Families of New York*, 日本語未訳）は、シフを含むニューヨークのドイツ系ユダヤ人の社交と家族について描き、ベストセラーになった。[11] さらに興味深い点を指摘すると、シフがアメリカにおいて忘れ去られていたとされる時期に、実は日本では忘れられていなかった。シフ自身が主なテーマとして取り上げられることはなかったにしても、日露戦争に関する文献にはその名前が幾度も登場している。日露戦争は小国日本が大国ロシアに勝利したのみならず、欧米列強から文明国と認められる契機となった戦争だったことや、東郷兵八郎や大山巌のような英雄が存在したこととも関係して、国内では一般的に高い関心が寄せられる戦争である。よって戦費のための外債発行を引き受け、日本を窮地から救ってくれたシフの名前はユダヤ史に関心がない人にも広く知れわたることになった。しかし先にも触れたとおり、それはあくまでも日露戦争に関連する部分のみに限られていた。

シフを日本で有名にした日露戦争における日本の外債発行は、投資銀行家として発展を遂げる日本の将来を見据えての行動でもあったが、彼にとってさらに大きな意義は、開戦前よりボイコットしつづけていたロシアの金融にさらなる打撃を加え、ユダヤ人迫害が問題視されていたロシアに鉄槌を下すことだった。シフは一九世紀末から二〇世紀初頭に活躍したユダヤ人のなかでもきわめて重要で代表的な存在だったが、彼の活動に見られた特徴や功績は必ずしも同時代に活躍したドイツ系ユダヤ人有力者の典型例ではなかった。なぜならシフがたずさわる事業においては、彼自身の個人的な感情や主観、とりわけユダヤ教やユダヤ社会に対する愛着が、関与する際の動機付けとなることが珍しくなかったからである。

日露戦争への関与については先にも触れたとおりすでに重要な研究が存在するため、本書はアメリカで活躍したシフという人物の行動を通して、当時のアメリカ社会で見られた一部の動きに着目したものである。シフの関与は多くの関心を集めたユニークなエピソードだが、実は資金面だけの日本支持ではなかったということはほとんど知られていない。とくにアメリカにおいては、シフのような有力で著名な人物が日本を支持したということ自体に大きな意義があった。一九〇六年に来日してからは、日本の非公式な財務アドヴァイザーの役割を果たし、他方でアメリカにおいては日本に見識がある者として、報道機関から意見を求められることも多かった。さらには、日米の友好関係に共鳴する数名と共にジャパン・ソサエティ（Japan Society）をニューヨークに設立して、日米関係にも影響を及ぼしたのである。また、日露戦争を通じて知り合った高橋是清との交流は亡くなるまで続いた。シフは外債募集に関わる以外にも、高橋にアメリカの経済や世論の動きなどを報告しアドヴァイスするなど、精神的な支援をしつづけた。このようにシフが日本を支持することは、当時日米両社会にとっていかなる意味合いをもったのだろうか。加えて、日露戦争後に継続されたシフと日本の交流は、日本とユダヤ人の関係にいかなる影響を及ぼしたのか。本書が明らかにするとおり、シフに感謝した日本は、第一次世界大戦およびロシア内戦によって発生したユダヤ人難民に対し特別な対応をするにいたった。以上の点から考えると、シフと日本の関係は日露戦争時の外債発行よりも遥かに広がりがあるものだった。いかなる歴史的な事象と同様、一見小さく見える動きは、実際には大きな広がりを伴うものであり、シフの日露戦争への関与は、一九世紀末から二〇世紀初頭の社会や、その後の時代に少なからず影響を与えたのである。

注

（1）シフの出生時の名前はドイツ語の表記に則って、Jakob とされてきたが、フランクフルトのユダヤ博物館所蔵のシフの卒業証明書を見る限りでは Jacob と記載されているため、はじめから Jacob と表記されていた可能性が高い。

（2）シフが会長を務めたモンテフィオーレの後継者によって作られたフレーズ。M. Kohler to Mortimer Schiff, 14 Oct. 1925. Schiff Papers. American Jewish Archives. シフが活躍した一八八〇年から一九二〇年までの時期を指す。

（3）鈴木俊夫「日露戦時公債発行とロンドン金融市場」、日露戦争研究会編『日露戦争研究の新視点』（成文社、二〇〇五年）、九一、九七。日露戦争時の外債募集に関しては、板谷敏彦『日露戦争、資金調達の戦い――高橋是清と欧米バンカーたち』（新潮社、二〇一二年）が詳しい。明治時代の外債については半田英俊『明治外債史の研究』（一藝社、二〇二二年）も参照されたい。

（4）Tetsu Kohno, "Debates on the Jewish Question in Japan," *Bulletin of the Faculty of Liberal Arts*, Hosei University, no. 46 (1983), 6; Rotem Kowner. "On Symbolic Antisemitism: Motives for the Success of the Protocols in Japan and Its Consequences," *Posen Papers* (no. 3) Jerusalem: The Vidal Sassoon International Center for the Study of Antisemitism (Hebrew University, 2006), 2.

（5）Cyrus Adler, *Jacob H. Schiff: His Life and Letters* (Garden City, NY: Doubleday, 1928); Naomi W. Cohen, *Jacob H. Schiff: A Study in American Jewish Leadership* (Hanover: Brandeis University Press, 1999).

（6）Adam Gower. *Jacob Schiff and the Art of Risk: American Financing of Japan's War with Russia* (1904-1905)(London: Palgrave Macmillan, 2018); Daniel Schulman. *The Money Kings: The Epic Story of the Jewish Immigrants Who Transformed Wall Street and Shaped Modern America* (NY: Alfred A. Knopf, 2024) ; Steven Ujifusa. *The Last Ships from Hamburg: Business, Rivalry, and the Race to Save Russia's Jews on the Eve of World War I* (New York: HarperCollins Publishers, 2023).

（7）Gower, 15.

（8）日本においては、二村宮國、松村正義、田中文憲、田畑則重がシフの日露戦争への関与について論じている。参考文献を参照されたい。

（9）シフが生前に記した貴重な手紙がまとめられ解説されたものとして重要な資料ではあるが、出版に家族が関わっていることから、シフに関して批判的なことは一切書かれておらず、シフの功績を称える内容に偏っているとの指摘もある。Cohen. *Jacob H. Schiff*, xiii.

（10）Eyvatar Friesel, Pamela S. Nadell, Lloyd P. Gartner, Robert Rockaway, Arthur A. Goren, Jonathan D. Sarna, Walter Jacob, June Sochen, Leon A. Jick, Stephen J. Whitefield, Benny Kraut."The Greatest American Jewish Leaders," *American Jewish History*, Vol.78, No.2 (December 1988): 169-238. 実際にはシフの名前はジョナサン・サーナによって触れられている。サーナによると、二〇世紀初頭に活躍したシフ、メイヤー・サルツバーガー、サイラス・アドラー、そしてこの世代で最も重要だったとされるルイ・マーシャルは、アメリカ・ユダヤ人による機関の多くを設立し、アメリカのユダヤ人共同体が世界のユダヤ人の生活の中心的な存在に成長することを見届けた一方で、彼らの死後に起きたホロコーストとイスラエル国家の建国という二〇世紀の大きな出来事を考慮すると、果たして彼らが二〇世紀のアメリカ・ユダヤ人に与えた影響は依然として大きなものでありつづけるのか疑わしいことが指摘されている。

（11）Stephen Birmingham, *Our Crowd: The Great Jewish Families of New York* (New York: Harper & Row, 1967). バーミンガムは、著書で取り上げるドイツ系ユダヤ人エリートの子孫から提供された貴重な資料を基に調査を行い、その内容は研究書にも引用されているが、信憑性に関しては、マーシャル・スクラーによってフィクションとノンフィクションの境目が不明瞭で、登場する人物の会話さえも想像して書かれているのではないかとの指摘もある。Marshall Sklare."The Trouble with 'Our Crowd'," *Commentary* (January 1968), 60.

第一章　アメリカを代表する銀行家の誕生

彼（父）は貴族のような性質と威厳をもち、即座に尊敬を集めました。彼を［下の］名前で呼ぶ人はほとんどいませんでしたし、［父も］そのように他人に呼びかけることはありませんでした。ボタンホールに花を挿すのが習慣で、これは彼を知っているすべての人にとって一種の象徴となっていました。[1]

（シフの娘、フリーダ・シフ・ウォーバーグの回想録より）

ニューヨーク・マンハッタンの、中華街からマンハッタンとブルックリンを結ぶウィリアムズバーグ橋を見渡せる場所には、かつてシフ・パークウェイ（Schiff Parkway）【図1】として知られていたシフ・モール（Schiff Mall　※モールは木陰のある遊歩道の意味）がある。銀行家、そして慈善家として知られたジェイコブ・シフの没後に敬意を表して設けられたものである。ロウアー・イースト・サイドのスワード公園には、シフの名前が付けられた噴水（Schiff Fountain）【図2】がある。そこから北に上がったアッパー・マンハッタンのアムステルダム・アヴェニューの一三六から一三八丁目にかけては、一九五六年に設立されたジェイコブ・H・シフ公園（Jacob H. Schiff Park）がある。現在は南米出身の移民が密集して暮らす地域だが、かつてこの地にはヘブライ慈善協会によって設立されたヘブライ人孤児保護施設があった。シフの没後、一世紀が過ぎたが、

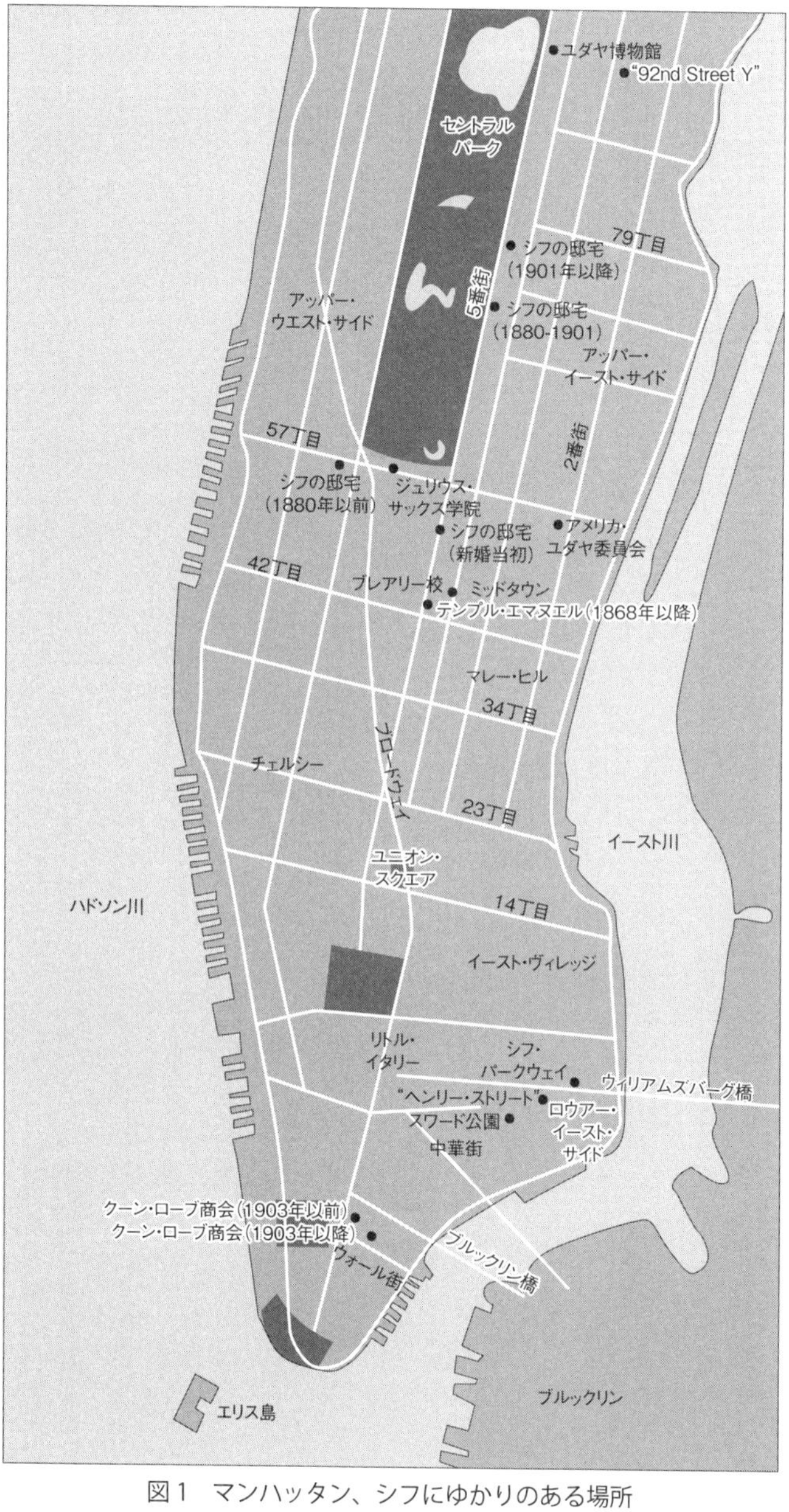

図１　マンハッタン、シフにゆかりのある場所

このように現在もニューヨークには二〇世紀転換期にアメリカで活躍した偉大な慈善家シフにゆかりのある場所がいくつも存在する。この章では、シフという偉大な人物を形成した、彼の生い立ちからアメリカへの移住、そして家族や社会を中心に、当時の時代背景に着目しながら見つめたい。

図２　スワード公園にあるシフ噴水
(Courtesy of Seward Park Conservancy)

一節　生い立ち

ヤコブ・ハインリヒ・シフは、一八四七年一月一〇日にドイツのフランクフルトにて、株式仲買人のモーゼス・シフとその妻のクララ・ニーダーホフハイムの間に四男一女のうちの三番目の子として生まれた。当時ユダヤ人はドイツのほとんどの地域で平等の権利を認められていなかったが、ヤコブが生まれた翌年の一八四八年には革命が起き、ユダヤ人に大きな影響をもたらした。[2] シフ家の家屋はフランクフルトのユダヤ人地区に位置し、かつてはユダヤ系銀行家として世界的に有名なロートシルト（ロスチャイルド）家が隣に住んでいた。

ヤコブは母親の深い愛情を受けながら成長し、後に「自分が得たいかなる成功も、自分が成し遂げたいかなる善行も、すべて母の教えと模範のおかげである」と友人に語っている。(3) その一方で、厳格な父親に対してはいささか抵抗を感じていたようである。モーゼスは宗教的な儀式や戒律を守るのに厳しく、息子と一緒にシナゴーグ（ユダヤ教の礼拝所、会堂）でお祈りを捧げるため、どんなに寒い日でも幼い息子を朝の五時に起こしたという。しかしヤコブはそんな父親の厳格さに対し、従順に従い我慢しつづける性格ではなかった。子ども時代のヤコブは、他の少年と同様に勉強よりも遊ぶことを好み、日に三度もシナゴーグでお祈りを捧げることを強要されるのを嫌がった。(4) そんなヤコブのささやかな抵抗は、家庭教師によるヘブライ語のレッスンからこっそり抜け出すことだった。シフの子ども時代について知られていることは少ないが、後に娘のフリーダ・シフ・ウォーバーグが、父親の子ども時代について聞いたことがある唯一の逸話として記したのは、ヘブライ語のレッスン時に彼が壁に沿ったパイプをつたって部屋の窓から抜け出したというものであった。その一方で決して不真面目な性格だったわけではなく、同年代の子どもと比較すると人一倍自分に厳しかったという。(5) 父親の独裁主義的な宗教的熱意とそれに対する反発は、シフ親子の関係を悪化させたとも考えられている。確たる証拠は残されていないものの、ヤコブが後にアメリカに移住したのもそれが一因だったのではないか、とナオミ・コーエンは推測して

図3　1864年のフランクフルトの旧ゲットーの地図、右側にはユダヤ市場に続くユーデンガッセが描かれている
（Courtesy of Wikimedia Commons）

いる。[6]

シフ家はドイツで由緒あるユダヤの家系であり、ヤコブも幼い頃からそれを意識して成長した。一八世紀には、同じくフランクフルトのユーデンガッセ（Judengasse: ドイツ語で「ユダヤ人の路地」の意味）【図3】出身のロートシルト家と二軒続きの家に住んでいた。シフ家はロートシルト家のように裕福ではなかったが、ロートシルト家よりも高貴で由緒あるユダヤの家系を誇りにしていた。ロートシルト家のルーツは、商人の息子だったマイヤー・アムシェル・ロートシルトが一七六〇年代にフランクフルトで金融業を立ち上げた時に始まる。その後ナポレオン戦争時代に財を成し、新興金融王へと成長したのである。ロートシルト家が「金儲けだけで有名」なのに対し、シフ家は数世紀にわたりユダヤ教のラビ（ユダヤ教の聖職者）や、ダイヤン（宗教的な裁

判官）、そしてパルナス（会衆長）を輩出してきたことで知られていた。一七世紀にはユダヤ教のタルムード（ユダヤ教の口伝律法）の注釈を記したメイール・ベン・ヤコブ・シフが活躍し、一八世紀にはデイヴィッド・テベレ・シフがイギリスのグレート・シナゴーグのラビ長に就任している。さらに、フランクフルトにおけるシフ家の歴史は、ロートシルト家よりも四世紀ほど前の一四世紀まで遡ることができる。

後に出身に誇りをもつシフが先祖について紀元前一〇世紀まで遡って調査したところ、ソロモン王やダビデ王、そしてその妻のバト・シェバが先祖であるらしいことがわかったため、シフは自身がイスラエル王の子孫であることを真摯に受けとめ、さらに誇らしく感じるようになった。高貴な家柄の出身であるという自覚は後の世代にも引き継がれた。フリーダによると、「家族（シフ家）にとって、過去を知り、それに従い恥じないように誇りと責任感をもって行動することが最大の重要事項であった」という。(7)

二節　フランクフルトにおける幼少期から青年期

ヤコブが生まれ育ったフランクフルトは、かつて神聖ローマ帝国の皇帝直属の自由都市の一つだった。ユダヤ人がフランクフルトに入植したのは紀元一世紀の頃だったといわれている。フランクフルトはユダヤ人を追放しなかった数少ない都市の一つであるが、ユダヤ人に寛容だったかといえば決してそうではなかった。一四六〇年にユダヤ人は、薄暗い一本の通りに沿って構成されたゲットー（ユダヤ人隔離居住区）に追いやられることになり、一八世紀末になっても彼らには門限などの制限が課せられていた。ドイツには、特別に権利を認められた「宮廷ユダヤ人」（Hofjuden: ホフユーデン）の存在もあった。彼らは王や大候の財務を管理したり、代理でローンの借受けを交渉したりして活躍した。宮廷ユダヤ人は、ヨーロッパ各地に親族をもち、同胞のネットワークを駆使して諸公の要求に応じてくれる貴重な存在だった。しかし宮廷ユダヤ人になることができたのはごく一部のユダヤ人のみであり、ドイツのユダヤ人に詳しいアモス・エロンの研究によると「一八世紀、西ヨーロッパでユダヤ人に最も苛烈な扱いをする都市は、おそらくフランクフルトであった(8)」。

ゲットーには、町のなかでも住居を構えるのには好ましくない土地が割り当てられることが慣例だった。フランクフルトの場合は、二〇〇人から三〇〇人を収容することを想定して高い壁で囲まれた土地が与えられたが、ユダヤ人の住民が増えつづけ一七四三年の時点でその数は三〇〇〇人ほどに膨れ上がっていた。夜間、日曜日、そしてキリスト教の祭日には、門に錠がかけられて外に出ることが禁じられていた。さらには、ユダヤ人がゲットーの外にある公園などの公共の場に立ち入ることも許されていなかった。このような制限が廃止されるのは一八世紀末に起こったフランス革命後である。ヨーロッパの主要交易の中心となったフランクフルトは商業の機会に溢れ、ユダヤ人の人口は増加するばかりだった。一八世紀末から一九世紀前半に活躍した詩人のゲーテは、フランクフルトのゲットーについて次のような印象をもった。

息が詰まるような狭い空間、汚物、おびただしい人の群れ……不快な印象であった。門の外から覗いただけでもそうである……しかしそれでも、彼等が人間であることには変わりは無い。精力的で、好感がもてる。彼等が独自の習わしを守り抜く姿勢は尊敬に値する。その上彼等の娘達は美しい。(9)

ゲットーのユーデンガッセ沿いに建てられた多くの家のうちの一つがシフの生家である。ユダヤ人は苗字を使うことを許されていなかったが、フランクフルトのユーデンガッセにはそれぞれの家に紋章があり、苗字を使うことが許されるようになってからは、その紋章が苗字として使われるようになった。たとえば名門ロートシルト家は「赤い楯」(ドイツ語でロート・シルト)、アドラー家は「鷲」(ドイツ語でアドラー)、そしてシフ家は「船」(ドイツ語でシフ)が紋章だった。(10)フランクフルトのゲットーは、一七九六年のフランス軍の攻撃によって大半が破壊されたため、三三〇年の歴史に幕を閉じた。しかし、ゲットーでの暮らしを強制されなくなった後も旧ゲットーにとどまる者が少なくなかった。

フランクフルトは一八一五年にドイツ連盟に加入して再び自由都市となった。ヤコブが経験したフランクフルトは、商業で著しい発展を遂げ、ユダヤ人人口の増加がとりわけ顕著だった。一八五八年に約五〇〇〇人だったユダヤ人の人口は、一八七一年になるとその倍の一万人以上に増えていた。[11] ユダヤ教においては自由な風潮が広がり、自由主義に根ざした改革派と、伝統を重んじる正統派による対立も見受けられた。ヤコブの父親のモーゼスは、改革派に対抗すべく設立された正統派シナゴーグのユダヤ宗教協会（Israelitische Religionsgesellshcaft, 以下ＩＲＧ）の創立者の一人だった。ＩＲＧは流儀としては伝統的な立場を取るものの、新たな時代の要請に応えるべく近代的なシナゴーグ、そして宗教学の他に世俗の学問も教える学校の建設といった新しい正統派ユダヤ教のあり方を提唱した。それを実現させるために、ユダヤの伝統の知識をもちつつもギムナジウムと大学で正規の教育を受けたラビを採用することが重要視され、新正統派と呼ばれたザムソン・ラファエル・ヒルシュが適任者として採用された。[12] シーセル・ロスによれば、ヒルシュは「厳格に伝統的なユダヤ教の哲学を打ち立て、近代的な風潮に一歩も譲ることなしに［中略］近代の人々の気持（ち）を満足させることができた」人物だった。[13] ヤコブは一八五三年から六一年まで、ヒルシュの学校で教育を受けた【図４】。正規の学校で教育を受けたのは一四歳まででで高等教育は受けていないが、子どもの時に受けた宗教的な学問と世俗的な学問の二つの教育が、後のヤコブの伝統的であると同時にコスモポリタンで近代的といったユニークな性格を形成したのである。

フランクフルトはユダヤ人が大学で学ぶことを禁じていたため、ヤコブのような商業を営む家庭に生まれた者は、大抵父親の指導のもとに仕事を学んだ。ヤコブは最初に大きな商館の見習いとして働き、その後、義理の兄の銀行を手伝うことを通して社会における実践的な教育を受けた。ヤコブは若い頃から一途な性格で、さらには自分が欲するものをよく理解していた。彼の心には、アメリカに行きたいという気持ちが芽生えていた。一六歳になると父親の仕事も手伝い始めたが、一年ほどたってモーゼスがヤコブの扱いに苦労している様子を、ミズーリ州セントルイスにいる従兄弟に送った、次の手紙からうかがうことができる。

図４　シフの卒業証明証
（筆者撮影、フランクフルトのユダヤ博物館にて）

私の次男で一七歳のヤコブは、すでにフランクフルトは彼の野望を果たすには小さすぎると感じているようで大問題です。私が許可したら、君の義理のお兄さんが（ドイツに来る時に）一緒に（アメリカに）連れて帰ってくれるかどうか、そしてこれも私にとって非常に重要なことですが、（ヤコブがアメリカにおいて）正統派ユダヤ人としての生活を続けられるかどうか、君の意見を聞かせて欲しい。(14)

モーゼスの従兄弟はこの手紙に対して、ヤコブがフランクフルトは小さいと感じているならば、セントルイスはさらに小さく感じるだろうとの返事を送った。このような父の心配をよそに、若いヤコブには自身が立てた別の計画があった。一八六五年に一八歳になると、しばらく前から思い描いていた計画を実行に移したのであった。家族の伝手に頼らず、単独でフランクフルトを後にし、イギリス経由でアメリカに向かったのである。

ヤコブがフランクフルトを去る決断をしたのは抱いた野望を実現するためであって、フランクフルトに嫌気がさしたからではなかった。それは彼がその後の人生において、ドイツ出身であることに誇りをもちつづけ、同郷フランクフルト出身のユダヤ人との結束を常に大切にしたことからも明らかである。少年時代のヤコブは、父親の厳格さに対してうんざりすることもあったかもしれないが、アメリカに移住後も頻繁に家族に手紙を送ったり故郷に帰省したりしている。(15) 少年時代には抵抗を感じていた朝の祈祷は彼の日課と化し、祈りを済ませた後には両親の写真に口づけした。両親の命日には、ユダヤ教におけるヤールツァイト（Yahrzeit: イディッシュ語で「命日」の意味）の習わしに基づいて追悼の意を込めて寄付することがシフの習慣となった。(16)

三節　アメリカへの移住と銀行家への道

当時、シフのような若いユダヤ人男性によるドイツからアメリカへの移住は、決して珍しいことではなかった。アメリカ・ユダヤ史における時代は移民の波にあわせて大きく五つの時代に区分されている。第一期は一六五四年から一八二〇年で、主に植民地への入植がみられた。第二期は一八二〇年から八〇年であり、アメリカ・ユダヤ史では一般的に「ドイツ系移民の時代」と呼ばれているが、実際にはドイツに限らず中央ヨーロッパの国々からの移民が来ている。第三期は一八八〇年から一九二〇年の、東欧からの移民が大規模で流入した時期である。第四期は一九二〇年から四五年であり、一九二四年の移民法によってそれ以降のユダヤ移民の流れが一定期間大幅に減少した時期である。第五期は一九四五年以降の、主にホロコーストなどによる難民が移民の中心となった時期である。(17)シフが活躍したのは第二期と第三期の時代にあたる。

ドイツ系移民の時代に、アメリカは急速な成長を遂げていた。ドイツ系ユダヤ人の多くは、一八四八年の革命から逃れてアメリカに移住したフォーティエイターズや、経済的な改善を求めてアメリカに移住した者たちである。さらに南北戦争後の好景気の高度成長期には、より良い暮らしや機会を求めた移民がアメリカに集中した。一八六九年に大陸横断鉄道が開通し、アメリカは拡張していた。鉄道や運河の建設のための労働力が必要とされたため移民を積極的に受け入れ、製造業も発達し一九世紀末までに世界最大の工業国に成長した。一八二〇年から八〇年の間には、約一五万人のユダヤ人がアメリカに移住しているが、ユダヤ人は同時期に来た他の移民グループとは異なり、農民出身ではなかった。彼らは行商人や仲買人として商業の経験があったことに加え、字を読むことができたため、アメリカでの生活に適応するのが早かった。ドイツ系ユダヤ人の時代の特徴は、中央ヨーロッパ出身のユダヤ人が経済と小売業で成功を収め、アメリカにおけるユダヤ系機関の設立やユダヤ教改革派を確立させたことである。(18) 実際に、シフもこの時代の流れを軸にして活躍した。

ドイツ系ユダヤ移民に関してはすでに蓄積された研究があるが、アブラハム・バルカイの研究によると、ドイツ系移民の間でも移住した時期によって大きく二つのグループに分けることができ、それぞれ異なる特徴があった。第一波は一八二〇年から六〇年の間に主にドイツ南西から来たグループで、その大半は独身で貧しい男性だった。彼らがアメリカに来た理由は、一八四八年の革命から逃れようという政治的な要因に加えて、その当時のドイツに暮らすユダヤ人の半数が極度の貧困に喘いでいたため、経済的な要因が関係していた。彼らの大半が教育を受けておらず、お金もなかった。また住む場所や働く場所などについては未定のままアメリカに到着し、その多くが行商人（peddler）として働いた。

第二波は、南北戦争後の一八六五年から一九一四年の間にアメリカに来たグループであり、ドイツ北東出身者が多かった。比較的裕福な家庭の出身者で、家族の一部が最初に移住して生活が落ち着いたら残りの家族や親戚を呼び寄せる、いわゆる連鎖移民が主流だった。彼らの多くが教育を受けており、ドイツ文化に誇りをもっていた。中央ヨーロッパにはユダヤ人の繁栄を妨げる制限法などがある一方で、アメリカは土地が安く機会に溢れていたため、経済や政治的な理由から移住した。第二波の時期に来た多くは、アメリカに到着後行く場所がおおむね決まっていた。教育を受け、お金があり、家族や親戚がすでにアメリカで経営している商業にたずさわる者が多かった。(19)

興味深いことに、シフはどちらの例にも当てはまらない。シフは南北戦争前に単身で来た者たちのように貧しい出身ではなく、連鎖移民が主流のなかフランクフルトのシフ家からアメリカに移住したのはジェイコブ一人だけだった。シフは後に偉大な成功を収めることになるが、それはこの時代の典型的な現象でもあり、その背景にある歴史的転換点に大きく影響を受けている。この時代にアメリカが経験した急速な産業化における経済成長、移民の大量流入、拡張主義といったテーマは、いずれもシフが活躍する枠組みを形成した背景として直接的な関わりをもってくるのである。
シフは一八六五年に、五〇〇ドルの貯金、推薦状、そして両親が持たせてくれたのだろうか、ユダヤ教の食の戒律であるコシェルに則って処理された肉を携えてアメリカに到着した。シフはこの時代にアメリカに到着した他のドイツ系ユダヤ移民と比べると年齢的に若かった。まずニューヨークに住む同郷フランクフルト出身のウィリアム・ボンに会いに行き、彼の家に下宿させてもらうことが決まった。ボンはスパイヤー商会で働いていた。スパイヤー家はフランクフルトで銀行業を営む由緒ある裕福な一家で、息子の一人であるフィリップ・スパイヤーが、他のドイツ系ユダヤ人銀行家に先駆けて一八四五年にニューヨークに立ち上げたのがスパイヤー商会（Philipp Speyer & Co.）だった。[20] ウォール街に詳しいボンからいろいろと教えてもらい、シフはすぐにウォール街でビジネスマンとしての力を発揮することになった。最初の職場はフランク&ガンズ（Frank & Gans）証券会社だった。経営者のガンズはシフの働きぶりをみて「生まれながらの百万長者だ」と褒め称えたという。[21]
シフは二〇歳を迎える前の一八六七年に、フランクフルト出身のヘンリー・バッジとレオ・リーマンと共にバッジ&シフ証券会社（Budge, Schiff & Company）を創業した。バッジはシフの七つ年上で、会社設立のための書類に署名する時になって、シフがまだ未成年であることが初めて明らかになったという。[22] このエピソードからも、シフは早期から成熟した立派な青年だったことがうかがえる。ところでこの会社が続いたのは七年で一八七三年には解散している。その間にシフはアメリカに帰化し、ニューヨーク商工会議所のメンバーにも加わっている。シフはバッジ&シフ証券会社が解散した後も、アメリカに残ろうと考えていたが、ハンブルクのヴァールブルク商会（M. M. Warburg & Co.）から声がかかったことを機に、財政学を学ぶためにヨーロッパに一時帰国している。ヴァールブルク商会はドイツを代表する銀行であり、断るには惜しいと考えたシフはその仕事を受け、数ヶ月の間ハンブルクで働いた。しかし、同じ頃に父親のモーゼスが亡くなり、シフは愛する母親のそばにいるためにフランクフルトに戻り、しばらくの間ヨーロッパにとどまることにした。(23)

フランクフルト滞在中に、シフはクーン・ローブ商会の創立者であるエイブラハム・クーンに会う機会があった。クーンはヘッセン州の出身で、アメリカに移住してオハイオ州のシンシナティでズボン販売を行い、一八六七年にクーン・ローブ商会（Kuhn, Loeb & Co.）を設立した。その後本社をニューヨークに構え活躍した人物であるが、この時はすでに引退してヘッセン州最大都市であるフランクフルトに戻っていた。彼は若くエネルギーに満ち溢れ、複雑な財政問題にも精通するシフに感心し、自らが創始者であるクーン・ローブ商会にスカウトした。しかしシフは母親のことが気掛かりだったため、アメリカで働くことについて相談すると彼女はシフの新しい門出を祝福したという。(24) こうしてシフは一八七五年には再びニューヨークに戻り、クーン・ローブ商会に入社することになったのである。シフは母親に送った手紙のなかで「ここは巨大な機会に溢れていますー［中略］鉄道を含む今後のアメリカの拡張はとてつもなく大きいでしょう」と説明している。(25)

シフが初めてアメリカに到着した一八六五年におけるニューヨークのユダヤ人人口は七万五〇〇〇人と推定されているが、二度目に渡る一八七〇年代には一〇万人を超えていた。南北戦争後の好景気の恩恵を受けようとユダヤ移民の数は着実に増加し、アメリカのユダヤ人共同体は経済面にとどまらず社会面においても大きく発展を遂げる日が目前に迫っていたのである。

四節　結婚と家族

ドイツからアメリカに戻って数ヶ月のうちに、ジェイコブ・シフはクーン・ローブ商会のもう一人の創立者であるソロモン・ローブの娘テレーズと結婚した。これまでシフの私生活については、ほとんど触れられることはなかったため、ここでは身内による資料も参考にしつつ家庭でのシフの様子や家族との関係に触れながら、当時のユダヤ系エリートの暮らしぶりやそれを取り巻く社会、そして彼らが急速に変容を遂げる時代にいかに向き合ったのかを明らかにしたい。

シフはクーン・ローブ商会に入社後、ローブ家の日曜日の夕食に幾度も招待されるようになった。ローブの妻でテレーズの育ての母であるベティが、シフと二〇歳のテレーズを引き合わせようとしたためだった。テレーズはソロモンと最初の妻のファニーとの間に生まれた初子で、裕福な家庭で育った箱入り娘だった。ファニーはテレーズ出産後にも再び子を授かったが、死産で彼女自身も出産時に若くして亡くなった。幼いテレーズには母親が必要であると考えたソロモンは、ドイツ・マンハイムに在住のピアニスト、ベティ・ガレンベルクと再婚した。その後ソロモンとベティの間にも四人の子どもが生まれたが、テレーズはベティに実の母のように接したことから、彼女が生みの母ではないということを周りは気が付かないほどだった。兄弟たちでさえ、成人するまでテレーズが父親の前妻の娘であることを知らなかったという。ベティは教育熱心で、子どもたちに音楽やダンス、乗馬、テニス、歌唱、縫い物の他に、ドイツ語、フランス語、イタリア語、ヘブライ語、スペイン語のレッスンを受けさせた。身の回りの世話は看護師、住み込み家庭教師、召使いにすべてを任せたため、子どもたちは甘やかされて育ち、自分一人では身支度もできなかった。テレーズは一八歳になってもドレスのボタンを自分で留めることができず、弟のモリスは一二歳になるまで靴には右左があることを知らなかったほどである。(26)

ハンサムで頭が切れるシフは、当時ユダヤ人社交界の女性の間でも話題になっていた。彼は行商人を経て銀行家として成功したジョセフ・セリグマンのように貧しい出身ではなく、フランクフルトの由緒ある家系の出身だった。身長は一五八センチと小柄だったものの、透き通るような肌と母親譲りの青い大きな瞳が印象的な好青年であり、スタイルに気をつけていた。ローブ家の夕食を通じてシフとテレーズは気が合うようになった。しかしシフには短気という決定的な欠点があった。テレーズとの出会いについて母親に手紙を書いたところ、優しく接すること、そして有名な短気を抑えるようにとの返事が返ってきた。怒りのあまり急いで発する言葉は一生の傷を残すことになるから、とシフに念を押した[27]。

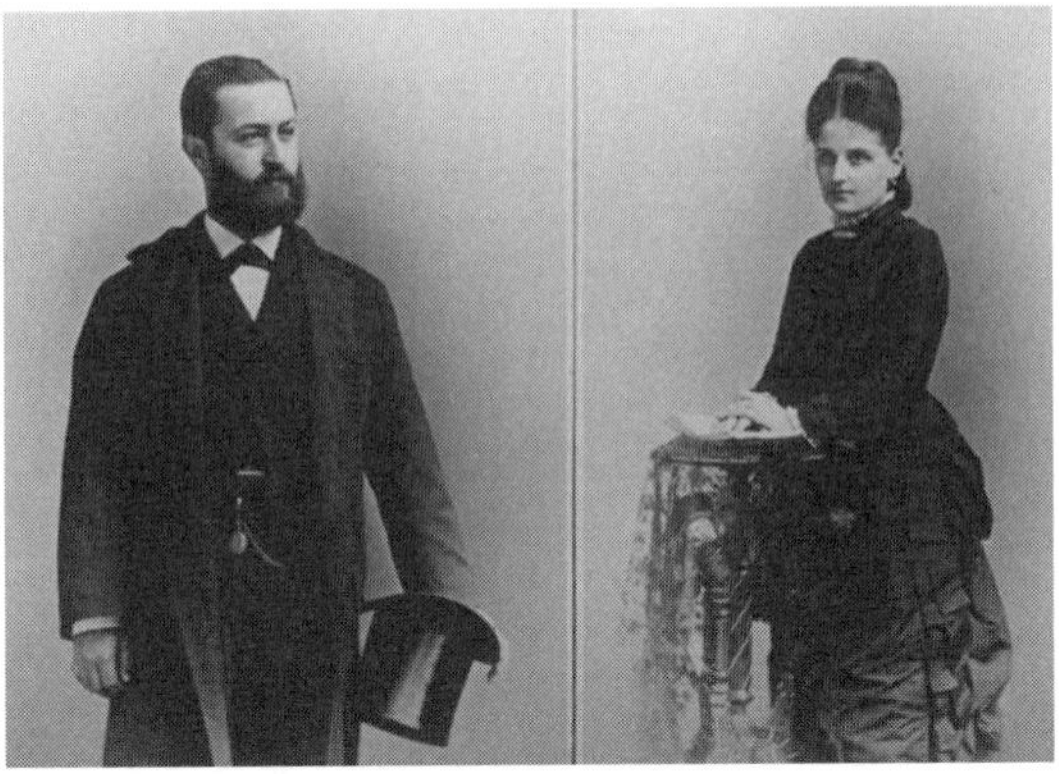

図5　新婚の頃のジェイコブとテレーズ
(Courtesy of the Leo Baeck Institute)

それから数ヶ月後にシフとテレーズは結婚した。その時シフは二八歳、テレーズは二一歳だった【図5】。ソロモン夫妻からは、結婚祝いとしてパーク・アヴェニューと五三丁目にあるブラウンストーンの家が贈られ、シフはこの結婚によりクーン・ローブ商会の共同経営者の地位を得た。早期からその才能を認められていたシフは、ローブ家との血縁関係がなかったとしても銀行家として成功を収めた可能性は高かったと言えるが、この結婚が、彼がアメリカを代表する投資銀行家として成功する日までの近道となったことは間違いない。

ところで家庭内のシフに関する記録においては、彼の性格について多く言及されているため興味深い。シフは落ち着いていて論理的で辛抱強い面もあれば、不合理で独断的な面もあり、二面性を持ち合わせている人物だったという。[28] さらには短気で厳格な性格ゆえ、必ずしも皆がシフと気が合うわけではなかった。たとえば義父母との関係においては、シフも二人もドイツ出身者だったが、ベティとは気が合い音楽や芸術の話に花を咲かせることがあったのに対しソロモンとはまったく気が合わなかった。ローブ家はセントラル・パークの近くにあるユダヤ教改革派の寺院、テンプル・エマヌ・エル（Temple Emanu-El）に所属していたが、ソロモンはユダヤ教の伝統や習慣から離れた生活を送っていたため、ユダヤ人としては不十分であるとシフから批判を受けることがあった。当然のことながらソロモンは婿からの批判に関してよくは思わなかった。さらにはテレーズの弟のジェイムズもシフが苦手だった。ジェイムズはシフと二〇歳年が離れており、ハーヴァード大学でギリシャ語とラテン語を学んだ学者肌だった。卒業後には研究を続ける道も開かれていたが、父親の強い希望から一八八八年に卒業と同時にクーン・ローブ商会に入りシフと共に働いた。ソロモンは実の息子のジェイムズに家業を継いで欲しいと願ったことは想像に難くないが、おそらくそれも関係して、シフとは折が合わなかった。一八九四年には共同経営者に昇進したが、その間に体調を崩し一九〇二年には商会から退職した。[29] シフとの性格不一致や銀行業での過労のため健康を害したことが原因だったという。

妻のテレーズが穏やかな性格だったこともあり、家庭内ではシフの命令が絶対的だった。(30) シフとテレーズは一男一女に恵まれ、一八七六年に娘のフリーダが、そして一八七七年に息子のモーティマーが生まれた。ナイアガラの滝での新婚旅行中に妊娠したテレーズは、結婚から八ヶ月たつかたたないうちにフリーダを未熟児として出産した。シフはこのことを恥ずかしく思い、早期出産について妻を咎めたという。それにもかかわらずフリーダが後に出版した回想録によると、両親の関係は良好で、父は母の美しさを誇りに思い、二人の愛は死が互いを分かつまで冷めなかったという。実際にシフとテレーズは離れた場所で過ごす時には毎日のように手紙を送り合う仲の良さだった。またシフ家はニュージャージー州モンマス郡のラムソン通りにある別荘で休暇を過ごすことがあった。シフは朝の祈りを捧げた後、妻のために一輪の薔薇を摘むことが日課となっていたという。(31) このように愛妻家としての一面もあったが、気難しい性格により一度意思を固めるとそれを変えさせるのは難しかった。孫娘のカローラ・ウォーバーグ・ロスチャイルドも、「祖父は強い意志を持ち、使命感にあふれ、短気だった」と指摘している。(32)

ビジネスでは形式張らないスタイルを好んだと言われる一方で、父親としてのシフは厳しく圧政的だった。(33) フリーダと同じく八ヶ月目に未熟児として生まれた息子のモーティマーに対しては格別に厳しかった。一人息子に対する期待が大きすぎたのか、常に問題児として扱い決して満足することはなかったという。お仕置きとして息子のお尻を叩くのが日課となり、シフ家では屋敷の上の階の洗面所からモーティマーの叫び声が聞こえることは茶飯事だった。そのうち家族の間で体罰の時間は「降霊術の会」と呼ばれるようになった。モーティマーの叫び声が、降霊術を行う際に甲高い喚き声と低い唸り声を入り混ぜながら発する言葉で死者に呼びかけるシャーマンの呟き声に似ていたからである。(34)

シフは自分の習慣を子どもにも強要した。彼らが学校に通える年齢になると、同じくドイツ系ユダヤ人で銀行家のメイヤー・リーマンのように馬車で子どもを学校に送ることはせず、自らが付き添って徒歩で通学させた。朝に子ども二人と家を出発すると、まず五番街の七四丁目にある自宅から七番街の五九丁目まで歩いて、モーティマーをジュリウス・サックス学院に送り、その後フリーダと二人で四五丁目にあるブレアリー校まで歩いた。(35) フリーダにしてみれば、七四丁目から四五丁目まで片道二キロメートルの道のりだった。ブレアリー校は上流階級の子女でもなかなか入学することができない名門の女子教育機関であり、フリーダは当時ユダヤ人として入学した数少ない生徒の一人だった。午前中に学校が終わるとフランス語の家庭教師が迎えにきて、朝と同じ道のりを歩いて下校した。帰宅途中はフランス語で会話し、昼食をとった後はプライベートレッスンに勤しむ日課であった。それに加えて稽古事もあった。月曜日と木曜日は乗馬、火曜日と金曜日はピアノ、そして水曜日は旧約聖書の勉強だった。ピアノの練習は毎朝学校に行く前に行うことになっていた。ある時フリーダが肥満気味だと思ったシフは、フェンシングを稽古事に加えた。(36) シフは上流階級の子女として恥ずかしくない教養や趣味を身に付けさせようと考えたのだろうが、子どもたちにしてみれば息が詰まるような生活だったに違いない。

夕食は一八時半からと決まっており、テーブルの席に少しでも遅れると夕食抜きの罰が与えられた。シフはボウリングを好んだため屋敷の下の階にはボウリングのレーンが設置されていた。レーンといっても現在のように自動ではなかったため、夕食後は決まってフリーダかモーティマーのどちらかが、父親が倒したピンを立て直す役を命じられた。(37)

シフが息子に対して格別に厳しかったことについては先にも触れたが、モーティマーは決して問題児ではなかった。むしろ、サックス学院において成績は大抵トップで優秀だった。しかしシフが息子の教育において重要視したのは、学業成績ではなく行儀だった。同年代の少年と同様に、モーティマーは常に行儀が良いわけではなかったため、そのような場合には父親から罰を与えられた。「勉学において優秀でなくてもいいが、正しい振る舞い方がわからないということであれば、それを許すわけにはいかない」というのがシフの方針だった。(38) 成人してからも、モーティマーが食事中に水をこぼしたという理由だけでテーブルの席から退くように命じることがあったという。(39) このようにマナーを守ることはシフにとって最優先事項だった。

子どもに対して、何かにつけて条件を課すのもシフの手口だった。モーティマーは一六歳にも満たない年齢で優等生として高等学校を卒業し、ハーヴァード大学への進学を希望した。ハーヴァードで学生生活を送ることは母方のローブ家の伝統でもあり、ソロモン・ローブの息子たちは皆ハーヴァードを卒業していた。さらには、大学学長のチャールズ・W・エリオットはシフの友人であり、夏には一緒にハイキングに行くほどの仲だった。それでもシフはモーティマーのハーヴァード進学を許さなかった。その理由は大学の規模が大きいことに加えて、裕福な家庭出身の青年たちが多すぎるということだった。シフは息子がすでに贅沢であることを懸念し、ハーヴァードに入学したら周りの環境に影響を受けてさらに贅沢になることを恐れたのである。一方でモーティマーは父の考えを受け入れることができず、最終的にシフは条件を提示した。それは一年間アマースト大学で学び、贅沢をしないことを証明できたら二年次からハーヴァードに編入すれば良いというものであった。モーティマーはこの条件を受け入れ、アマーストでは奨学金の援助でギリギリの学生生活を送る学生たちよりもさらに安い下宿に住むことにした。下宿先から大学までは距離があったため、父親の許可を取ってから、通学のための自転車を購入した。一年が終わり、夏に帰省した折に父親に約束について切り出した。するとシフは、心配していたとおり贅沢をしたからハーヴァードへの編入は許可できないと答えた。理解に苦しむモーティマーがその理由を尋ねると、自転車を購入する際に、中古ではなく新品を買ったからという返事が返ってきた。並々ならぬ努力をしたにもかかわらず希望を叶えることができずに打ちひしがれたモーティマーは、秋にはまたアマーストに戻ることになったのである。冬に実家に帰省した際には猩紅熱にかかり、二年次を終わらせることができなかった。しかしどうしてもハーヴァードを諦められなかったため、三年次から編入して良いかどうか父親に尋ねてみた。するとシフは突然ビジネスを学ばせるのに良いタイミングだと決め、鉄道業者で友人のジェイムズ・ヒルに頼み込んで、息子をミネソタ州のダルースに送り、鉄道の仕事を一から学べるようグレート・ノーザン鉄道の工事に従事する工夫の職に就かせたのである。モーティマーが鉄道について十分に学んだと思ったら、今度はヨーロッパに送り、ロンドンとハンブルクにある銀行で学ばせた。二一歳になったモーティマーは、自分がハーヴァードで学ぶことは金輪際ないであろうことを悟ったのである。このような仕打ちを父親から受けてもモーティマーは耐えた。ある時姉のフリーダから一体どうしたら耐えうるのか、と聞かれたモーティマーは「父をとても愛しているから」と答えたという。(40)

厳しい父親に耐え抜いたモーティマーに対し、娘のフリーダも、弟と同様、父親の期待に応えようとはしたものの、長所よりも短所を見つけることに長けている父親を喜ばすことは難しいであろうことを早くから理解していた。シフは娘に対してはかなりの過保護で、自分にとって理想的と思われる娘の人生計画を立て、それを実現させることに力を注いだ。娘の行動を徹底的に管理し、それは彼女のためだと主張した。フリーダの純真さを守るために彼女が同世代の男女とは極力関わらないよう、ボランティア活動で忙しくさせた。(41)

フリーダは一八歳の夏に、シフ家の定例となっていたヨーロッパ旅行に出かけた。シフの故郷であるフランクフルトに滞在した時、町一番のハンサムと謳われていたハンブルク生まれのフェリックス・M・ヴァールブルクに出会った。先に触れた一七九八年にハンブルクで設立された家族経営のヴァールブルク商会で有名なユダヤ系の家系の出身である。フェリックスは母方のオッペンハイム家の宝石商の商売を手伝うために一六歳の時からフランクフルトに住んでいた。彼の両親はシフの友人だったため、シフが出席する晩餐会に出席するよう息子に言っていた。フェリックスはそこでフリーダと出会い、同じ晩に将来結婚したい女性に出会ったと両親に伝えた。彼はフランクフルトを後にしてパリに発ったシフ家を追いかけるほどフリーダに熱心になり、フリーダもまたフェリックスに好意をもった。(42) しかしシフは二人の間に芽生えた恋をよくは思わなかった。というのも、フリーダをヨーロッパに連れて行ったのは、このような男女の誘惑を避けるためだったからである。

ニューヨークに戻ったフリーダとフランクフルトに住むフェリックスが直接文通することはシフが許さなかったため、フェリックスはシフと文通し、フリーダはフェリックスの母親と文通する形で二人は連絡を取りつづけた。最終的にシフは、自分の会社で働くようフェリックスを誘うことにした。実はフェリックスは兄たちのように家業を継いだり銀行家になったりするつもりはなかったが、フリーダへの愛からニューヨーク行きを決心した。加えて、フェリックスは数世紀にわたるヴァールブルク家の歴史において、ヨーロッパを去る最初のメンバーとなった。[43]
一八九五年にフリーダとフェリックスは結婚した。シフは結婚後も娘の純真さを守ろうと、若い夫婦がイタリアに新婚旅行に行った際にも見張り役としてメイドを同行させた。その旅行中にフリーダが妊娠したという知らせを聞くと、気を動転させて新婚夫婦がアメリカに帰国した後も、しばらくの間会うことも口を聞くこともできなかったという。フェリックスとフリーダは五番街の九二丁目に屋敷を構え、フェリックスは一八九七年にクーン・ローブ商会の共同経営者に昇格した。フェリックスはシフと異なりユーモアに溢れ社交的だった。フリーダとの間に五人の子どもを授かったが、他のドイツ系ユダヤ人の銀行家のように息子たちに家業を継ぐことを強要せず、四人の息子のうちはじめから銀行業を継いだのは長男のフレデリックだけであり、次男のジェラルドはチェロ奏者になった。[44]
モーティマーは、クーン・ローブより小規模のドイツ系銀行であるホルガーデン商会の共同経営者の娘、アデル・ヌスタットと結婚した。モーティマーは家業である銀行業の他、一九一〇年に創立されたボーイスカウトアメリカ連盟で活躍した。モーティマーとアデルの関係は良好ではなかったが、二人の子どもに恵まれた。シフは孫に対する愛情が深く、職場から帰宅する際には孫に会うために毎日のように息子か娘の家に寄った。[45]
シフは自らの出自に誇りをもち、有力者としてユダヤ人共同体に対する責任を強く自覚していた。家族の目には厳しく映ったに違いないが、由緒ある一族としてアメリカ・ユダヤ人共同体を担っていかなければならないという点に関してはシフ家のメンバー全員が認識し、シフの真摯さや知性、そして根気は確実に後世にも受け継がれていったのである。

五節　上流階級のドイツ系ユダヤ人

ドイツ系ユダヤ人は多くの成功者を輩出した。彼らはさまざまな分野で活躍したが、とりわけビジネスと金融業における活躍は著しかった。アメリカでは、一八三〇年代に多くの投資会社が設立されたが、この時期に新設された会社には、ドイツから移民したユダヤ人によって設立されたものも少なくなかった。たとえば、バイエルン地方出身のジョセフ・セリグマンは一八三七年にアメリカに移住し、一八六四年にセリグマン商会（J.& W. Seligman & Company）を設立している。アラバマ州で日用雑貨品店を営んだヘンリー・リーマンはヴュルツブルクの出身だった。一八五〇年に兄弟と共に営む店の名前をリーマン・ブラザーズ（Lehmann Brothers）に変更し、南北戦争後にニューヨークに拠点を移すと、ウォール街で最大の商品ブローカーになった。ヘッセン州出身のエイブラハム・クーンは、オハイオ州のシンシナティでズボン販売を行い、一八六七年にはクーン・ローブ商会を設立して、本社をニューヨークに構えた。バイエルン地方出身のマーカス・ゴールドマンは一八四八年に移民し、一八八五年にゴールドマン・サックス商会（Goldman Sachs & Co.）を設立している。彼らのなかには一九世紀半ばにアメリカに到着し、行商人としてスタートをきった者も少なくなかったが、一九世紀末に台頭する革新主義時代までにはエリートに成長していたのである。とりわけセリグマンはニューヨークを代表する銀行家に成長し、その顧客リストには鉄道王のジェイ・グールドやコーネリアス・ヴァンダービルトなど、錚々たる名前が挙げられていた。シフはセリグマンの次世代にあたり、一九世紀末から二〇世紀初頭にかけてアメリカのドイツ系ユダヤ人のエリートを代表する最も影響力のあるユダヤ人の一人になった。

さて、彼らはいかにして短期間で階級を上りつめたのだろうか。シフを含むドイツ系ユダヤ人の成功の背景には、当時のニューヨークの発展も関係している。海港の町ニューヨークは、一九世紀半ばに商業資本の中心と化し急速な発展を遂げた。経済成長は巨大な富を築いた実業家や銀行家のような一部の者に限らず、一般的にも広がりがあった。しかし新興富豪がビジネスで成功するためには、社会的な地位や評判も大きく関係していた。たとえば、交友関係や住む地域、所属する社交クラブなどによってその評判が決まった。一八五六年には、マンハッタンの中心部にセントラル・パークが造られた。それによって公園周辺の土地の価格は高騰し、富裕層に望まれる土地としての需要が高まり、公園の近くに屋敷が建てられるようになった。一九世紀に中央ヨーロッパから移民し、ニューヨークで成功を収めたユダヤ系の名士には、セリグマン家やローブ家に代表される金融業にたずさわった者の他、炭坑と製錬事業にたずさわり巨大な富を築いたスイス生まれのメイヤー・グッゲンハイムや、陶磁器産業や衣服産業にたずさわったラザラス・ストラウスなどがいる。彼らは慎ましい家庭の出身で、移民当初はダウンタウンにあるロウアー・イースト・サイド地区のテネメント（安アパート）に住んだ者もいた。しかし階級を上りつめ富裕層になった者たちは次々にセントラル・パーク付近に屋敷を購入したり建てたりした。屋敷の場所は社会的な地位や評判に関わるだけではなくビジネスにも影響することをよく理解していたからである。

スージー・パクによると、ライバルとなるクーン・ローブ商会とモルガン商会の場合、一九一〇年の時点では、クーン・ローブの共同経営者は主にセントラル・パーク東側のアッパー・イースト・サイドに住んでおり、モルガンの共同経営者は主にミッドタウンにあるマレー・ヒルに屋敷を構えていた。(46) 一九世紀末まで富裕層の屋敷は、パーク・アヴェニューと五番街の間の三〇丁目台から五五丁目までに集中していたが、一九二〇年代までには、その中心は公園の東側の六〇丁目台から七〇丁目台に移動していったという。(47)

しかしながらビジネスで成功しセントラル・パーク付近の屋敷を購入したからといって、当時のアメリカ社会にはユダヤ人が越えることのできない壁が存在した。ドイツ系ユダヤ人は後にアメリカに大量流入する東欧系ユダヤ人と比較すると、アメリカ社会に急速に同化を遂げたグループであった。他方で、彼らに対する差別がまったくなくなったわけでもなかった。たとえば彼らは、私立の教育機関や、社交クラブ、リゾート地などから受け入れられないなどの、社会的な差別を被ることもあった。その一例として、コーネリアス・ヴァンダービルトや、J・P・モルガンなどのユダヤ系ではない名士が社交の場として集まったのは、ニューヨーク最古の社交クラブであるユニオン・クラブ（The Union Club of the City of New York）だったが、ユダヤ人はこのクラブに入会することができず、ワスプ中心の上流階級に仲間入りができないという屈辱を味わった。

しかしこのようにニューヨークの社交界においてユダヤ人が差別を受けることがあっても、ビジネスにおいて彼らは無視できない存在になっていた。当時、セリグマン家やリーマン家の他に、シンシナティのクーン・ローブ商会や、フィラデルフィアのゴールドマン・サックス商会がニューヨークのファイナンスの仲間入りをし、勢力を広げていた。そこでドイツ系ユダヤ人の富裕層は、上流階級の非ユダヤ人と同様に独自の社交界を形成し、ビジネスと社交において密接な関係を築いたのである。ゲゼルシャフト・ハルモニー（Gesellschaft Harmonie: ドイツ語で「融和協会」の意味）は、一八五二年にニューヨークで設立されたユダヤ人独自の社交クラブで、その内装は非ユダヤ人のクラブより豪華だと言われた。また、ドイツ系ユダヤ人のエリートのためのクラブだったため、その在り方にはドイツ的な要素が強く現れていた。設立からクラブ内で使用された言語はドイツ語で、一八七一年のドイツ統一によりドイツ帝国が誕生すると、大広間にはドイツ皇帝の肖像画が飾られた。[48]その後一八九三年恐慌の翌年に、公式に使用言語は英語とされ、名称もハーモニー・クラブという英語に変更されたが、会員たちの間では引き続きハルモニーの名で親しまれた。ユダヤ人のためのクラブといっても、ユダヤ教や文化に関係する活動は行われず、あくまでも同じ社会階級の者が集まる社交の場として機能した。上流階級の者にとって、社交界は重要な意味合いを持っていた。しかし重要なことに、実はシフはいかなるクラブの会員にもならなかった。その明確な理由は不明だが、贅沢を嫌っていたことと関係している可能性が高い。シフは、急速に経済発展を遂げるニューヨークについて「すぐにその大きな誘惑に気づいたが、同時に身体的な欲求や欲望だけを満たすこと以上に大きな志をもっている人たちにとっては、その機会がいかに限られているかにも気づいた」とコメントしている。[49]よって、シフは他の富豪のようにヨットを所有したり、ポロやゴルフに勤しんだりすることをせず、より大きなことを成し遂げるために精を出したのである。いずれにせよクラブに所属しなくても、社交やビジネスには支障がないという自信があったのであろう。

南北戦争終結後から一八九三年恐慌までの金ぴか時代には、都市の発展に伴い、新興成金を含む富裕層が次々とニューヨークに到着し、社交界も大きく変容を遂げていた。ビジネスにおいて社交界は重要だったため、彼らは由緒ある上流階級の社交の場に受け入れてもらおうと必死になった。[50] しかし一九世紀末になってもユダヤ人はニューヨークの社交界から相変わらず締め出されたままだった。一八九二年二月一六日付の『ニューヨーク・タイムズ』紙には、弁護士で社交界の指南役だったワード・マカリスターがニューヨークの主要な上流階級のリストとして作成した「ザ・フォー・ハンドレッド」（"The Four Hundred"）が掲載された。しかしながら、このリストにはユダヤ人が一人も含まれていなかった。[51] バーミンガムによると、その理由は単に宗教の違いによるものだけではなく、ユダヤ人の富裕層の多くが慎ましい家庭の出身であることや、アメリカに来てまだ間もなかったからだったという。しかしそれに加えてユダヤ人に対する偏見と差別があったことも事実である。そこで、ユダヤ人富裕層は独自のサークルを形成し、その集合体を「我々の仲間」（"Our Crowd" あるいはドイツ語で "Unser Kreis"）と呼ぶようになった。[52]

上流階級のドイツ系ユダヤ人にとって、ドイツ語とドイツ文化を保持することは、社会的な地位を示す基準になっていた。シフはハルモニーの会員にはならなかったが、上流階級のドイツ系ユダヤ人の習慣や特徴に関しては他と同様だった。シフは一〇代という若さでアメリカに移民しているが、ドイツへの愛着の現れなのか、ドイツ語訛りが抜けることは生涯なかったという。[53] 彼らは家庭内ではドイツ語を話し、ドイツ人の家庭教師を雇うことにこだわる者も少なくなかった。修学の年齢になると子息たちはジュリウス・サックス学院に入学した。この学院はアメリカ生まれのユダヤ人たちが、子どもをキリスト教系の学院に入学させる傾向にあることを危惧して

図6　バーハーバーの別荘で休暇を過ごすローブ家とシフ家
（Courtesy of the Dorot Jewish Division, The New York Public Library, Astor, Lenox and Tilden Foundations）

設けられた学校の一つで、普通教科に加えてユダヤ教に関する教科もある一流の私立学校だった。[54]すでに触れたとおり、シフの息子のモーティマーも通った。家庭では「ファミリエンゲフール」（Familiengefühl：ドイツ語で「家族意識」の意味）という習慣が大切にされた。これはユダヤ教やその伝統に基づく安息日や祝日を守ることや信仰をもつことの代わりに、家族が誕生日や記念日を一緒に祝うことを儀式的な習慣として取り入れたものである【図6】。セリグマン家の年間カレンダーには、二四三日分に家族の記念日の印がつけられており、その都度行事が執り行われたという。[55]

それに加えて血縁関係も大切にされた。

当時アメリカのユダヤ人に限らず豪商や財閥が子ども同士を政略結婚させて結束を固めることは珍しくなかったが、上流階級のユダヤ人も婚姻関係により結束が固められていた。ドイツ系ユダヤ人銀行家たちの間では、経営陣に就く者は決まって血縁者か婿であり、経営者が引退する場合には身内が後継者になった。たとえばクーン・ローブ商会の創立者であるエイブラハム・クーンとソロモン・ローブは、義理の兄弟の関係にあった。クーンはローブの妹のレジーナと、ローブはクーンの妹のファニーと結婚し、この二つの家族はかつてオハイオ州シンシナティで一つ屋根の下に暮らしていた。バーミンガムによると、この両家にとって「家族はビジネスであり、ビジネスは家族」だった。[56]次の世代も、その後の世代も婚姻関係による血縁のつながりは続いた。シフはローブの娘と結婚してクーン・ローブ商会の共同経営者としての地位に就き、ドイツのハンブルクにあるヴァールブルク商会の息子のフェリックスは、シフの娘のフリーダと結婚した後に、クーン・ローブ商会の役員に昇格している。[57]

シフは銀行業で成功を収め、富裕層が多く暮らすニューヨークでもとりわけ裕福だった。一八八〇年には五番街と七四丁目の角に引っ越した。無駄な贅沢は好まなかったが、その一方で大きく立派なものを好む傾向にあった。一九〇一年には、五番街と七八丁目にあるさらに豪華な邸宅を購入した。それは当時市内に建てられた最も高価な屋敷の一つであると言われた。[58]当時の広告によるとその屋敷は「最高水準の耐火構造」になっており、その内装の素晴らしさについては「宮殿のよう」だと表現された。広いダイニングルームとそこにつながる温室があり、図書室、寝室の他に、応接間ホールにはオーケストラ用のギャラリーが設けられていた。一階には午前中に過ごすための日当たりの良い居間、ダイニングルーム、中二階、そして下の階にある配膳室とつながるダムウェーターを備えたパントリーがあった。地下のサービスルームには、シェフ、執事、家政婦の部屋、そして巨大なキッチンと事務室があり、ビリヤードの部屋も設置されていた。召使いの寝室は一五部屋あった。シフはこの屋敷を四五万ドル、現在の価値に換算すると約一三七〇万ドルで購入した。(59) シフはその屋敷に友人や知人を招待して晩餐会を開いたり、音楽家を呼んでリサイタルを主催したりすることもあった。また、シフの屋敷はニューヨークのユダヤ人指導者たちが当時ユダヤ人が国内外で直面したさまざまな問題について話し合うために集う場所としても機能するようになった。

夏には都会を出て、避暑地にある別荘で数ヶ月間過ごすことが上流階級の者たちの年間行事になっていた。シフ家は二軒の別荘を所有しており、一軒はジャージー湾のシーブライトに、そしてもう一軒はメイン州のバーハーバーにあった。シフ家が旅行に出かける際には報道機関の脚光を浴びた。ある時、シフ一家がカリフォルニアに旅行をした際には、執事やメイドの他に、専属のシェフや看護師などを携え、列車の五車両を貸し切る姿が注目を浴びた。(60)

他方で、アメリカで有数の大金持ちになっても、シフは安易に楽をすることを好まず、几帳面さを失うこともなかった。その特徴は彼の生活習慣にも現れていた。シフは日頃から体を動かすことを重んじて、毎朝外套のボタンホールに一輪の花を添えるとトップハットをかぶり、自宅からユニオン・スクエアまでの約五キロメートルの距離を歩き、そこからウィリアム通りにあるクーン・ローブ商会の建物まで馬車に乗って通勤することを日課としていた。(61) 時間に正確で遅れることを嫌い、受け取った手紙にはその日のうちに返信し、他の上流階級の紳士のようにタバコを吸ったりカードゲームを楽しんだりすることはなく、読み終わった古新聞は無駄にならないように病院や刑務所に寄付した。(62)

六節　ユダヤ教

シフの信仰心やユダヤ民族に対する思いについては、日本でこれまで十分に注目されてこなかったが、実は日露戦争への関与や慈善事業にも大きく関連している。いずれの場合も、彼を奮い立たせたのはユダヤ教に基づく慈善の精神や有力者としてのユダヤ社会に対する責任感だった。そこでこの節では、シフのユダヤ教に対する考え方や同胞ユダヤ人に対する思いについて明らかにするために、宗教的慣習、ユダヤ教とアメリカに対する帰属意識、アメリカにおけるユダヤ教の存続と改革派、そして分離主義への反対、の四つの点に的を絞ってシフのユダヤ教との関わり方や考え方について検討したい。

まず、シフの宗教的慣習について見てみたい。シフはフランクフルトの由緒ある正統派ユダヤ人の家庭に育ったが、成人してからは改革派のテンプル・エマヌ・エルに所属した【図7】。しかしバーミンガムの言葉を借りると、シフは同世代の若いドイツ系ユダヤ人の間では「最も正統派」だった。[63] とりわけドイツ系ユダヤ人の銀行家のなかには、アメリカで暮らす年月が長くなるにつれて次第に信仰心が薄れていく者も少なくなかったが、シフはユダヤ教の宗教的な習わしと伝統に極力従って暮らした。たとえば、早々に富を築いたジョセフ・セリグマン一家は、テンプル・エマヌ・エルに所属はしていたものの、そのうちユダヤ教の食の戒律を守る者がいなくなり、セリグマン自身も多忙さから安息日を守ることがなくなったという。[64] メイヤー・グッゲンハイムは、シフ

図7　テンプル・エマヌ・エル、5番街から見た風景
（Courtesy of Wikimedia Commons）

と同様正統派の家庭で育ったが、アメリカに移民してからはその伝統から離れ、改革派のなかでもより目立たない存在だったという。シフと同世代の、同じく正統派の家庭出身で、子どもの時に父親からシナゴーグに毎日通うことを求められていたアドルフ・ルイゾーンは、アメリカに移民後、伝統から離れる選択をしている。(65)

アメリカでもユダヤ人に対する差別は至る所で存在していたため、ユダヤ人として目立つことでさまざまな機会が妨げられるのではないかと考えた者も少なくはなかった。シフ自身もユダヤ人であることから差別や偏見を被っている。たとえば、上流階級のエリートは『紳士録（*Social Register*）』に名前が掲載された。これは一八四九年にイギリスで出版された『紳士録（*Who's Who*）』をもとにしてアメリカで一八八七年に初めて出版されたものである。(66)銀行家として大きな成功を収めたにもかかわらず、シフの名前が『紳士録』に載ることは生涯なかった。(67)しかしこのような差別が存在することは承知していながらも、自らのルーツや信仰を隠すことはなかった。その証拠のひとつに、シフの屋敷の入り口にはメズーザー（mezuzah: ヘブライ語で「門柱」の意味）が設けられていた。(68)ユダヤ教徒は家に出入りする際に、その神の言葉が刻まれた羊皮紙が入った小さな箱に触れて口づけをする。キリスト教徒の家にはないものであるため、これがあることでその家の住民がユダヤ教徒であることが外からも明らかになるのである。

シフの父親のモーゼスは敬虔なユダヤ教徒で、祈りを捧げるために日に三度シナゴーグに通った。シフは父親の厳格な宗教的熱意に抵抗しつつも、信仰の篤い家庭で育ったことや、ザムソン・ラファエル・ヒルシュの学校で教育を受けたこと、そして何より由緒ある家系に生まれたことに対しての責任や誇りを感じていた。ドイツにまだ暮らしていた時、父親はシフがアメリカでユダヤ人として暮らしていけるかどうかについて心配した。しかし父親の心配をよそに、彼はアメリカに行ってもユダヤ教に対する信仰を捨てようとは初めから思っていなかったことが、一八六五年に父親の知り合いのR・L・ストラウスに送った次の手紙から明らかである。

少し前に父からお聞きになったと思いますが、僕はアメリカに行くことを強く望んでいます。しかし実行に移す前に、大都市の一つで長期雇用の職を見つけておきたいと思っています。［中略］安息日に関しては大いに問題になることはわかっていますが、僕は宗教的な規則を遵守する主義ですから、安息日に働かなくてよい仕事を斡旋していただくことはできるでしょうか。(69)

一八六五年に初めてアメリカに到着してから七五年に結婚するまでの一〇年間のシフの宗教的な行動については現存の資料がほとんど存在しないため不明だが、宗教的慣習から離れたわけではなかったと推測される。結婚後は改革派のシナゴーグに所属したものの、家庭内では宗教に則った生活を送った。父親やヒルシュの正統派の教えを厳格に守りつづけることはなかったが、毎朝祈りを捧げることを怠らなかった。(70)さらに、世俗的な家庭で育った妻とその両親にもユダヤ教徒としての生活を送ることに対する理解を求めている。義母のベティは信心深かったが、宗教的な共同体に属することよりも個人の行いの良さを重んじ、義父のソロモンは不可知論者だった。このような理由から、シフとソロモンは宗教に関しては同意することがなかった。シフが婿になってからもソロモンが宗教的な戒律を守ることはなかったが、ローブ家の雰囲気はがらりと変わり、外から見ても明らかに敬虔なユダヤ教徒の家庭に見えたという。シフはソロモンに対してもユダヤ人としての欠点を容赦なく指摘したので、彼はその都度不平を鳴らしたが、家族円満のためにシフと打ち解けるようベティから言い聞かされていた。

シフはユダヤ教の食の戒律は厳守しなかったが、安息日を含むユダヤ教の祝日は熱心に守った。一日中断食をすることが宗教的な戒律であるヨム・キプル（贖罪の日）には断食をした。ベティは五〇代になってから糖尿病を患ったため、ヨム・キプルに断食をしないよう医者から言われていた。しかしシフに遠慮して、食卓にはつかず縁側で隠れるようにして軽食をとったという。(71)シフは金曜日の夜は自宅で盛大に安息日の夕食をとり、土曜日の朝にはシナゴーグに通った。一八九〇年に「金曜日の夜は家族と過ごし、いかなる状況下でも変更してはならない」と記している。(72)その方針に従い、金曜日の夜は親しい友人を夕食に招き、シフがドイツ語で短い祈りを捧げることが一家の伝統になっていた。ろうそくに火が灯され、子どもたちは祝福を受けた。その後に「自作」の感謝の祈りを捧げるというのがシフ家の安息日の習わしだった。シフの甥にあたるジェイムズ・P・ウォーバーグによると、シフの信仰は「自身で作り上げた正統派的慣行と儀式的な自由主義の奇妙な組み合わせ」だった。[73] ジェイムズは後に「(ドイツに住む)祖父(モーリッツ・ヴァールブルク)のヴァールブルク家で過ごす金曜日の夜については温かい気持ちになりヘブライ語の響きもとても好きだった。それに対しニューヨークに住む叔父のジェイコブ・シフの、人に改宗を強要するような信仰心に関しては不快感を覚えた」と回想していることから、シフの徹底ぶりがうかがえる。[74]

ところで安息日の戒律を守ることは、シフのような投資銀行家にとっては取引の面で不利になることも考えられたが、彼が安息日に働くことはなかった。会議が安息日に予定された場合には、予定を変更してもらえるよう強く希望した。ウォール街を率いたJ・P・モルガンでさえも、シフが安息日を守れるよう土曜日に予定されていた重要な会議を別の日に変更することを余儀なくされたという。[75] シフの友人であるルイ・マーシャルによると、シフは安息日を神聖なるものとして扱い、その日にペンを握ることはなかったが、一度だけ例外があったという。それは、ロシアのポグロムの被害者を救済するために海外電報を送るためだった。[76]

シフは子どもたちも安息日の伝統を守ることを期待し、自分の子孫にもユダヤ教を受け継ぐことを願っていた。よって、愛する孫のエドワードが安息日にシフのために庭から花を摘んできた際には心を鬼にして厳しく叱り、安息日の戒律を諭した。成人した子どもたちが家庭をもってからは、ハヌカ（宮清めの祭り）のためにろうそくを灯す際には、必ず子どもたちの家に行ってその大切な瞬間を孫たちと過ごした。(77)

以上に述べたとおり、シフにとってユダヤ教に帰属意識をもつことはきわめて重要だったと言えるが、それは彼にとってアメリカ市民としての立場に取って代わるものではなく、またそれを妥協するものであってはならなかった。シフはアメリカ・ユダヤ人が「ユダヤ教を信仰するアメリカ人」（"Americans of the Jewish faith"）と表現されるのを好み、その言葉どおりアメリカに住むすべてのユダヤ人が第一にアメリカ人であることを認識しつつ、ユダヤ人でありつづけるべきだと考えていた。そのシフの考えは晩年に語った次の言葉にも表れている。「私の生まれ故郷に対する思いは他の者と同じく温かいものだと言えるが、私がアメリカ市民になってから五〇年がたち、これからも第一にアメリカ人であり、最期までそうありつづけるつもりである」。(78)

彼はアメリカの建国の理念に掲げられている信教の自由は、ユダヤ教徒に対しても当然尊重されるべきであると考えた。当時多くのユダヤ人がキリスト教の影響を受ける傾向にあったが、シフはそのことに関しても強く警戒していた。シフが関わった代表的な慈善事業の一つに、看護のパイオニアであるリリアン・D・ウォルドとメアリー・M・ブリュースターによってニューヨークに設立された慈善機関のヘンリー街セツルメント（Henry Street Settlement, 以下ヘンリー・ストリート）がある。ヘンリー・ストリートは当時存在していた同様の機関としては珍しく無宗派を強調していた。一八九五年にこの機関に建物を寄付したシフは、その点に関して「一人の神が我々を造った」と言い、高く評価していた。その一方でこの機関の託児所で、アメリカの習慣に則ってクリスマス行事が開催されようとした際には強い反対の意を示している。クリスマスと同じ時期にユダヤ教のハヌカもあるにもかかわらず、クリスマスだけが祝われハヌカが祝われないのは「思慮もなければ不実」だと感じられたからである。無宗派とはいえ、当時この託児所にいたのはユダヤ人の子どもだけであった。シフは「小さな子どもたちを、彼らが知らない宗教の慣習に誘惑するのは勘弁できないし道理に合わない、一見無邪気な（催しの）ように見えるが、これは許されるべきではない」とウォルドに説明した。シフの意見を受けて、ウォルドは託児所に飾ってあったクリスマスツリーを除去するにいたった。(79)

また同じように、キリスト教の宣教に対しても警戒し抵抗している。シフは息子のモーティマーの進学先について、米国聖公会によって設立された名門グロトン校への入学を検討していた。そこで事前に校長と面談をし、息子が入学する場合には学校のキリスト教の宗教的儀式を免除してもらえるかどうかを尋ねた。息子は意識の高いユダヤ人として育てられ「ヘブライの信仰のもとに生まれたため［中略］息子には先祖の宗教を崇め、ユダヤ教徒でありつづけてもらいたい」

と説明した。しかしその願いが校長に受け入れられなかったため、適切な学校ではないと判断し、入学させなかった(80)。

さて、シフのユダヤ教との関わりにおいて最も興味深いのは、これだけユダヤ教の伝統を尊重しながらもなぜ正統派ではなく改革派のシナゴーグに所属したのかということだろう。シフはニューヨークに住むドイツ系ユダヤ人エリートたちの多くが所属するテンプル・ベス・エル（Temple Beth-El, 一九二七年にエマヌ・エルと合併）とテンプル・エマヌ・エルというふたつの改革派シナゴーグに所属した。シフが伝統的な慣習をもちながらも改革派のシナゴーグに所属したのは、主にアメリカにおけるユダヤ教の存続を見据えてのことだった。コーエンによる見解では、エマヌ・エルには「友人や仕事仲間が所属しており、シフは間違いなく改革派が富と社会的地位を象徴するものだということを理解していた」ため、自身の宗教的な慣習よりも社交を優先させて所属したということであった(81)。それも関係していたことは間違いないだろう。というのも当時のシナゴーグは祈祷の場に限らず、裕福なドイツ系ユダヤ人の社交の場としても機能していたからである。リーマン家、セリグマン家、グッゲンハイム家、ゴールドマン家、そしてサックス家などのニューヨークに住む上流階級のドイツ系ユダヤ人の大半がエマヌ・エルに所属していた。他方で、アドラーはシフが改革派の考えに賛同したためであるという別の見解を示している。シフは自身を改革派のユダヤ人とは考えておらず、その証拠に、演説などでは自らを「伝統的なユダヤ人」であると紹介している。[82] しかし、伝統的な正統派は、若い世代がユダヤ教とユダヤの人々に帰属しつづけるには自治的すぎると考えていた。

シフは、改革派のラビのスティーブン・ワイズが一九〇七年に、自由と民主的な組織をもつ独自の改革派として設立した、フリー・シナゴーグ（Free Synagogue）が日曜日の夜に開催する集会にゲスト・スピーカーとして招待され、そこで自らの宗教観について語っている。宗教的に保守的な立場を取る自分がこの場にいることについて驚く人もいるだろうと冒頭で述べた後に、改革派を支持する理由について彼が強調したのは、改革派は古代のラビの教義による宗教を今や支持できない人々の宗教的欲求を満たすゆえ、彼らがキリスト教に改宗することを妨げることができるのではないかという点だった。[83]

また別の時には、もしモーゼス・メンデルスゾーン（一八世紀ドイツで活躍したユダヤ啓蒙思想および運動の「ハスカラ」の先駆者でありユダヤ教の合理主義的解釈を行った哲学者、作曲家フェリックス・メンデルスゾーンの祖父）の時代にドイツで正式に改革派が存在していたら、彼の家族や同様の境遇にある者たちがユダヤ教から離れてしまうことはなかっただろうと断言している。[84] シフが指摘したとおり、近代社会に寄り添った改革派は一九世紀初頭になるまで存在せず、メンデルスゾーンの六人の子どものうち四人が父親の死後にキリスト教に改宗し、フェリックスたち孫の世代になると一人を残して全員がキリスト教に改宗した。このようにユダヤ人による宗教離れや、他宗教への改宗の前例があることから、シフはユダヤ人による同化が著しいアメリカにおけるユダヤ教の存続と残存を危惧し、改革派がユダヤ人の宗教離れに対する防波堤になることを期待して支持したのである。

シフは改革派の仲間の間では、自身が最も伝統的なユダヤ人であることに誇りをもっていたが、むろん改革派の外には自分より敬虔なユダヤ教徒はたくさんいた。そのような信仰が篤い者には敬意を表した。その一方で宗教離れしたユダヤ人やユダヤ人による信仰外の結婚を厳しく批判した。ユダヤ人のなかには、少数ではあるが宗教的な伝統から離れるだけではなく、キリスト教徒と結婚したり宗教による差別の壁をとり払うためにキリスト教に改宗したりする者もいた。早期の例を挙げると、一八三〇年代にロスチャイルド家の代理としてドイツからアメリカに移民したオーガスト・ベルモントは、一八五三年に浦賀に到着し日本に開港の交渉を要求したことで有名なマシュー・ペリーの娘キャロラインと異教徒間の結婚をした[85]。さらにはキリスト教に改宗することで、ユダヤ人には開かれていない社会的地位も手に入れた。

シフは自分の子どもたちがそのような過ちを犯すことを徹底的に妨げようとした。あるとき弁護士を召集し、まだ未婚の子どもたちが将来信仰外の結婚をするようなことがあれば彼らの相続権を取り下げる旨を遺言に明記させた[86]。それは妻の弟であるジェイムズ(・ローブ)の身に起きた出来事と同じような状況に直面することを避けたいと考えたからだった。ジェイムズは、銀行業を継ぐことに興味はなかったが、聡明だったため父親のソロモンからクーン・ローブ商会の後継者として期待されていた。しかしユダヤ人ではない女性と恋に落ち、その関係に対し家族全員からの強い反対を受けつつも父親の期待に応えようと努力しつづけたため、そのプレッシャーから精神を患ってしまったのだった。最終的には精神科医のフロイトの治療を受けるためドイツに渡り、生涯独身だった。(87) 結局のところ、子どもたちはシフの心配をよそに二人ともユダヤ人と結婚したが、それでも彼が期待したような宗教的伝統に則った生活を続けることはなかった。当時は信仰外の者と結婚をすることはまだ稀だったが、多くのユダヤ人がユダヤ教の伝統から離れていく傾向にあったのである。

シフにとって改革派は、近代化とユダヤ教の伝統の両方を包含するものであり、それに加えて次世代のユダヤ人による宗教離れに対する解決策でもあった。とはいえシフは進歩主義的な考えのすべてを受け入れたわけでもなかった。とりわけアメリカ・ユダヤ社会に見られる分離主義の傾向に対しては反対の立場をとった。シフは、ユダヤは民族ではなく信仰であると考えていたが、ユダヤ民族の結束という点については強い信念をもっており、それは青年期から一貫していたといえる。若い時にシフは「我々が結束することをもってはじめて、他の市民からの敬意を主張でき、我々民族に対するあらゆる方面からの攻撃をかわすことができるのだ」と述べている。(88) 歳を重ねてもこの考えが変わることはなかった。

当時ユダヤ社会で新しく見られた動きの一つにシオニズムがあるが、シフを含むドイツ系指導者層は、シオニスト運動に対して否定的だったことで知られている。シフにとって、シオニズムは分離主義的だと感じられた。それは政治的シオニズムが「市民権に先立つ特権を作り」だすため、ユダヤ人にとって「致命的な分離」を生み出すからだった。忠誠に制約があってはならないとシフは強調した。[89] この見解は当時一般的に認められているものであり、シオニズムはアメリカ・ユダヤ人から一九二〇年代になるまで大きな支持を受けることはなかった。

ところで先に触れたワイズの、自由な説教ができる場所、そして「会衆席とメンバーの特権に関して、貧富による差」がない信徒団体を設立したいという思いから設立されたフリー・シナゴーグを当初シフが支持したのは、ワイズが理想とする包括的なユダヤ教のあり方について賛同できるところがあったからである。[90] しかし、異なる信仰を混ぜ合わせた、いわゆるシンクレティズムに関しては断固として反対の立場をとった。ワイズがフリー・シナゴーグにおいて異教徒の礼拝を取り入れた際や、他宗教の歌い手を雇うこと、さらにはシナゴーグがキリスト教徒の建築家によって建てられることにも異議を唱えている。[91] 最終的にシフはフリー・シナゴーグの宗教的統合主義に反対したことからワイズとは決別する結果となった。誤解のないように補足すると、シフはキリスト教を尊重していたが、同様にキリスト教徒にもユダヤ教を尊重してもらうことを期待した。そのためキリスト教徒の友人にユダヤ教に対する理解を深めてもらうためにユダヤ教に関する本を贈ることもあった。[92] しかし宗教上の教えに関しては、少数派のユダヤ教を守るためには、キリスト教の影響に染まらないことが重要だと感じたのである。

五〇を過ぎてシフは「私は長い間、自分の理解が及ばないことには立ち入らないことに決めていた。若い頃はさほど伝統的ではなかったが、もっとそうしておけばよかったと思う」と友人に書いている。[93] シフが生涯大切にしたユダヤ教に対する思いは、第二章で触れるシフの慈善事業にも大きく反映した。

注

(1) Frieda Schiff Warburg, *Reminiscences of a Long Life* (New York: Self-Published, 1956), 51-52.

(2) Salo W. Baron. "The Impact of the Revolution of 1848 on Jewish Emancipation," *Jewish Social Studies* Vol.11, No.3 (Jul., 1949): 195-248. なお、ユダヤ人が正式にドイツ国民になったのは、一八七一年にドイツ帝国が成立した時である。

(3) Cohen, 1; Schiff to Julius Rosenwald, April 18, 1918. Schiff Papers.

(4) Ibid.

(5) Frieda Warburg, 8.

(6) Cohen, 1.

(7) Birmingham, 173, 396.

（8）アモス・エロン（滝川義人訳）『ドイツに生きたユダヤ人の歴史――フリードリヒ大王の時代からナチズム勃興まで』（明石書店、二〇一三年）、三九。
（9）同書、四一。
（10）シーセル・ロス（長谷川真他訳）『ユダヤ人の歴史』（みすず書房、一九九七年）、一九八。ロートシルト家が暮らした家屋の紋章は、実は赤ではなく緑の盾だったと言われている。
（11）Cohen, 1
（12）Ibid., 2.
（13）ロス、二四五。
（14）Frieda Warburg, 4.
（15）Adler, II, 321; Cohen, 3.
（16）Cohen, 1.
（17）ジョンズ・ホプキンス大学出版によるシリーズを参照されたい。Henry L. Feingold, ed. *The Jewish People in America*, 5vols. (Baltimore, MD: Johns Hopkins University Press, 1992).
（18）Naomi W. Cohen, *Encounter with Emancipation: The German Jews in the United States 1830-1914* (Philadelphia: The Jewish Publication Society of America, 1984) を参照。
（19）Avraham Barkai. *Branching Out: German-Jewish Immigration to the United States, 1820-1914* (New York: Holmes & Meier, 1994), 3-4.
（20）Mira Wilkins, *The History of Foreign Investment in the United States to 1914* (Cambridge, MA: Harvard University Press, 1989), 99.
（21）Cohen, *Jacob H. Schiff*, 4.

(22) Birmingham, 156.
(23) Cohen, *Jacob H. Schiff*, 5.
(24) Frieda Warburg, 9.
(25) Cohen, *Jacob H. Schiff*, 5.
(26) Birmingham, 162.
(27) Frieda Warburg, 10.
(28) Birmingham, 157.
(29) Ron Chernow. *The House of Morgan: An American Banking Dynasty and the Rise of Modern Finance* (New York: Grove Press, 2010), 77.
(30) Frieda Warburg, 41.
(31) Ibid.
(32) Carola W. Rothschild. "Oral History of Carola Warburg Rothschild," UJA Federation of New York Oral History Collection, 1981-2000 (American Jewish Historical Society, 1982).
(33) Chernow, *The House of Morgan*, 49; Chernow. *The Warburgs: The Twentieth-Century Odyssey of a Remarkable Jewish Family* (New York: Vintage Books, 1993), 50.
(34) Birmingham, 177.
(35) Ibid., 179.
(36) Ibid.
(37) Ibid., 180.
(38) Ibid., 183.

(39) Chernow, *The Warburgs*, 50.
(40) Birmingham, 186.
(41) Ibid., 187.
(42) Chernow, *The Warburgs*, 50-51.
(43) Ibid., 53.
(44) Birmingham, 395. 息子の一人であるポールはクーン・ローブ商会では働かなかったものの、後に銀行業に関わっている。ジェラルド・F・ウォーバーグはチェロ演奏者としてウィーンでソロデビューし、カーネギー・ホールの保存やニューヨークにおける音楽教育の発展にも尽力した。"Gerald F. Warburg, 69, Is Dead; Cellist and a Patron of the Arts." *The New York Times* (Feb.15, 1971).
(45) Adler, II, 341-2.
(46) Susie J. Pak, *Gentlemen Bankers: The World of J.P. Morgan* (Cambridge: Harvard University Press, 2013), 67, 84.
(47) Ibid., 66.
(48) ハワード・サッカー（滝川義人訳）『アメリカに生きるユダヤ人の歴史【上巻】——アメリカへの移住から第一次世界大戦後の大恐慌時代まで』（明石書店、二〇二〇年）、二〇〇。
(49) Cohen, *Jacob H. Schiff*, 5.
(50) Birmingham, 55.
(51) Ibid., 84.
(52) Ibid., 7.
(53) Chernow, *The Warburgs*, 46.
(54) サッカー、一二八。

（55）Birmingham, 397.
（56）Ibid., 53.
（57）サッカー、一八二。
（58）Tom Miller. "The Lost Jacob H. Schiff Mansion 965-967 Fifth Avenue." Daytonian in Manhattan. September 9, 2019. (https://daytoninmanhattan.blogspot.com/2019/09/the-lost-jacob-h-schiff-mansion-965-967.html　最終閲覧：二〇二四年五月一二日)。ここであげるトム・ミラーは、ニューヨーク市警察補助警察部隊の監査役としてニューヨーク市内をパトロールする経験を通して同市の建物に魅了され、二〇〇九年からDaytonian Manhattanというブログに市内の建物について記している。彼が取り上げた建物は一〇〇〇件に及び、ニューヨークの建物について詳しい。以下の著書があるが、ここで取り上げたシフの屋敷については書籍には掲載されていない。Tom Miller, *Seeing New York: The Stories Behind the Historic Architecture of Manhattan – One Building at a Time* (New York: Rizzoli International Publications, 2015).
（59）同掲載。
（60）Birmingham, 5.
（61）ちなみに一九〇四年にはニューヨークの地下鉄が開業し、ロウアー・マンハッタンから一四五丁目までを結ぶ路線が導入されている。最初に運転された際にはシフも招待され乗車しているが、徒歩で通勤する習慣はその後も変わらなかった。
（62）Adler, II, 343.
（63）Birmingham, 173.
（64）Ibid., 115.
（65）Henning Albrecht, *Adolph Lewisohn: Copper Magnate in the "Gilded Age"* (Hamburg: Hamburg University Press,

2019), 19.

(66) Pak, 71.

(67) Ibid., 76-77. パクによると、ジェイコブ・シフ自身がアメリカの『紳士録』に掲載されることはなかったが、一九〇六年から一〇年の間には息子のモーティマー・シフとクーン・ローブ商会の共同経営者のオットー・カーンが掲載された。ジェイコブ・シフは、*Who's Who in America* には掲載された。

(68) S. Felix Mendelsohn, *Jacob H. Schiff: A Prince in Israel* (Chicago: Temple Beth Israel, 1920), 5.

(69) Adler, I, 4-5. なお、この人物に関しては当時アメリカのミズーリ州セントルイスに住んでいたということ以外詳細不明である。

(70) Cohen, 100.

(71) Frieda Warburg, 14-15.

(72) Ibid., 52.

(73) James P. Warburg. *The Long Road Home: The Autobiography of a Maverick* (New York: Doubleday, 1964), 19.

(74) Birmingham, 402.

(75) Cohen, 100.

(76) ルイ・マーシャルによる演説。December 20, 1920, Box 244, Dorothy Schiff Papers. NYPL; Felix Warburg Papers. "Farrer Corrections," 241. AJA.

(77) Cyrus Adler, "Jacob Henry Schiff: A Biographical Sketch," *American Jewish Yearbook*, Vol.23 (1921/22), 29.

(78) Adler, I, 297; Cohen, 199. シフの姿勢は、ジョナサン・サーナが二〇世紀のアメリカ・ユダヤ人の生活を特徴づけるものとして「統合の崇拝」("the cult of synthesis")と定義した、ユダヤ教とアメリカ主義は共に歩み、互いに支え合っているという根強いリベラルな世界観を象徴していると言える。Jonathan D. Sarna. "The Cult of Synthesis in American Jewish Culture," *Jewish Social Studies* 5 (Fall 1998–Winter 1999), 52-79.

（79）James Warburg, 94.

（80）Birmingham, 49.

（81）Ibid., 100.

（82）Printed in *Free Synagogue Pulpit*. V.1, no.3 (March 1908)(New York: Block Publishing Company), 49. Yale University Library, Judaica Collection.

（83）Ibid., 49-51.

（84）Cyrus Adler. "Jacob Henry Schiff: A Bibliographical Sketch." *American Jewish Yearbook*, Vol.23 (1921/22), 36.

（85）サッカー、一五八。

（86）Birmingham, 259. さらにスージー・パクによると、シフの最後の遺言にはその記載はなかった。Pak, 295.

（87）Andrea Olmstead. *Juilliard: A History* (Urbana-Champaign, IL: University of Illinois Press, 1999), 14-15.

（88）Cohen, 3.

（89）Melvin I. Urofsky. *American Zionism from Herzl to the Holocaust* (Garden City, NY: Anchor Press, 1975), 97.

（90）サッカー、六九九－七〇〇。

（91）Cohen, 49.

（92）Ibid., 79.

（93）Schiff to T. Jefferson Coolidge. January 9, 1899. Schiff Papers. American Jewish Archives.

第二章　シフの功績

彼（シフ）は善行を効果的に施す人でした。彼は人類のためになるあらゆるものを支持しました。人類の向上における彼の知性は、彼の寛大さと同様に偉大であり、それには決して終わりがありませんでした。[1]

（ウィリアム・H・タフト、第二七代アメリカ合衆国大統領）

日本では一般的にシフは日露戦争における日本の戦費を調達した恩人としてのみ知られているが、彼は当時のアメリカ・ユダヤ人共同体でかなりの影響力と実力をもつ指導者だった。さらに金融や慈善の分野において幅広く活躍したため、ユダヤ人のみならず一般的にもその名前は広く知られるところだった。シフの伝記を記したナオミ・コーエンは、著書のなかで興味深いエピソードを紹介している。シフ没後から六〇年が過ぎた一九八〇年頃、彼女は学会でビスマルク政権下の反ユダヤ主義について発表した。その発表を聞いた年配の女性から「（そのとき）シフはどこにいたのか」という質問を投げかけられたという。ユダヤ人が危機に陥った時はいつもシフが頼りだった、というのがユダヤ人の間の一般的な共通認識として存在し、記憶されていたのである。[2] 実際にシフの生前はユダヤ人に関係する諸問題で、彼が関わらないものはなかったといっても過言ではない。救済が必要だと聞けばシフは行動をもって支援したのである。シフが関与した活動や事業のすべて取り上げることは不可能であるが、本章では彼の本業である銀行業、そしてその本業と同じ力量、あるいはそれよりもさらに多くの力を注ぎ込んだユダヤ人共同体の指導者としての活動、そして慈善事業の三点に着目してシフの功績を明らかにしたい。

一節　ウォール街の銀行家

(一) クーン・ローブ商会

シフが四五年間在職し、アメリカを代表する投資銀行に成長させたクーン・ローブ商会は、オハイオ州シンシナティの衣料品店に由来する。かつてシンシナティはバイエルン王国や北ドイツ地方から移民したドイツ系ユダヤ人が多く暮らす町だった。創始者のエイブラハム・クーンと共同経営者のソロモン・ローブは、南北戦争時に北軍に軍服を売って富を築き、一八六七年に投資銀行を設立した。クーン・ローブの名前を知る者は今でこそ少なくなったが、第二次世界大戦前までアメリカを代表した投資銀行であり、同じ時期に設立されたゴールドマン・サックスなどの他銀行とは比較にならないほど有力な銀行だった。(3) シフの死後も安定した金融や商品取引を行ったが、第二次世界大戦後に衰退し、一九七七年には同じくユダヤ系のリーマン・ブラザーズに統合された。そのリーマン・ブラザーズも二〇〇八年にはリーマン・ショックとして知られる経営破綻に追い込まれる結果となった。

シフが、ローブの娘婿になり家業に加わったことはクーン・ローブ商会にとって幸運だった。彼は結婚を機に役員に昇格するとすぐに銀行家としての才能を開花させ、二〇年以内にアメリカを代表する銀行に成長させた。シフがクーン・ローブ商会で働く道を開いたのは一章でも触れたとおりクーンだった。クーンは当初ズボン製造工場とそれを販売するための会社を営んでいた。ニューヨークにも直営店があったが、オハイオ州のシンシナティにある会社を中心に経営が行われていた。シンシナティは、植民地時代に形成されたユダヤ人共同体としては最西に位置していた。水上と陸上交通の発展に伴って商業が繁栄し、一般の入植者と同様にドイツ系ユダヤ人の移民も次第に増えていった。一八三〇年代まで主要なユダヤ人共同体ではなかったが、一八五〇年には一時的にニューヨークに次ぐアメリカで二番目に主要なユダヤ人共同体に成長していた。(4)

商会のもう一人の創立者であるローブは一九世紀半ば、二〇歳の時にドイツのラインラント地方からアメリカに移住し、行商人の経験を経て、クーンに誘われてズボン製造工場のセールスマンになった。彼らが一八六七年に設立した銀行の事業は幸いにも軌道にのったが、立ち上げたばかりの頃は小規模の会社を経営するユダヤ人事業主が主な顧客だった。(5) シフがフランクフルトからニューヨークに戻りクーン・ローブ商会に入社した時、クーンはすでに引退しており、シフは二八歳、ローブは四四歳、そしてクーン・ローブ商会は立ち上げてからまだ八年目の新しい商会だったことを指摘しておきたい。ドイツ系ユダヤ人の銀行家たちは、アメリカ経済の発展において重要な役割を果たした。彼らは主にマーチャントバンク事業を専門とし、ドイツで同じく銀行業を営んでいる家族や親戚を通じてアメリカ財務省証券をヨーロッパの投資家に売りさばき、それまでイギリスの投資家が主流だったアメリカの債権者の状況を変えたのである。(6) クーン・ローブ商会が一流の銀行へと成長したのは、当時ユダヤ人がまだほとんど着手していなかった鉄道出資にシフが投機して成功を収めたことが大きい。

ニューヨークはアメリカの産業化における金融の中心として大きく飛躍していた。鉄道や鉄鋼をはじめとし、電信や石炭採掘に対する投資も盛んに行われた。シフが三八歳の時にソロモン・ローブが引退し、彼は代表取締役になった。一九〇三年には、ウォール街のウィリアム通りとパイン通りの角に二二階建ての高層ビルを建てるほどに商会は成長した。(7) ウォール街は当時、イギリスに縁がある「ヤンキー」の銀行とドイツに縁のある「ユダヤ」の銀行との二つのグループに分かれていた。(8) クーン・ローブ商会は、シフの功績があり一九世紀終盤から二〇世紀初頭にかけてJ・P・モルガン商会に次ぐ二番目に有力な投資銀行の地位に上りつめた。当時ユダヤ系の銀行はニューヨークを中心に多数存在していたが、他のユダヤ系の銀行がそれまでに成し遂げることができなかった偉業だった。顧客にはロイヤル・ダッチ／シェルグループのような有力な企業の他に、スウェーデン、ドイツ、日本の政府が名を連ねていた。

（二）鉄道建設事業

クーン・ローブを有数な銀行に成長させたのは紛れもなく鉄道建設事業への出資だった。アメリカの鉄道建設は一八三〇年代より着手され、一八五〇年には連邦政府によって土地付与政策が始められた。これは鉄道を建設した会社に無償で線路周辺の土地を払い下げるという内容のものだった。南北戦争が終結するとアメリカの鉄道建設における競争はますます激化し、さらには利益の出る事業であることがわかると、ウォール街では鉄道の株式と債権に対する関心が高まった。一八六〇年代に取引された株式の実に八五パーセントが鉄道に関係するものだったという。(9) ユダヤ系の銀行として初めて鉄道証券にたずさわったのはクーン・ローブではなくセリグマン商会だったが、鉄道分野が有望なビジネスであることは他のユダヤ系投資銀行家たちも十分に認識しているところであった。たとえばスパイヤー商会はセントラル・パシフィックおよびサザン・パシフィックをはじめとする複数の鉄道債券に関わり、ベイチ商会はブルマン鉄道およびバッド鉄道客車製造会社の株を引き受けていた。(10)

シフは一八六〇年代に初めてアメリカに移住した時から鉄道ビジネスは巨大な可能性を孕んでいると考え、目を見張らせていた。また彼がアメリカに到着した時期は偶然にもタイミングが良かった。一八七三年には恐慌が起きるが、シフはその前から銀行業にたずさわっていたため、恐慌により多くの鉄道会社が破産し市場において調整が必要となった時を好機と捉え、その結果鉄道金融界で最も有力な人物の一人となった。[11] 後にシフの伝記を記したアドラーによると、シフはビジネスにおける判断を誤ることがほとんどなかった。[12] 鉄道に対する投資に関してもローブは当初リスクが高いと考えていたが、シフは熱心に説得し、結果的に莫大な金を儲けた。鉄道ビジネスへの関わり方を考察すると、シフは危険なリスクを冒してまで投機するタイプではなく、ビジネスに対し謙虚な姿勢をもっていたことが明らかである。シフは当時ユダヤ系の銀行として最大規模だったセリグマン商会が鉄道証券に関わっていたことからも影響を受けたという。よってセリグマンの鉄道への関与を観察しつつ、独自に鉄道に関する研究をつづけたのである。セリグマンとシフは両者とも鉄道ビジネスで富を築いたが、相違点を挙げるとすれば前者の関心は鉄道を通して利益を出すことだけだったのに対し、後者は鉄道経営の専門家になることを目指したことである。そのため鉄道への投資に関しては、セリグマンは数字だけに頼る方針だったのに対し、シフは自ら現地に赴き線路や倉庫を見学したり技師や車掌から話を聞いたりして、問題がありそうな点を記録しつつ熱心に研究を積んだ。加えてアメリカの経済と鉄道以外の産業が今後どのように関わってくるのかという点についても検討した。その調査を経て、ユニオン・パシフィック鉄道とグレート・ノーザン鉄道に将来性があることを見通し、ローブに投資を勧めたのである。それから三〇年の間、クーン・ローブ商会は世界の鉄道業界で最大の株の引受業者として活躍することになった。さらには、鉄道の発展と共に成長したベツレヘム・スチール、US・

ラバー、ウェスティングハウス・エレクトリック、アメリカン精錬会社、アメリカ電信電話会社（AT&T）のための資金も調達することになり、二〇世紀初頭までにウォール街で最大のユダヤ系投資会社へと成長したのである。[13]

当然のことながらクーン・ローブ商会にはライバル社があった。アメリカの投資銀行としては一番手のJ・P・モルガン商会である。J・P・モルガン商会はメリーランド州ボルティモアで商人をしていたジョージ・ピーボディーが、ロンドンに渡り一八三七年に設立したマーチャント・バンクのピーボディー商会に由来する。一八六〇年頃にはピーボディーに共同経営者として入社したジューニアス・モルガンが実権を握るようになり、一八六一年にはその息子のジョン・ピアポント・モルガンが独立してアメリカでJ・P・モルガン商会を設立した。そしてロンドンのピーボディーと連携しながら、イギリスの資本をアメリカの産業の発展のために調達し成功を収めた。モルガンもシフと同様、鉄道証券に関与し大金を儲けた。[14]

ところで、競争が激しく、ユダヤ人に対する偏見が残るアメリカにおいてシフはいかにして成功したのだろうか。当時よく言われたのは、ユダヤ人と非ユダヤ人の関係は「九時から一七時までの関係」であるということである。つまり、ビジネスにおいては関わりがあっても、仕事以外の社交の場からユダヤ人は締め出されていたため関わらなかった。[15] このように社会的な差別はあったもののビジネスの上では問題になることはなかったというのが、ドイツ系ユダヤ人銀行家に詳しいバリー・サップルやヴィンセント・カロッソの共通の見解である。「ニューヨークの金融市場では通常、商会の民族的背景よりも財政状況、そして宗教よりも信用や専門知識が、誰と仕事をするか、誰にサービスを提供するかを長期的に決めてきた」のである。(16)

シフはモルガンと比較されることを嫌っていたが、報道機関において二人はしばしば比較の対象として取り上げられた。(17)年齢でいうとシフはモルガンの一〇歳年下だった。さらに、モルガンはユダヤ人嫌いなことでも知られており、やむを得ない場合のみ我慢してユダヤ人と取引をしたという。シフを、差別的なニュアンスを込めて「あの外国人」("that foreigner")と呼び、最初から同等とは見なしていなかった。さらにモルガンは「ビジネスは誰と行ってもよいが、船出は紳士とのみ切るべきである」という言葉を残している。(18)要するに、モルガンにとってユダヤ人はどんなに成功しても紳士ではなかったのである。しかしシフはこのような差別と偏見に屈することはなかった。

一八七七年までにクーン・ローブはシカゴ・アンド・ノース・ウェスタン鉄道を顧客にし、一八八一年にはペンシルヴェニア鉄道を顧客リストに加え、ヨーロッパではドイツのM・M・ヴァールブルク商会がクーン・ローブの鉄道証券を売った。(19)個人資産の面から見ると、当時のシフの資産は約五〇〇〇万ドルと言われていた。それに対してモルガンの資産は約六八三〇万ドルであり、彼の所有する美術品のコレクションだけでも五〇〇〇万ドルの価値があると言われていた。よって銀行家が保有する個人資産の一位はJ・P・モルガンであり、シフはそれに次いで二位となったが、それは同時期に巨万の富を築いた実業家のアンドリュー・カーネギー、ジョン・D・ロックフェラー、ヘンリー・フォード、エドワード・H・ハリマンなどの資産には到底及ばなかったという。[20]

鉄道ビジネスにおいて、シフが最も深くたずさわったのはユニオン・パシフィック鉄道だった。ユニオン・パシフィック鉄道は、アメリカ西部にあるサンフランシスコと中部にあるオマハを結ぶ大陸横断鉄道だったが一八九三年に倒産した。再建は当初モルガンに委任されたが、彼はこの鉄道を「荒野を走る錆びた二本の鉄路」と馬鹿にして断ったという。[21]そこで、当時鉄道王と謳われていたエドワード・ハリマンとシフが再建に向けて協力することになった。二人はそれから二〇年近く共に鉄道事業にたずさわるようになり、毎日のように書簡のやりとりをした。一八九七年一一月にユニオン・パシフィック鉄道を購入し、一二月にハリマンは取締役に就任した。しかし車両と鉄道線路の改善を施すために二五〇〇万ドルの投資が必要であるとする彼の案は他の重役からの許可を得ることができなかった。その理由は、二五〇〇万ドルという価格は当時の価値からすると前代未聞の大金だったためであり、ウォール街はハリマンを馬鹿にしたという。しかしシフはハリマンの案に賛同した。それからイギリスで投資家として活躍する友人のアーネスト・カッセルに後援してもらい、どうにかして重役を説き伏せることに成功した。[22]結果的にハリマンは、ユニオン・パシフィック鉄道を再発足させてから三年足らずで業績を回復し成功に導いたのである。

シフも当然その見返りを得て、二軒の別荘を所有することができるくらい裕福になった。一軒はジャージー湾のシーブライトに、そしてもう一軒はメイン州のバーハーバーに別荘を構えた。[23] 実のところ、これらの地域にはまだユダヤ人が住んでいなかった。そのため他のドイツ系ユダヤ人のエリートは別荘を構える場所としてまずは選ばない地域だったが、シフは非ユダヤ人が住む地域に堂々と立ち入ることを楽しんでいるかのようだったという。[24] これもまた、ユダヤ人に対する差別と偏見に毅然とした態度で立ち向かおうとしたシフの姿勢が表れていた。

ユニオン・パシフィック鉄道の事業の成功で大金を儲けたシフは、社会的にも高い評判を受けたため、彼の自信は実力に基づいたものだった。それからシフ家の夏の恒例行事といえば、六月と七月の二ヶ月間はシーブライトに滞在し、その後八月をバーハーバーで過ごし、また九月にシーブライトに一ヶ月滞在することだった。それ以外には、一年おきにヨーロッパに家族旅行にも行った。

しかし鉄道で成功を収め、巨大な富を築いたにもかかわらず、家庭において倹約家の性質がより顕著に表れ始めたのもこの頃だったという。電話代にはとくに気を配り、電話機の横に誰が電話をかけたのか記録するノートを用意し、それを確認するのがシフの月課となった。[25] 大富豪としては異例の几帳面さのようにも感じられるが、シフは稼いだ金を無闇に支出することは好まず、何に使われるのか、またどのように使われるのかという点に常に注意を払った。このような点も、シフを他の銀行家から区別する特徴の一つだった。

実のところ、鉄道事業に関しては、すべてが順調に進んだわけではなく、鉄道への投資を通じて一九〇一年には当時「ウォール街の歴史において最も厳しいパニック」と言われた一九〇一年恐慌に翻弄されたこともあった。事の発端は、一八九三年の恐慌に遡る。一八九三年の恐慌は過度な競争、ダンピング料金、金利負担などが要因となって多くの鉄道会社が経営破綻に追いやられた。その結果、鉄道会社はJ・P・モルガン商会とクーン・ローブ商会によって六大鉄道会社に再編成を求めるに至った。[26] 鉄道事業におけるシフのパートナーであるエドワード・ハリマンには、モルガンの傘下にあったノーザン・パシフィック鉄道の株を買い占めて西部鉄道を制覇しようという計画があった。よってシフ、ウィリアム・ロックフェラー、そしてナショナル・シティバンクと手を組み、一方で、もう一人の鉄道王であるジェイムズ・ヒルは、北西部の鉄道を制覇しようとモルガンと手を組み、両者は鉄道の株の買い占めを競い合った。そのことが原因となり、一九〇一年にウォール街では大暴落が起きるに至ったのである。最終的にシフとハリマンが折れて事の収束に働きかけ、どうにか一大事には至らなかったが、ヒルとモルガン、そしてハリマンとシフは、他の投資家も巻き込んで大損をした。[27] この苦い経験から、その後シフとモルガンは競い合うことはなくなり、モルガンはシフへの差別的な態度を改めるようになったという。さらにシフは「あの外国人」とは呼ばれなくなり、「同格」（"par"）とみなされるようになった。(28)

（三）外資

アメリカの投資銀行に詳しいヴィンセント・カロッソによると、二〇世紀初頭の投資銀行は株と証券を発行するだけにとどまらず、預金の受け入れ、外国為替取引、信用状の発行、受領書やコマーシャルペーパーを取り扱い、さらには新しい証券の組成、購入、引受、分配などの金融サービスの提供に従事した。(29)しかし個々の銀行がこれらのサービスをどの程度提供するかは各々の好みによって異なり、クーン・ローブ商会の強みはライバルであるモルガン商会と同様、国外の銀行家との結束が固かったことである。

クーン・ローブに入社後、シフは国外の銀行家とのつながりを開拓していった。ロンドンのアーネスト・カッセルとナサニエル・ロスチャイルド、パリのエドゥアール・ノエツラン、スコットランドのロバート・フレミング、そしてハンブルクのヴァールブルクなどと連携を図り、アメリカの証券を国外で販売し、ヨーロッパの資金をアメリカの産業にもたらした。シフもその関係から恩恵を受けたが、それは一方向ではなかった。ヨーロッパの仲間も成長を遂げるアメリカの政治や経済状況に関する情報をシフから手に入れることができるという互恵関係だった。(30)

シフは先に述べた鉄道事業を通じて、ヨーロッパの投資家との関係を深めていった。そのなかでもとりわけ親しかったカッセルともユニオン・パシフィック鉄道の証券の売却を通して親しくなった。[31] シフはカッセルと家族ぐるみの交流があり、ある時、カッセルはスイスで登山中に足を滑らせたシフの娘のフリーダを救い、彼からの信頼を得るとともに子どもたちにとっては叔父のような存在になった。[32] カッセルはドイツ出身で、一七歳の時に単身でロンドンに移住した後にその才を発揮して投資家として活躍するようになるという、シフと同じような経歴をもっていた。鉱業と重工業に投資して成功を遂げ、イギリスを代表する銀行家になった。シフと大きく異なったのはユダヤ教に対する信仰であり、カトリック教徒の女性との結婚を機に、妻の要望からカトリックに改宗したことだった。王室や貴族、政治家とも親しく、とりわけエドワード七世とは皇太子時代からの友人だった。カッセルは日露戦争におけるシフの外債発行の際にも重要な役割を果たしたと考えられている。[33]

国外の銀行家との結束を活かしてシフは対外投資を積極的に行い、新興国への投資はとくに高い収益を見込めることから関心を示した。一八八〇年代にはすでにメキシコとカナダとの取引があった。[34] クーン・ローブ商会は、外国政府の債権も引き受けるようになり、第一次世界大戦前までは中央同盟国との取引において重要な役割を果たした。外国政府のための公債に関しては、日本とドイツ以外にもオーストリア、スウェーデン、アルゼンチン、キューバ、メキシコ、そして中国のために発行している。[35] たとえば、一九〇〇年にはナショナル・シティ銀行と共にドイツ政府のために八〇〇〇万マルクの債券発行を引き受け、一九一二年にはナショナル・シティ銀行とキダー・ピーボディー商会と共に二五〇〇万ドルの債権をオーストリア政府のために発行している。[36] 一九〇四年には日露戦争下において日本政府の二億ドルの債券発行に応じた。[37] 日露戦争を通じて日本の外資系とのつながりも強く、東アジアの金融においても影響力をもつようになった。しかしシフが日本に投資しようと考えたのは、実は日露戦争時が最初ではなく、一八七二年の四月に吉田清成がアメリカで外債募集を試みた際にニューヨークで交渉に応じている。[38]

J・P・モルガン商会も早期からアジアへの投資に関心を示していたが、クーン・ローブとは管轄を明確に分けていた。とくにノーザン・パシフィック事件の後にはシフと共同で鉄道を買収することもあったが、モルガンが主に大西洋の汽船会社の買収に取り組んだのに対し、シフはハリマンとともに太平洋航路に関心を示すようになった。ハリマンが描いた大きな構想の一つには、日露戦争後に日本に一部が譲渡され、後に南満洲鉄道に発展することになる東清鉄道の買収だった。一九〇一年には東清鉄道とシベリア鉄道を連結させるためのザバイカル鉄道が完成したばかりだった。

二節　「イスラエルの王子」

（一）ユダヤ人の権利の擁護

アメリカを代表する銀行家のシフは、ユダヤ人共同体の代弁者としての役割を果たした。ユダヤ関連の事業で関与しないものはほとんどなかったため、仲間たちからは「ユダヤの大主教」や「イスラエルの王子」のあだ名で呼ばれることもあった。[39] 当時、シフのようなユダヤ人共同体の指導者は公式に選出されたわけではなく、有力者が自主的にユダヤ社会に貢献することが習わしとなっていた。シフは先に述べたアメリカにおけるユダヤ教の存続についてはもちろんのこと、国内外におけるユダヤ人の人権問題に関して常に鋭い目を光らせていた。というのも、アメリカ・ユダヤ人はワスプ中心のアメリカ社会に対し、常に複雑な立場をもちつづけてきたからである。彼らは経済、社会、教育とどのカテゴリーをとってもインサイダーとしての地位を得ることに成功したが、差別を被った歴史を共有する民族の一員として、警戒心を募らせることも決して珍しくはなかった。ヨーロッパのように暴力的で組織的なユダヤ人迫害がアメリカで起きることはなかったが、ユダヤ人は社会レベルでの差別に直面することがあり、それに加えて、国外からユダヤ人迫害の知らせを耳にするたびに大きな関心と反応を示したのである。

シフがアメリカに来た時、一八四三年に設立された友愛団体のブネイ・ブリス（*B'nai Brith:* ヘブライ語で「契約の息子たち」の意味）はそれなりの会員数を保持していた。しかし当時はユダヤ人同士の交流や文化的要素が大きく、ユダヤ人の権利を保護することを目的とした団体はまだ存在していなかった。よってシフは個人レベルで働きかける必要があると感じ、ユダヤ人の権利の擁護に早期から関与するようになった。

ユダヤ人に対する差別はアメリカ国内でも発生しており、シフと近い立場にある人物が被ったケースとしては、一八七七年に起きたセリグマン事件が有名である。銀行家のジョセフ・セリグマン一家が、ユダヤ人であることを理由に、例年利用してきたサラトガ・スプリングスにあるグランド・ユニオン・ホテルから宿泊を断られたのである。セリグマンはテンプル・エマヌ・エルの会長を務め、さらにはニューヨークで名が知れた銀行家であったため、ユダヤ人からもかなりの反響があった。レオナード・ディナースタインによると、この事件はアメリカにおいて社会的反ユダヤ主義が始まったことを示す重要な事件となった。(40)ユダヤ人はこのような差別を被ることはあったが、一般的には信仰の自由や政教分離が憲法において定められているアメリカでは、ユダヤ人差別はヨーロッパと比べるとまだやさしかった。しかし一九世紀末になると状況は大きく変わった。

南北戦争が始まった一八六一年の時点でアメリカに約一五万人しかいなかったユダヤ人は目立つ存在ではなかったが、一八八〇年以降に東欧から前代未聞の莫大な数でユダヤ移民が到着し、一九〇〇年にその人口が一〇倍の一五〇万人に増加すると、ユダヤ人は新しい問題に直面するようになった。シフはいかなるケースにおいてもユダヤ人の権利を擁護する立場に立ったが、その関わり方は事例によって異なっていた。たとえば一九〇八年に、ニューヨーク市の警察長官であるセオドア・A・ビンガムが『ノース・アメリカン・レビュー（*North American Review*）』誌において、論文「外国人犯罪者」を出版し、市の犯罪の半分はユダヤ人によるものであると論じた。さらに、当時マックレーカー（醜聞を書き立てる記者）として最も有名だったジョージ・ターナーは、市の売春業に関わる男女の三分の二がユダヤ人だと主張し、大幅に誇張された割合を証拠もなく提示した。(41) 移民増加に伴いエスカレートしていく反ユダヤ的な攻撃に対して、当初ドイツ系ユダヤ人は反応することを躊躇した。実際にユダヤ人による犯罪もあることから完全に否定はできないという理由と、公衆論争を避けるためだった。この時シフは、移民の間に蔓延する不徳と犯罪に関してドイツ系ユダヤ人が責められるところではないと感じつつも、アメリカ人が我々に責任があるというのであれば、何か行動に移さなければいけないとした。(42) 最終的に若手の指導者であるジュダ・マグネスが計画したケヒラー（Kehillah, 組織化された共同体）の設立を支援し、そこにユダヤ人の犯罪問題に対処する部局も設置された。(43)

それ以外にもシフの生涯において特記すべき反ユダヤ的な事件は幾度も起こったが、実はシフは公の場で大きな反応を示すことを避ける傾向にあった。それがかえって逆効果になると判断したからである。ここではその例としてレオ・フランク殺害事件と、ヘンリー・フォードによって展開された反ユダヤキャンペーンに対するシフの反応を見てみたい。

レオ・フランク事件は、一九一五年にジョージア州アトランタで起きたアメリカ史において唯一ユダヤ人がリンチ殺害の被害者になった事件である。一九一三年に鉛筆工場を営む新婚のフランクは、確たる証拠もないまま彼の工場で働く一三歳の女工の強姦殺害という無実の罪を着せられ死刑判決を受けた。シフはこの知らせを聞いて愕然としたが、現地で起きている反ユダヤ主義の勢力と大衆の怒りが大きいことから、ユダヤ人の団体としての運動はかえって地元住民の怒りを煽り、逆効果になると判断した。よって個人的に関与することにした。シフは裁判で有罪となったフランクの判決に対して控訴する際に必要となる多額の資金を援助をした。その間、シフの仲間で弁護士のルイ・マーシャルはフランクの弁護戦略に加わることで尽力し、フランクは終身刑に減刑された。しかしフランクはその判決に怒り狂った地元民に刑務所から誘拐され、亡くなった女工の地元の町で殺害された(44)。

自動車王として知られるヘンリー・フォードは、一九一八年にデトロイトの地方紙である『ディアボーン・インディペンデント(*Dearborn Independent*)』紙を買収した。一九二〇年以降、フォードの新聞には「国際ユダヤ人–世界の問題」というタイトルのユダヤ人陰謀説を組み込んだ反ユダヤ的な記事が週ごとに掲載され、五年間九一回にわたり連載された。その知らせを受けて、マーシャルはすぐにフォードに対する反対運動を行うことを提案したが、シフはこの時「我々が論争に巻き込まれた場合にはそれがどのように収束するか誰も予測することはできない。したがって『ディアボーン・インディペンデント』紙に関して通知しないことを強く勧める。攻撃はすぐに収まるだろう」と注意して行動するように警告した。[45]シフが亡くなる数ヶ月前のことだった。しかしシフの楽観的な予測は外れ、ユダヤ人に対する攻撃は収まるどころかクーン・ローブ商会やシフもフォードの記事において集中的な攻撃を受けた。ユダヤ人によるフォード車の不買運動や弁護士のアーロン・サピロによる訴訟を経て、結果的に一九二七年にフォードが謝罪し、新聞を廃刊にすることでこの事態はようやく収まったが、国外に与える影響までは抑えることができなかった。「国際ユダヤ人」は、一九二二年のドイツ語版を含む一六ヶ国語に翻訳され、ヒトラーやナチスにも影響を与えた。[46]

国内における反ユダヤ主義に関しては以上に述べたような反応を見せたが、指導者としての立場とは別に、シフ自身は反ユダヤ主義者たちとは取引をしなかった。たとえば、ペンシルヴェニア州周辺で事業を展開するレディング鉄道の経営者、オーガスト・コービンはユダヤ人に対する差別を公にしている人物だったため、シフは「どんなに有能であろうとも我々の自尊心がこの男と関係をもつことを許さない」と友人のカッセルに書いている。[47]シフはユダヤ人に対する偏見や、ユダヤ人がキリスト教徒よりも劣っている存在として扱われる差別を決して受け入れなかった。[48]

シフのもとには国内の反ユダヤ主義に加え、国外でユダヤ人の権利や境遇が脅かされているという知らせが頻繁に届いた。一九世紀後半には、ドイツでユダヤ人に与えられている市民権が取り消されることが検討されたり、フランス陸軍参謀本部の大尉であるユダヤ人のアルフレド・ドレフュスが、スパイ容疑で逮捕され軍法会議にかけられた後に有罪判決を受けたドレフュス事件が起こったりした。ドレフュス事件に関して、シフは個人的にはフランスの不公平さに腹を立て、しばらくはパリを訪れることさえも躊躇したが、指導者としてはこの事件に人種的偏見が関係していることを否定し、抗議集会を開くことにも反対の立場をとった(49)。しかしドレフュスの擁護を主張したフランス人の勇気と良心に対する感謝は忘れなかった。その一人であるジョルジュ・ピカール中佐が、一九〇六年にフランス国防大臣に任命された際にはその喜びについて書簡で触れている(50)。シフを含むアメリカ・ユダヤ人の有力者たちは個人のレベルでさまざまな反応を示したが、グループとして目立つ反応を示すことにはあまり積極的ではなかった。その一方で、救済金を募る活動に対しては積極的な姿勢を見せた。シフは、確認できる限りでは一八七八年に露土戦争が勃発した時より、ユダヤ人のための救済金を募る活動に参加している(51)。

(二) ロシアのユダヤ人迫害に対するロビー活動

「シフの時代」に大きな問題の一つとして取り上げられたのは、帝政ロシアにおけるポグロム

（ユダヤ人に対する迫害、組織的虐殺を意味する）だった。シフはロシアのユダヤ人問題に一八九一年から反応を示し、動いている。ポグロムはユダヤ人の生命や権利が脅かされるだけではなく、アメリカに押し寄せる急激なユダヤ移民の増加とも直接的に関係していたため、アメリカ・ユダヤ人の間では政治的自衛を組織的に行う必要性が確認された。この節ではシフが関わったロビー活動について触れるが、まずその背景を説明しておく必要がある。

一九世紀末葉から二〇世紀初頭にかけてアメリカ・ユダヤ人社会は大きな変容を遂げ、アメリカ・ユダヤ史は転換期を迎えていた。一八八一年から一九二四年の間、二五〇万人という大規模な東欧系ユダヤ移民がアメリカに押し寄せた。さらに一八八〇年から一九一四年に限ると、その間アメリカに到着した約三〇〇万人の移民のうち、三人に一人がユダヤ人だった。彼らは、その前の世代の、主に機会を求めて自発的に移住してきたドイツ系ユダヤ人とは大きく異なり、一八八一年以降にロシアで多発したポグロムから逃れるために、すなわち必要に迫られてやって来た人々であった。当時ロシアにおいてユダヤ人は市民権を与えられておらず、彼らはペイルと呼ばれるユダヤ人特別居住区域に住み、彼らの商業活動を制限する制度も多く存在した。それに加えて一八八一年に皇帝のアレクサンドル二世の暗殺が契機となり、ポグロムが多発するようになった。一八八一年から八四年の四年間だけでも、ポグロムは二〇〇件以上発生した。八二年には「五月法」が制定され、ユダヤ人の生活にさらなる制限が課せられることになった。続いて八七年にはユダヤ人が医学や法学などの高等教育を必要とする専門職から排除されることになり、ユダヤ人の生活はますます困窮した。(52)

半世紀前にアメリカに移住し、アメリカ社会に同化していたドイツ系などの旧ユダヤ移民は、新移民が押し寄せる状況を複雑な気持ちで見つめた。というのも、皮肉にもロシアではユダヤ人の居住地域が制限されていたことから、ユダヤ人の伝統的な共同体の暮らしが守られてきた。さらに彼らはアメリカに到着した後もイディッシュ語を話し、伝統に従った生活を続けた。しかしそれは彼らが「アメリカ的」ではないことを余計に際立たせた。よってドイツ系は、彼らの存在がアメリカにおけるユダヤ人全体を「他者」として浮かび上がらせ、反ユダヤ思想を助長するのではないかと懸念した。あるユダヤ系の新聞は「ロシア系ユダヤ人の後進性がアメリカのユダヤ社会を崩壊させる」と指摘した。(53)

ドイツ系ユダヤ人からはさまざまな反響が見られたが、一八九二年に設立された研究機関のアメリカ・ユダヤ人歴史協会（American Jewish Historical Society）の設立も、実はそれまでユダヤ人が築き上げた名声に移民が及ぼしうる悪影響を意識したものだった。初代会長になったオスカー・ストラウスが「我々には、アメリカのユダヤ人として、偉大なる大陸への入植活動と文明の発展に対する貢献を［中略］詳しく記録する義務がある」という言葉を残しているとおり、ユダヤ人のアメリカにおける実績を示すために設立されたものであった。(54)

その後も移民の流れが止まることはなかったが、ロシアにおけるユダヤ人問題に目を光らせながらも、一八八四年以降は目立ったポグロムが起きなかったため、ロシア国内外のユダヤ人は状況が緩和したと判断し、大規模な反対運動を起こすには至らなかった。しかし忘れられない事件が再び起きるのは、それから約二〇年後だった。一九〇三年にバッサラビア地方のキシニョフ市でポグロムが起きたのである。ユダヤ人の村が襲撃され、子どもと女性を含む四九人が無惨に殺害された。それに加えて五〇〇人が負傷し、七〇〇世帯の住居が失われた。重要なことにキシニョフ市のユダヤ人は決して少数派ではなかった。一八九七年の同市におけるユダヤ人人口は五万二三七人で、市の人口の約四六パーセント、つまり約半数を占めていた。(55) さらに、キシニョフ・ポグロムは、それまでのポグロムとは大きく性質が異なり、ロシアにおける反ユダヤ主義が新たな次元に突入したことを象徴する事件だった。というのもこのポグロムは、地元自治体の主導によって引き起こされたというだけではなく、地元の政府高官が黙認するなか実行されたためである。(56) よってアメリカ・ユダヤ人は、ロシアのユダヤ人問題に対してこれまで以上に注意する必要性を感じた。

従来主にユダヤ人だけが注目していたポグロムは、キシニョフを通してユダヤ人以外の人々の間でも注目されるようになった。『ニューヨーク・タイムズ』紙は、このポグロムに関して「バッサラビア地方のキシニョフで起きた反ユダヤ的な暴動は、検閲官が公表を許可できないほど酷い。

この大虐殺に伴う恐怖の場面は言い表せないほどである」と報道した[57]。各地でロシアの残忍さや野蛮さを訴える集会が開かれ、非ユダヤ人もユダヤ人と共にロシア政府に対する嘆願書に署名するに至った。ニューヨークでは、カーネギーホールにおいて諸宗教連合による抗議集会および支援募金集会が開催された。しかしこれほどの動きがアメリカであったにもかかわらずロシアに対する抗議運動は、ロシアにおけるポグロムの緩和という点において実質的な影響力をもたなかった。その証拠に一九〇三年から〇九年までの六年間にも約三〇〇〇件のポグロムが発生している。

ロシアにおけるユダヤ人問題は、もはやロシア・ユダヤ人が自ら解決できる問題ではなく、何らかの迅速な解決策が求められた。したがってシフを含むアメリカ・ユダヤ人指導者たちは、自らの政治や経済的なつながりを使って、アメリカ政府による政治的干渉を求めるべくロビー活動を起こしたのである。シフは共和党の支持者であり、鉄道事業で名を成したシフの声に耳を傾ける政治家は少なくなかった。ロシア・ユダヤ人のおかれた境遇に関心を持ち、改善のために努力したユダヤ人はシフだけではなかったが、彼の戦略は他の指導者と比較すると独特だった。シフは団体組織によるロシア皇帝政府に対する抗議運動に参加するだけでなく、有力な銀行家としての伝手を最大限に活かして個人としても闘った。

シフは当時アメリカの政財界で有力な人物の一人であり、歴代大統領の経済顧問としてホワイトハウスに呼ばれることもあったため、政府高官とは面識があった。さらに大統領たちとはプライベートでも交流があり、なかでもローズヴェルト大統領とはヨーロッパに旅行する際に、互いの滞在先を訪ね合うほどの仲だった。このような関係性が結ばれていたため、シフは大統領や政府高官にユダヤ人問題に関する話題を直接もちかけることにためらいがなく、ロシアのポグロムに関しても執拗に訴えを続けた。[58]

シフたち指導者は、幾度となく政府に対するロビー活動を行ったが、確認できる最も早期のものは一八九〇年である。在ロシア・アメリカ合衆国大使のチャールズ・E・スミスが、新聞にてロシアにおけるユダヤ人迫害の真相について否定した際に、シフは即座にその記事を掲載した『ニューヨーク・イーブニングポスト』紙に連絡し、アメリカの新聞がロシアで起きていることについて事実を述べることを期待していると伝えた。[59] 翌年の九一年には、モスクワをはじめとするロシア諸都市からユダヤ人が追放されたというニュースを耳にしたため、ストラウス、ジェッシー・セリグマン、メイヤー・アイザックスと共に、ベンジャミン・ハリソン大統領（任期：一八二七－一八九四）を訪問し、ヨーロッパからアメリカに来る移民の背景を調査するための特別委員会を設けるよう説得することに成功した。[60] これはシフがロシアのユダヤ人問題に関してアメリカの大統領に直接行った最初の働きかけだった。ハリソン大統領は彼らの要請を受け入れ、その後、移民局のジョン・B・ウェーバー局長が団長に任命され、調査にあたることが決まった。四ヶ月に及ぶ現地調査の後、ウェーバーはロシアのユダヤ人社会が危機的な状況にあることを大統領に報告した。大統領はそれを受けて、ロシアから困窮したユダヤ人が多数合衆国に流入している事態を憂慮しているという内容の親書をサンクト・ペテルブルクに送った。その後しばらくの間ポグロムは落ち着いたように見えたため、シフたちは自分たちのロビー活動がうまくいったと多少なりとも満足感と達成感を味わったのである。(61)

シフは、セオドア・ローズヴェルト(任期：一九〇一－一九〇九)、ウィリアム・タフト(任期：一九〇九－一九一三)、そしてウッドロー・ウィルソン(任期：一九一三－一九二一)にも同様にロシアにおけるユダヤ人問題について相談するようになった。加えて、大統領候補者に対しても大統領選で成功するにはニューヨーク市のユダヤ人の票が重要であることを念押しし、それはロシアのユダヤ人問題解決に対する候補者の支持にかかっていると仄めかしたのである。(62)

このようなロビー活動は、とくにローズヴェルト政権の期間に強い展開をみせた。その背景にはキシニョフ・ポグロムが起きたことにより、ロシアのユダヤ人迫害問題に対する解決策を追求する必要性が高まったことにある。それに加えて、同時期にはルーマニアのユダヤ人迫害問題も懸念されていた。イオン・ブラティアヌ反動政権下で職業を奪われたり暴徒に襲われたりしたユダヤ人が難民となってアメリカに流れてきていたのである。シフは一九〇二年四月に鉄道問題に関してローズヴェルトと協議するためホワイトハウスを訪れた際に、ルーマニアのユダヤ人問題における大統領の仲介を求めた。ローズヴェルトは快く引き受けたが、国務長官のジョン・ヘイは、主権国家の内政問題に介入することはよくないとして難色を示した。さらには、それまでルーマニアのユダヤ人問題に関しては大きく取り上げられることがなく、認知度も低いように思われた。よってまずは事の深刻さについて一般的に周知されることが先だと考え、友人で『ニューヨーク・タイムズ』紙の発行人のアドルフ・オックスに、ルーマニアのユダヤ人がおかれている状況について記事に取り上げてもらえるよう依頼した。こうしてルーマニアの情勢が悪化し、ユダヤ人殺戮が迫っているという情報を提供されたヘイは、その深刻さを察知し、ブカレストに外交書簡を送ることに同意するに至ったのである。ルーマニア政府はユダヤ人に対する迫害をやめなかったが、アメリカ政府から外交書簡が送られたこと自体には十分に重要な意味合いがあった。それはアメリカが少数派であるユダヤ人の訴えに応じて、国外で迫害されるユダヤ人のために声を上げるのだということをヨーロッパ諸政府に示したということだった。[63]

シフたちはキシニョフ・ポグロムの一〇日後にも、国務省に事実確認のための調査を依頼している。ヘイはすぐに応じたが、調査の結果サンクト・ペテルブルクが暴力の発生を否定しているという内容の返事が返ってきた。ヘイはシフたちにこれ以上は内政干渉になると説明しながらも、個人的には急遽立ち上げられたロシア・ユダヤ人救済委員会に五〇〇ドルを寄付し、同年の夏にはキシニョフに関するユダヤ人による陳情書をロシアに送り感謝されている。[64]

実のところ、ロシアのユダヤ人問題はアメリカ政府の外交に直接関係する問題も有していた。

ロシアは一八三二年に締結された米露通商条約に基づいてアメリカのパスポートの有効性を認めていたが、ユダヤ人が保持するアメリカのパスポートに限ってはその有効性を認めず、実質的に無効扱いをしていた。よってユダヤ人はアメリカのパスポートを保有しながらも、ロシアに入国することも国内を旅行することも許されておらず、ビザを申請することさえできなかったのである。[65] ロシアのパスポートにおける差別は、いかなる信仰をもつ者も市民として平等であることを謳う合衆国憲法と相容れないものであったため、ユダヤ人指導者や対ロシア外交を担当するアメリカ政府関係者の間では問題視されていた。しかしこのパスポートの問題は新聞などで大きく取り上げられることはなく、ごく一部の者のみが把握していた。こうしたなかでユダヤ人指導者たちは、ユダヤ人問題はロシアの内政問題ではなく、米露間の外交上の問題であると主張することでアメリカ政府への働きかけを強めていったのである。

キシニョフ・ポグロム以降もロシア各地ではポグロムが発生し、その規模はさらに大きくなりつつあった。その状況についてシフが知ったのは一九〇四年初めだったが、すぐにその状況について、ストラウスを通じてローズヴェルトに報告した。ローズヴェルトはこの時同情はしたものの、アメリカ政府が介入することに対しては懐疑的な姿勢を示した。しかしシフは諦めずホワイトハウスに電報を送りつづけたため、しまいにはローズヴェルトはシフの度重なる要求に対し憤慨し、「ロシアに宣戦布告でもしろというのか！」と強い口調で文句を言ったともいわれている。[66]

三節　慈善家

（一）慈善に対する考え

一九世紀末までにシフは銀行家として成功する傍ら、慈善家としても名を上げるようになった。シフが生涯を通して寄付した額は一億ドルに上ると言われている。[67] 彼はさまざまな団体に高額の寄付をしているが、関与した慈善事業のなかでも最も関心を寄せたのは、病院、教育、そして恵まれない人々に対する援護だった。当時、有力者が慈善事業に対する貢献を通じて共同体の指導者になることは決して珍しいことではなかった。中央ヨーロッパ出身のユダヤ人エリートは巨大な富を築いた後、非ユダヤ人の大富豪と同様にアメリカ社会に自分の名を残すことに精をだした。ユダヤ人の場合はそれに加えて、ヨーロッパでは社会の爪弾き者扱いされていた自分たちを受け入れてくれたアメリカに対する感謝の意を示したいという意味合いもあった。それを効果的に示す方法は慈善や社会事業に寄付することだった。シフと同時代に活躍した百貨店メイシーズの共同経営者であるネイサン・ストラウスは、貧困状態にある児童に牛乳を無料で配布する場所をニューヨーク市内に設けた。アドルフ・ルイゾーンはニューヨークのシティ・カレッジにスタジアムを贈り、グッゲンハイム一家は学芸分野に貢献し、一九二五年に創立されたグッゲンハイム・フェローシップは優秀な研究を支援し、それは現在も継続されている。[68]

一般を対象とする事業に加え、なかには百貨店シアーズの経営で成功を収めたジュリアス・ローゼンウォルドのように、マイノリティへの支援に着目して黒人教育に多額の寄付をした者もいた。(69) しかし一般や他のマイノリティグループへの支援よりも、同胞に対する援助は当然ながら手厚く、さらには必要とされていた。アメリカ・ユダヤ人は東欧系ユダヤ人の福祉のために一九一〇年までに年間一〇〇〇万ドルを支出するようになったという。(70) バーミンガムによると、当時の上流階級に属するドイツ系ユダヤ人たちにとって、テンプル・エマヌ・エルに所属し、不治の病や慢性疾患をもつユダヤ人の治療をするために一八八四年に設立されたモンテフィオーレ慢性疾患者ホーム（Montefiore Home for Chronic Invalids, 以下モンテフィオーレ・ホーム）やマウント・サイナイ病院、そしてヘンリー街セツルメント（Henry Street Settlement, 以下ヘンリー・ストリート）に寄付をすることは一種の義務と化していた。加えてニューヨーク盲人協会が毎年主催する舞踏会は、ユダヤ人の上流階級の者たちにとって恒例の年間行事だった。(71)

しかしシフの慈善活動には独自の特徴がみられた。必ずしも大富豪になってから慈善に関心を寄せたわけではないという点と、金銭的支援を一方的に行うだけではなく、支援の対象となった人々に対して大きな関心を示した点が、他の裕福なユダヤ人とは異なっていた。次に挙げるのは、シフが一八九三年九月に慈善に対する考えを記したものであり、紹介に値するだろう。

大半ではないにしても、多くの裕福な人々は、寛大な摂理から割り当てられたより大きな富によって、同胞がある程度の利益を得ることを許す義務が課せられていることを認めている。一般的に、自らの努力によって富を得た者は、相続によって富を得た者よりも、この義務を実行する準備ができており、後者の層に含まれる人々は、生涯を通じて公共の目的のために財産の一部を寄付する用意ができているとも思えない。

我々は死によって、生前に蓄積した富を所有することも享受することもできなくなるため遺言によって自分の財産の一部を処分することは、犠牲でもなければ、功徳ある行為でもない。慈善や博愛が効果的であるためには、自身の監督下におくことが必要である。というのも、自分の考えや意図を、自身が実行するのと同じように、他人が実際に実行に移せるとは思えないからだ。〔中略〕

我々が得た余剰の富は、少なくともある程度は同胞のものである。我々は一時的な財産の管理人に過ぎない。財産管理に対して正当な不満が生じないよう、また自然の法則が私たちに財産を手離させるまで、財産を得る権利をもつ他の人々（同胞）が我々の財産の一割を享受することを阻まないよう注意しなければならない。(72)

すなわち、シフは生きている時に慈善を行うことこそが重要だと考えていたのである。

シフの慈善に関する考えは、聖書とラビの教えに対する彼の忠誠心が最も反映されたものだった。ユダヤ教では、慈善行為と善行は「ツェダカ」（tzedakah：ヘブライ語で「正義」の意味をもち、宗教的義務としての慈善行為を指す）とされている。「ツェダカ」の教えがユダヤ教の聖典トーラーに登場するのは、最初の書である創世記においてであり、ユダヤ教の基本的な教えの一つである。あるときシフは『ジューイッシュ・デイリー・フォワード（*Jewish Daily Forward*）』紙の編集長であるエイブラハム・カハンからインタビューを受けた。その際に慈善について次のように話している。

古代ヘブライの立法者は［中略］慈善行為という言葉を知らなかった。貧しい人々に施すことは、彼にしてみれば正義の行為でしかないのである。正義とは、助けを必要としている者や他人に頼って生活をしている者に対する義務について、ほかの人々に説いた場合のみに適用する表現なのである。(73)

シフは慈善に関してユダヤ教の教義を意識していたことに加えて、その概念を他の者に説くことの必要性を感じていたことがわかる。

シフは一八八〇年代から多額の寄付をするようになり、その額はユダヤの「マアサー」（Maaser：トーラーに触れられている一割を寄付する習わし）の伝統に則って収入の一割だったという。(74) 当時貧しい者を支援する公共の福祉制度はまだ確立していなかったため、自らがその役割を果たそうと決意したのである。なかでも最も早急に対応が必要とされていたのは、東欧から押し寄せる移民に対する支援だった。シフは、鉄道事業の時と同様に、実際に自らが現場に足を運び、何が必要とされているのかを調査した。その結果、ユダヤ系の慈善団体は移民を受け入れる体制がまったく整っていないことがわかった。シフは到着したばかりの貧しい移民が多く暮らすロウアー・イースト・サイドに暮らす者たちとも直接的な交流があった。移民たちからは東欧のユダヤ人が話すイディッシュ語で「我々の小さいヤコブ」（"unser Yankele"）と親しみを込めて呼ばれていたという。(75) 自身が会長を務めるモンテフィオーレ・ホームに関しては、毎週日曜日の朝に訪問し、患者一人一人に声をかけた。(76) さらには援助の先に何が見えるのかといった点に関しても明確な理想像をもち、彼が思い描いた最終目標は施しの対象者たちの自立だった。(77)

シフの慈善は中世にユダヤ人が行った慈善行為の習わしと似通っていたと言われている。たとえばシフの寄付の対象は「援助に値する貧困者」に限定されるべきとし、この「援助に値する貧困者」とは、自分以外の原因によって生計を立てることができない者たちを指していた。よって彼は慈善の対象となる者が、本当に援助が必要かどうかを調べるように指示した。旧約聖書には「どうか、虐げられた人が再び辱められることなく貧しい人、乏しい人が御名を賛美することができますように」（詩篇七四：二一）(78) という理念が記されているが、もしも物乞いが生計を立てる努力をしないのであれば、その者に対しては慈善を施さなくてもよいと、「タルムード」（ユダヤ教の口伝律法と学者たちの議論を書きとどめた議論集）は解釈している。[79] よってシフの流儀はその教えに影響を受けたものと考えられる。

さらにシフは、自助と相互扶助を称えた。慈善事業のあるべき姿は失業者に職を与えることだと考えていた。これも中世よりユダヤ人に受け継がれている習わしであり、カイロのゲニザ（一九世紀末に発見された、九五六年から一五三八年までの約六〇〇年にわたるユダヤ教徒による文書）にも、機会があるにもかかわらず働かない者には「ツェダカ」を施さなかったと記されている。他者を助けることを一般的な行為と定める一方で、貧困者はできる限り自立するべきであると考えられていたのである。シフが中世のユダヤ人の習わしについて詳しかったかどうかは明らかではないが、聖書と中世のユダヤ人の慈善の精神は、シフの慈善事業にも反映されていた。[80]

慈善でも有名になった富豪のシフのもとには世界中のユダヤ人から援助を求める手紙が毎日のように寄せられたが、その都度シフは援助に値する案件なのかを検討し、時には支援を断る場合もあった。ユダヤ人の援助に関しては、それぞれの共同体が可能な限り対応すべきであるというのがシフの考えだった。

ところで、シフの慈善の精神に恩恵を受けたのはユダヤ人だけではない。彼はアメリカ赤十字社などの人道支援団体や、ハーヴァード大学、コロンビア大学、コーネル大学をはじめとする教育機関、そして博物館などにも多額の寄付をした。その結果、一九〇一年までには国際的に高く評価される慈善家としての地位を確立した。第四章で詳しく触れるが、一九〇六年に来日した際には日本の民間機関にも寄付をしている。誕生日を迎える度に高額の寄付をするのがシフの習慣になっており、七〇歳の誕生日にはアメリカ赤十字社に一〇万ドルを寄付している。[81] シフのこのような寄付はもちろん慈善の精神に基づいたものであったが、他方で寄付行為がアメリカのユダヤ人を守る最大の武器になりうることにも気がついていた。実際に、非ユダヤ人による組織を支援することで、その組織におけるユダヤ人差別を撤廃することを試みることもあった。[82]

シフは生涯、実に多くの慈善事業にたずさわったが、そのなかでも亡くなる直前まで密接に関わりつづけた組織は、モンテフィオーレ・ホーム、ヘンリー・ストリート、ヒルシュ男爵基金(The Baron de Hirsch Fund)、ユダヤ教神学セミナリー、そしてアメリカ・ユダヤ人委員会(American Jewish Committee)だった。

(二) 移民への支援

シフはアメリカに到着したばかりの東欧ユダヤ移民がおかれた苦境に心を痛め、早期から彼らに関心を示して支援した。ニューヨーク湾のエリス島に入国センターが設けられる以前は、マンハッタン島の南端部にあるキャッスル・ガーデンが移民の入り口だった。キャッスル・ガーデンは、一八五五年に正式に出入国管理センターに指定され、移民は上陸した後に健康診断を受け入国手続きをした。一八八〇年代初めから、ヘブライ移住民支援協会（Hebrew Emigrant Aid Society;後に触れるHebrew Immigrant Aid Societyとは別の団体）が、ユダヤ移民の手続きを補助することになり、それと同時に文無しも同然にアメリカに到着した移民のための、一時宿泊施設の必要性が確認された。そのためにワーズ島にある、かつて精神病院として使われていた建物が改築されることになった。七〇〇名収容できる規模であり、その改築にかかる費用をシフが負担したため、別称「シフ避難所」（"Schiff refuge"）と呼ばれた。[83]

一八八四年にはモンテフィオーレ・ホームの設立を支援し、同機関の会長を務めた。[84] しかし同胞だからといって、新移民の受け入れに対応することは必ずしも容易ではなかった。シフは自身が支援した組織において、移民に英語を学ぶことやアメリカ社会に同化することを推奨したため、その慈善事業は支配と従属のトップダウンだとの批判を受けることもあった。[85]

一八九一年に移民の管轄が州から連邦当局に移されたのを機に、ニューヨーク湾にあるエリス島に入国センターが設けられることになった。同年に移民法に記載されている「貧窮民」の条項が補強され、それによると移民は身体が健全であったとしても職業に関連する技能がない場合には、入国管理官は移民の入国を拒否できるという内容だった。[86] さらには東欧からのユダヤ移民が、前代未聞の莫大数で到着するようになり、すでにその対応に苦戦していたユダヤ人からも受け入れに対する反対の声が上がった。その当時救済基金の事務局長を務めていた弁護士のマニュエル・クルシードでさえ、アメリカ側の状況を無視して移民の輸送を続けるヨーロッパのユダヤ人慈善団体の幹部に対して「アメリカにおけるユダヤ人の地位は強固なわけではなく、決して安泰ではない。アメリカのユダヤ人は、同胞がもたらす嫌悪感を背負いこむ余裕がない」と胸中を打ち明けたほどである。(87) さらに、ラビのアイザック・メイヤー・ワイズも新移民について、次のとおり率直な意見を述べている。

我々はアメリカ人である。彼らはそうではない。我々は、自由の国に生きる一九世紀のイスラエルびとである。そして彼らは、はるか昔の骨をしゃぶっている人間である〔中略〕ユダヤ教の高い評価は、当然のことながらかなり傷つくに違いない。必ずや我々の社会的地位を低下させるに他ならない。(88)

しかし移民が「非アメリカ的な存在」として目立つのは、彼らがアメリカで暮らす準備がまったく整わないまま移住せざるを得ない状況にあったことにも要因があった。シフは一八九一年に開催された晩餐会においてニューヨークのヘブライ慈善団体の理事とテンプル・エマヌ・エルの理事たちの前で次のような短い演説をして、自身の東欧系ユダヤ人に対する考えを表明している。

我々の先祖が初めてこの半球に住居を見つけて以来、今ほど我々民族のために献身的な人材が必要とされている時代はありません。何万人もの不幸な同宗信徒たちが、彼らの生存権すら否定する不寛容な母国によって、我々の海岸に追いやられているのです。(89)

シフも当初は東欧系ユダヤ移民の存在が、アメリカにおける反ユダヤ思想を助長する原因になりうるのではないかと懸念したこともあった。しかしその一方で、「すべてのユダヤ人は互いに責任がある」というユダヤ教の教えに基づいて、すでにアメリカに来ている同胞の面倒は自分たちが見るべきであると考えた。シフはある時、慈善団体の建物に銘刻される文章に関して、聖書からの次の言葉を提案した。「貧しい者はいつまでも国のうちに絶えることがないから、わたしは命じていう、あなたは必ず国のうちにいるあなたの兄弟の乏しい者と、貧しい者とに、手を開かなければならない」(90)。その言葉のとおりシフたちドイツ系の指導者は移民のために主に福祉団体や孤児院、そして病院を設立した。これらの機関や施設が新移民の生活を助けるものであったことは間違いない。

その後も移民の波は勢いを衰えさせることなく、二〇世紀初頭にはニューヨークは移民で溢れかえり、ユダヤ人は市の総人口の三分の一を占めるようになった。新移民の大半は東欧系ユダヤ人の密集地であるロウアー・イースト・サイドに住んだ。彼らは相変わらずイディッシュ語を話し伝統に従った生活を続けたため「非アメリカ的」な存在として目立つことを避けられなかった。一九〇二年には、連邦移民局長のウィリアム・B・ウィリアムズから生活保護者になりそうなユダヤ人が増加していることが指摘された。しかし実際のところ、ユダヤ移民は国の世話になる前に、他のどの移民グループよりも同胞から手厚い保護を受けていたのである。[91]

とくにシフは、ユダヤ人がユダヤ人ではない者や団体の世話になることに関してよく思わなかった。その理由として、ベス・ウェンガーの説明を借りると「アメリカ・ユダヤ人はピーター・ストイフェサントとの約束――（アメリカにとどまることを許される代わりに）ユダヤ人は経済的に自立する――を受け入れただけでなく、自負していたのである」。[92]ちなみにストイフェサントは、一六五四年にユダヤ人が初めて集団としてアメリカに到着した際に、ニューアムステルダムの総督を務めていた人物である。ユダヤ人嫌いで知られていた彼は、当初ブラジルのレシフェから来たユダヤ人難民がニューアムステルダムに定住することに反対したが、経済的に植民地の負担にはならないことを条件にユダヤ人は町にとどまることが許されたのであった。シフはこの約束を体現しようとしていた。極端な例を挙げると、ある時シフは非ユダヤ人による救済に申請するくらいならユダヤ人は手を切ってしまった方がよいと言ったことが記録されている。[93]

一九〇二年には東欧系ユダヤ人によって設立されたユダヤ人移民保護協会、ヘブライ援護収容施設協会、ヴォリニヤ・ジミトル支援協会の三つの小規模な団体が合併して、後にヘブライ移民救済協会（Hebrew Immigrant Aid Society, 以下ＨＩＡＳ）として知られることになる機関が発足し、さらに行き届いた支援ができるようになった。ＨＩＡＳは入管手続きから宿泊所と就職の世話まで、移民の支援において中心的な役割を果たした。それに加えて医療の提供や希望者に対しては教育や職業訓練を受ける機会も設けられていた。ＨＩＡＳの運営には、シフたちドイツ系ユダヤ人からの資金援助が不可欠であった。(94)

シフの同胞に対する責任感と使命感の大きさについては、先に触れたヘンリー・ストリートの活動に対する支援からも見受けることができる。設立者のウォルドはシンシナティの中産階級の家庭出身だった。ニューヨーク出身ではないことも影響して、看護訓練を受けた後、ニューヨークの未成年者収容施設に派遣されるまでロウアー・イースト・サイドのユダヤ人の存在について知らなかった。そこで彼らがおかれた状況に衝撃を受け、セツルメントに住む家族を対象としたボランティア活動を開始するに至った。一方で、もう一人の設立者のブリュースターはユダヤ人ではなかったが、ウォルドと一緒に活動に勤しむ信頼のおける同僚だった。二人の看護師はロウアー・イースト・サイドにおける移民の治療を行うようになり、一八九三年にシフの経済的な後押しがあり、ヘンリー・ストリートが設立された。

シフとウォルドの出会いは一八九三年に遡るが、シフの義父のソロモン・ローブからの勧めによるものだった。シフはウォルドの二〇歳年上で、当時シフは多忙な銀行家で、ウォルドは未熟な若い看護師だった。少し前に父親を亡くしていたウォルドにとって、シフは父親のような存在になったという。二人はそれから三〇年近くの間、慈善事業において共に活動することになったのである。シフはウォルドから訪問看護の事業計画について聞いた直後から、その活動に対する資金提供をするようになった。一八九五年にはシフが施設のための物件を購入している。ヘンリー・ストリートは、ユダヤ人に限らず貧しい移民に医療と食べ物と一時宿泊施設を提供した。さらには家庭看護や訪問看護にとどまらず、当時の保健局と交渉して学校に健康診断や健康教育を導入した。[95] いずれは職業安定所としても機能するようになったのである。このような人種、民族、信仰という壁を越えてさまざまなサービスを提供する機関は、当時はまだめずらしかった。

社会福祉に大きな影響を及ぼしたウォルドは、後の一九一二年に「公衆衛生看護協会」が誕生した際に会長に就任し、公衆衛生看護という言葉を命名した人物として世に知れ渡ることになるのである。ヘンリー・ストリートは一九一六年の時点で約一〇〇名の看護師が所属し、年間二二万七〇〇〇件の訪問看護を行うまでの機関に成長した。[96] このようにアメリカにおける社会福祉および医療の発展に影響を及ぼすことになるウォルドの活動の重要性を早期から理解し、支援したことはシフの功績の一つだったといえる。

シフは、慈善事業に多額の寄付をする一方で、富裕層が住むアップタウンの外に足を運ぶことはないと批判された多くのドイツ系ユダヤ人の有力者とは異なり、定期的にダウンタウンを訪れて移民たちによる集会に参加したり、それぞれの過酷な経験談に熱心に耳を傾けたりした。さらには著名人が亡くなった際には葬儀に参列することもあった。[97] また、ダウンタウンにおいても実用性を重視するシフの慈善の哲学は反映されていた。ある時シフはロウアー・イースト・サイドに住むユダヤ人の気晴らしになるだろうと、自転車クラブを設置することを提案した。しかし完全に無償で貸し出すのではなく、維持費として少額の使用料を課すのがよいだろうと提案した。そうすることで自転車を使用する人が、誰かの慈善を通じて自分たちが楽しみや利益を得ているのだと感じることなく、当事者意識を得ることができるのだとシフは説明した。[98]

ここで触れた以外にも多くの慈善事業が行われたが、それにもかかわらずニューヨークに集中するユダヤ移民の存在が、移民制限を謳う者たちの反感をさらに買う原因になっていることはユダヤ人もすでに把握しているところだった。その影響もあり、一九〇五年にはローズヴェルト大統領からシフに直々にユダヤ人の内陸部分散についての話がもちかけられた。以前から移民の内陸部分散は検討されている事項であり、産業労働者移転局（Industrial Removal Office）とニューヨーク・ヒルシュ男爵基金が中心となって推進してきた。前者はドイツ系のユダヤ人指導者たちが失業中のユダヤ移民をニューヨークから小規模のユダヤ人共同体に分散させるために設立した機関だった。後者は一八九〇年にニューヨークに設立された機関であり、シフも受託者の一人として関わっていた。モリッツ・ド・ヒルシュは、一八九一年にロンドンにユダヤ人入植協会（Jewish Colonization Association）を設立した。その目的は、東欧ユダヤ人の救済目的で移民に生活手段として農夫や肉体労働者になることを促すことだった。しかし農業入植地は南米やカナダにおいては多少定着したものの、アメリカでは順調に進まなかった。(99)

大統領から内陸部分散の話を受けた際にシフは、前年の一九〇四年には日露戦争が起き、さらに一九〇五年にはロシアで十月革命が起きたため、ロシアのユダヤ人がおかれた環境は改善されるのではないかとの淡い期待を抱いていた。それが失敗だとわかってきたのは一九〇六年になってからであり、その際にアメリカに到着するユダヤ移民の数に関しても、その後も落ち着かないであろうことを察した。よってその対策として、ガルベストン計画を打ち出したのである。この計画は、シフが関わった事業において珍しく大失敗に終わったが、大都市に集中する傾向が見られる東欧からのユダヤ移民を内陸部に分散させることを目的とした移住計画だった。南西部へのアクセスが良いテキサス州ガルベストンに移民を上陸させ、そこから新しい居住地へ送る構想だった。シフはこの計画を遂行することにより、一ヶ月あたり二〇〇〇人ほどの移民を内陸部に送ることができると予測し、さらには移民の輸送費用は自分が負担する計画だった。シフは移民に対する偏見を回避する策としてこの計画に自信をもっていたが、実行された七年間で二三五万五〇〇〇ドルもの大金を費やしたにもかかわらず、一九一四年の内陸部向けのユダヤ人受け入れは一万人のみにとどまり、この計画が失敗に終わったことを認めざるを得なかった。最終的にガルベストン計画は中止されることになった。[100]

ところで、シフがシオニズムには反対の立場をとったことについてはすでに述べたが、その一方でイスラエル建国前にパレスチナに入植した者たちを支援するための寄付は怠らなかった。一九〇四年には、ユダヤ人入植信託に出資することに加え、農業学校や診察所、施薬所に寄付している。[101]

（三）教育と学術に向けた支援

シフの寄付先にはユダヤ系、非ユダヤ系にかかわらず多数の教育機関が含まれていた。シフが教育に関心をもち始めたのは、ユダヤ移民が増加したことでユダヤ人の評判やイメージについて懸念されるようになったことがきっかけだった。「マイノリティはいつも最低層をもって判断される」とは、一八九一年の『デトロイト・ジューイッシュ・アメリカン（*Detroit Jewish American*）』誌による言葉であるが、シフは移民のための教育プログラムを導入することの重要性を感じた。[102] よって、これまでユダヤ人がアメリカで築き上げたイメージを脅かす存在として見られるようになった新移民に対してアメリカ化を促すことで、ユダヤ人全体を向上させることは自衛の意味合いも含まれていた。シフとドイツ系ユダヤ人の仲間は、一八九三年にロウアー・イースト・サイドに教育同盟（The Educational Alliance）を設立し、移民のアメリカ化を目的として提供する教育プログラムの内容に関しては、英語、公民、アメリカ史、家政学の科目が好ましいとされた。教育はアメリカ社会に新しく来た移民が受け入れられるためにも欠かせないものだった。

実際のプログラムは「ヘブライ青年会」（Young Men's Hebrew Association, 以下ＹＭＨＡ）と「ヘブライ女子青年会」（Young Women's Hebrew Association, 以下ＹＷＨＡ）の施設で行われた。両組織は、キリスト教精神に基づいて教育、スポーツ、福祉、文化的な事業を展開する「キリスト教青年会」（Young Men's Christian Association, 以下ＹＭＣＡ）に倣って設立された組織である。ＹＭＣＡはイギリスで設立された組織だが、ユダヤ系のＹＭＨＡは一八七四年に初めてアメリカで設立されたものである。シフは一八九七年の五〇歳の誕生日に、機関が建物を建てるための資金を寄付することを表明した。一九〇〇年にレキシントン・アヴェニューと九二丁目に完成した施設には、図書館、九〇〇〇冊以上が収容された閲覧室、体育館、レクリエーション用の部屋など近代的な設備が備えられていた。夜間授業では多くの科目が提供され、金曜日の夜には安息日の礼拝を開催し、休暇にはキャンプも開催された。[103] シフは必要最低限の援助ではなく、あくまでも移民の心身の健やかさという点にも考慮していたことがわかる。また、シフ夫妻はＹＭＣＡも支援している。[104]

ＹＭＨＡはニューヨーク以外の都市にも存在するようになり、職業訓練が行われたりジムとプールが併設されたりして民間の施設に発展していった。いずれユダヤ人コミュニティセンター

（Jewish Community Center, 以下ＪＣＣ）という名称に変更した施設もあったが、シフが出資した九二丁目のＹＭＨＡは、二〇二四年現在「九二丁目のＹ」（"92nd Street Y"）の愛称で知られている。多様な文化的プログラムが提供されており、ユダヤ人に限らずニューヨーク市民が集う場所となっている。

ところでシフは、反ユダヤ主義に対する対策としてユダヤ移民だけをアメリカに同化させれば良いとはまったく考えていなかった。ユダヤ人に対する偏見や差別をなくすためには、非ユダヤ人にユダヤ人について、またユダヤ人が成し遂げた功績について知ってもらう必要がある。よってそのためにも教育は重要な役割を担っていると考えていた。その考えは、ユダヤ図書出版協会（Jewish Publication Society, 以下ＪＰＳ）の設立、『ユダヤ事典（*Jewish Encyclopedia*）』の発行、そしてニューヨーク公共図書館と合衆国議会図書館にユダヤ部門を設立するための資金援助という形で示された。ＪＰＳはフィラデルフィアで一八八八年に設立された機関で、シフは運営には直接関わらなかったものの幾度か寄付による支援をしている。『ユダヤ事典』は、一九〇一年から〇六年にかけて全一二巻が発行された。[105] ユダヤ教や歴史に関わる学術的な記事が掲載された重要な書籍である。しかし実は第一巻が出版された時点ですでに続編を発行しつづけるには莫大な費用を要することに対して難が示されていた。シフやサイラス・サルツバーガーなどの有力者がその費用を保証することで、続編の出版が可能となった。[106] ニューヨーク公共図書館のドロット・ユダヤ部門

（New York Public Library, Dorot Jewish Division）は、一八九七年にシフの資金提供を受けて設立された。設立からまだ間もない一九〇〇年代初頭にはヨーロッパ最古かつ最高のユダヤ図書館に匹敵する存在になっていたという。合衆国議会図書館のヘブライ部門は、一九一二年にシフが著名な書誌学者のエフライム・デイナードの個人コレクションから一万冊近くの書籍とパンフレットを寄贈したことに由来する。それが一九一四年にセム語と東洋文学部門の一部として設立されたものである。[107]

シフはユダヤ教の教育に関しても大きな関心を示し、流派を問わず正統派から改革派の教育関連事業を支援した。当時のアメリカのユダヤ教は正統派、保守派、改革派の三つの流派が確立していたが、シフはそれぞれの流派の発展と教育に対して資金を援助している。シフは一八七五年に設立された改革派のラビ養成と教育を提供するヘブライ・ユニオン大学（Hebrew Union College）に手厚い支援をし、その功績を讃えて、シフの死の直前には大学からヘブライ文学博士の名誉学位が授与されている。[108]他方で、正統派のラビを養成するための学校としては、イェシバ大学のルーツとなった、アイザック・エルハナン神学セミナリー（Isaac Elchanan Theological Seminary, 一八九七年設立、一九一五年にエッツ・ハイム・イェシヴァ Etz Chaim Yeshiva と合併）があるが、シフはこのセミナリーの思想に相違点を感じつつも、教育を支援するための寄付をした。なかでもシフが最も深く関わった大学は、保守派のラビを養成する教育機関のユダヤ教神学セミナリー（Jewish

Theological Seminary, 以下JTS、一八八六年設立）だった。JTSは設立された後、しばらくの間運営が軌道にのらず、再編成される必要性が理事やシフ、マーシャル、サルツバーガーなどの財政的支援者から指摘されていた。一九〇二年にシフは新しいキャンパス設置のためにブロードウェイの一二三丁目に土地を購入して寄付した。さらに同年にはカイロ・ゲニザを発見したことで有名な学者のソロモン・シェクターがヨーロッパから呼びよせられてJTSの学長の座に就き、ユダヤ教の学問の中心地として知られるようになった。シフは土地に加え広々とした校舎、図書館、そしてシナゴーグ建設に必要な資金も提供した(109)。

ところでシフの寄付先はユダヤ系の教育機関に限らなかった。ここに代表的な機関を挙げたい。シフはニューヨークに位置する大学ということも関係して、コロンビア大学との関わりも大きかった。一八八九年に創立したコロンビア大学傘下にある女子大学のバーナード・カレッジに寄付し、会計監査役も務めた。さらに一八九八年にはコロンビア大学の政治経済学の発展のためにシフ・フェローシップを設立した。他の主な大学では、コーネル大学においてドイツ学の研究を促進させる目的で一〇万ドルの寄付をし、ハーヴァード大学にもセム博物館の建設とその所蔵品を購入するため二五万ドルの資金を出資している(110)。

ハワード・サッカーは、シフがアメリカの教育機関に多額の寄付をした理由は、ユダヤ人に対する差別が存在するアメリカにおいて、ユダヤ人の不安が反映されたということの他、ユダヤ人に実力相応の評価を受ける機会を与えた国に対する感謝の表れだったと記している。[111] それに加えて、キリスト教徒と同様、ユダヤ人である自分たちの功績も評価されるべきであるという気持ちの表れや、多くの社会事業にたずさわることで反ユダヤ主義を防止しようという試みでもあった。その証拠に、シフは懇意にしているコロンビア大学の理事会にユダヤ人の議席を確保することを試みたことがある。市内にはユダヤ人が多く暮らしているにもかかわらず、一八一六年以降大学の理事会にユダヤ人が含まれたことがなかったからである。シフは理事会に、マンハッタンの総人口の二五パーセントを占めるユダヤ人も理事に任命されるべきであると主張したが、その要求が大学から拒否されたため、即座にそれまでに行っていた多額の寄付金を大幅に削減した。その代わりにコロンビア大学のライバル校とされるコーネル大学に多額の寄付をした。この行為はコロンビアの不当な差別に対する「静かな抗議」だと友人に語った。[112] 次章で触れるロシア政府に対する彼の抗議運動においても、同様の経済的制裁が用いられたことを指摘しておきたい。

ナオミ・コーエンは、シフの慈善行為は純粋に正義によるものではなく、人道的でありつつも社会を支配しようという独裁的な性質を含んでいたと考察しており、実際にシフは寄付行為が自身の社会的な地位を高めることを理解しており、有力なキリスト教徒から賞賛されることを喜んだという。[113] いずれにしてもアメリカの高等教育に対するシフの貢献は大きかった。このようなシフの教育に対する功績を讃えて、ハーヴァード大学はシフの死から五年後の一九二五年に、アメ

リカで初となるユダヤ学部を設立するに至っている。(114)

注

（1）Adler, II, 362.
（2）Cohen, xi.
（3）Pak, 7.
（4）John S. Fine and Frederic J. Krome. *Jews of Cincinnati* (Charleston, SC: Arcadia Publishing, 2007), 7.
（5）Birmingham, 158; サッカー、一七七。
（6）チャールズ・R・ガイスト、菅下清廣監修、『ウォール街の歴史』（フォレスト出版、二〇一〇年）、三三。
（7）クーン・ローブ商会のオフィスは創立時から幾度か引っ越しているが、高層ビルを建てる前はウォール街のパイン通りの二七番地にあった。
（8）Chernow, *The House of Morgan*, 88.
（9）Birmingham, 105.
（10）サッカー、一七六－七七。
（11）Adam Gower. *Jacob Schiff and the Art of Risk: American Financing of Japan's War with Russia*. (London: Palgrave Macmillan, 2018), 5.
（12）Adler, I, 24-25.

（13）サッカー、一七八。

（14）Pak, 12-20.

（15）Cohen, 54; Leonard Dinnerstein, *Antisemitism in America* (New York: Oxford University Press, 1994), 41; Evyatar Friesel, "Jacob H. Schiff and the Leadership of the American Jewish Community," *Jewish Social Studies*, 7(213) (Winter / Spring 2002), 63.

（16）Barry E. Supple. "A Business Elite: German-Jewish Financiers in Nineteenth-Century New York," Jonathan D. Sarna ed. *The American Jewish Experience* (New York: Holmes & Meier Publishers, 1986), 171; V.P.Carosso. *Investment Banking in America: A History* (Cambridge, MA: Harvard University Press, 1970), 78.

（17）Cohen, 23-24.

（18）Ibid.

（19）Chernow, *The House of Morgan*, 48.

（20）Ibid., 158-59; Gower, 5.

（21）Birmingham, 168, 181.

（22）Ibid., 171-172.

（23）Chernow, *The Warburgs*, 95.

（24）Birmingham, 181-182.

（25）Ibid., 182.

（26）これに関しては詳しい研究が存在するため以下を参照されたい。Larry Haeg, *Harriman vs. Hill: Wall Street's Great Railroad War* (Minneapolis, MN: University of Minnesota Press, 2023).

（27）Cohen, 17-19.

(28) Ibid., 16-24.
(29) Carosso, x, xi.
(30) Cohen, 10-11.
(31) Ujifusa, 40.
(32) Cohen, 10. 高橋の目から見てもシフとカッセルは「兄弟のような仲」だったと記されている。高橋是清『高橋是清自伝』(下)、二四〇。
(33) Gower, 5.
(34) 鈴木、八四－一〇三。
(35) Adler, "A Biographical Sketch," 29.
(36) Adler, I, 211.
(37) サッカー、一七八。
(38) 半田英俊『明治外債史の研究』(一藝社、二〇二二年)、七九。
(39) 全米南ロシア・ユダヤ人連盟の会長でラビのジョセフ・セフがシフの誕生日に送った電報のなかで「イスラエルの王子」("Prince of Israel") という言葉が使われている。日付は一月一〇日だが年は不明。Schiff Papers. American Jewish Archives.
(40) Dinnerstein, 39. この時実際にホテルが使った言葉は、当時ユダヤ人を表す際によく使われていた「古代イスラエル民族」("Israelite") だった。
(41) Jenna Weissman Joselit. *Our Gang: Jewish Crime and the New York Jewish Community, 1900-1940* (Bloomington, IN: Indiana University Press, 1983), 46-48. ジョスリットによると、実際にはユダヤ人の人口比と同様の二〇パーセントほどの割合だったという。

（42）Cohen, 112-113.
（43）サッカー、三五六-五九。
（44）Cohen, 54.
（45）Ibid., 245.
（46）Dinnerstein, 83.
（47）Ibid., 53.
（48）Pak, 92.
（49）Cohen, 125.
（50）Adler, II, 70. シフからローズヴェルト大統領の秘書であるウィリアム・ローブに送った書簡。Schiff to William Loeb. Oct. 25, 1906. Schiff Papers.
（51）Adler, II, 277.
（52）Antony Polonsky, *The Jews in Poland and Russia: A Short History* (Oxford: The Littman Library of Jewish Civilization, 2013), 98-99.
（53）サッカー、一三三八。
（54）同書、二九二、五一八-五一九。
（55）“From Kishineff to Bialystok: A Table of Pogroms from 1903 to 1906”, *The American Jewish Year Book*. 5667, Vol.8: 34-89.
（56）Noam Penkower. “The Kishinev Pogrom of 1903: A Turning Point in Jewish History.” *Modern Judaism* Vol.24, no.3 (October 2004), 188-189.
（57）*The New York Times*, Apr. 28, 1903; Philip Ernest Schoenberg, “The American Reaction to the Kishinev Pogrom

of 1903," *American Jewish Historical Quarterly* 63 (March 1974).

(58) Goldstein, *The Politics of Ethnic Pressure*, 28-52.

(59) Adler, II, 114.

(60) Cohen, 127; Simon Wolf. *The Presidents I Have Known From 1860-1918* (Washington D.C.: Press of Byron S. Adams, 1918) も参照されたい。

(61) Best, *To Free a People*, 20-41.

(62) Cohen, 131.

(63) サッカー、四〇八－〇九。

(64) 同書、四一二。

(65) Cohen, 145.

(66) サッカー、四一四。

(67) Gower, 9.

(68) サッカー、一八四－八五。

(69) Peter M. Ascoli, *Julius Rosenwald: The Man Who Built Sears, Roebuck and Advanced the Cause of Black Education in the American South* (Bloomington, IN: Indiana University Press, 2006), 73-134.

(70) サッカー、二八四。

(71) Birmingham, 4.

(72) Adler, I, 355-56.

(73) Cohen, 59.

(74) Ujifusa, 45.

(75) Cohen, 109.
(76) サッカー、二八五。
(77) Cohen, 59-60.
(78) 日本聖書協会『聖書 – 新共同訳』(二〇一六)(旧)九一〇。
(79) Ketubot 67b.
(80) ニューヨークのユダヤ人による慈善と自助の考えに関しては、Moore et al. *Jewish New York*, 117-129を参照されたい。
(81) Cohen, 203.
(82) Ibid., 60.
(83) Gilbert Osofsky, "The Hebrew Emigrant Aid Society of the United States," *Publication of the American Jewish Historical Society* 49 (Mar, 1960), 175-76.
(84) ちなみにモンテフィオーレは、二〇二四年現在もモンテフィオーレ医療センターとしてニューヨークのブロンクスに現存する機関である。
(85) Cohen, 46. サッカー、二四七。
(86) サッカー、五一一。
(87) 同書、二三八–三九。
(88) 同書、二四一より引用。
(89) Adler, II, 115-16.
(90) Adler, I, 354. および旧約聖書の申命記第一五章、一一節を参照。
(91) サッカー、五一四。

(92) Beth Wenger. *New York Jews and Great Depression: Uncertain Promise* (Syracuse, NY: Syracuse University Press, 1999), 139.
(93) Ibid.
(94) Mark Wischnitzer, *Visas to Freedom: The History of HIAS* (Cleveland: World Publishing Company, 1956), サッカー、二五三―五四。
(95) Marjorie N. Feld. *Lillian Wald: A Biography* (Chapel Hill: University of North Carolina Press, 2008).
(96) リリアン・ウォルド、阿部里美訳『ヘンリー・ストリートの家：リリアン・ウォルド～地域看護の母～自伝』(日本看護協会出版会、二〇〇四年)、五七―七三を参照。
(97) Cohen, 108.
(98) Ibid., 61.
(99) サッカー、二六二。カナダでは一九世紀末から二〇世紀初頭に政府がヨーロッパにおいて西部諸州への農業移民募集を行い、その流れでユダヤ人を含む移民を北西地域へ移住させて農業を営ませる計画が進んだ。サスカチュワン州やアルバータ州にユダヤ人農業集団が設立されたものの、第一次世界大戦後には生産過剰と不景気が原因となって失敗に終わった。それに対して南米では、ヒルシュ男爵が設立したアルゼンチンのユダヤ人農業セツルメントが成功し、一九二〇年の時点では一五万人のユダヤ人が住んでいた。Morton D. Winsberg. *Colonia Baron Hirsch. A Jewish Agricultural Colony in Argentina* (Gainesville: University of Florida Press, 1964) も参照されたい。
(100) Cohen, 159-68.
(101) Ibid., 183.
(102) サッカー、二九三。

(103) Joseph Jacobs, Percival S. Menken, "Young Men's Hebrew Association," *Jewish Encyclopedia*, Vol.12: 621-622; Adler, II, 59.
(104) Ibid., II, 50.
(105) Cohen, 80.
(106) Ibid., 80-81.
(107) Adler, II, 35.
(108) Adler, "A Biographical Sketch," 39.
(109) Cohen, 103-04.
(110) Pak, 145; Cohen, 74-76. シフはアメリカだけではなく国外でも教育機関が設立される際には寄付をしている。自身の出身地であるフランクフルトに大学が建てられた際に寄付したり、イスラエルのハイファにテクニオン＝イスラエル工科大学が設立される際にも寄付をしたりしている。
(111) サッカー、一八五。
(112) Cohen, 74.
(113) Ibid., 69-75.
(114) Adler, "A Biographical Sketch," 43.

第三章　日露戦争

世界中のユダヤ人は日本が極東でロシアにくらわせた打撃の音に容赦ない満足を経験するべきである。キシニョフは旅順において、仏陀を崇拝する異教徒によって報復されたのである。

（*The Jewish Review and Observer*, May 27, 1904）

日本のダヴィデがロシアのコロッサスを打倒したことはアメリカ市民や自由を愛する国々の人々にとって実に幸運なことである。

（*The Jewish Review and Observer*, June 1, 1904）[1]

日露戦争は日本とユダヤ人が初めて大きな接点をもつ出来事となった。アメリカ・ユダヤ人共同体においてロシアのユダヤ人問題に対する関心がこれまで以上に高まりつつある状況のなか、一九〇四年二月に日露戦争は勃発した。それはキシニョフ・ポグロムから一〇ヶ月後のことだったため、ユダヤ人にとってロシアのユダヤ人問題からは切り離して考えることができない出来事となった。シフが頭取を務めるクーン・ローブ商会は日本の外債発行の引受先となり、一九〇五年末までに約二億ドルの公債を発行するに至ったのである。シフから受けた融資がこの戦争における日本の勝利に大きく寄与したことは言うまでもない。

高橋是清による外債募集が難航するなか、これまで日本との取引がなかったクーン・ローブ商会のシフが、彗星のごとく現れて公債発行を申し出たことはユニークなエピソードとして日米両国で記憶されているが、実は日本に対するシフの関心は日露戦争以前からすでに寄せられていたものであった。また日露戦争にロシアのユダヤ人問題を重ねたことから、日本を支持したいと考えたのはシフだけではなかった。当時多くのアメリカ・ユダヤ人がロシアのユダヤ人迫害の残酷さと野蛮さに衝撃を受け、偶然にも同時期に起きたこの戦争において、ロシアが日本によって負かされることを望んだことはあまり知られていない。「敵の敵は味方である」という論理のもと、日本はユダヤ人の復讐の意味合いも兼ねてロシアに挑んでいると見なされたため、ユダヤ人による日露戦争に対する関心や反応は、他のアメリカ人よりも遥かに大きかった。彼らの日本支持ぶりは、日本を旧約聖書に登場するユダヤ王ダヴィデにたとえるほどであった。(2) シフは、この戦争がロシアに罰を与える絶好の機会であると考えたと同時に、戦争の結果次第ではロシアのユダヤ人問題の実質的な改善につながるかもしれないという期待を寄せたのである。

一節　アジアに寄せる関心

シフと日本の関係が深まったのは、紛れもなく彼が日露戦争の際に日本の外債の発行元を引き受けたことにはじまるが、早期から日本に対して関心を示していたことが先行研究において指摘されている。(3) シフは日露戦争から一〇年以上前に遡る一八九一年にジェイムズ・H・ウィルソンに宛てて書いた書簡の中で、日本人の吉田清成の死に関して「日本に文明を広めるために他の多くの者よりも貢献した、とても聡明で比較的若い男が命を奪われたことを知り、本当に残念に思った」と悔やんでいる。(4) この書簡は、現存する史料としてはシフが日本について言及する最も古い文書だが、実はシフと吉田は面識があったことはあまり知られていない。

吉田は明治時代に外交官や財政家として活躍した人物で、薩摩藩の留学生としてアメリカとイギリスに留学経験があった。その経験を買われて一八七二年に外債募集の任務に抜擢され渡米し、その際にはシフに直接交渉している。つけ加えると日本は明治時代に一一回の外債を発行している。最初の二回は明治初期の財政改革直後、そしてそれ以外は大日本帝国憲法体制下において発行されたものである。よって吉田が外債募集の任務に就いた時、日本は外債の経験がまだ浅かった。シフに会って外債について相談するよう吉田に勧めたのは、当時駐日米国公使の任務に就いていたチャールズ・デロングだった。アメリカに到着した吉田を迎えたシフは、日本の外債を引き受けることに前向きで、二〇〇〇万円以上の大口の資金融資であれば一手に引き受けると吉田に言った。シフは当時二五歳で、クーン・ローブ商会ではなく仲間と共に初めて立ち上げた商会で働いていた。未曾有の機会を求め、大胆にも日本の外債発行のシェアを確保することを試みたのである。しかし結局この取引は実現しなかった。(5) その理由は、イギリスで起債することを勧めていた横浜東洋銀行からの妨害を受けたことと、吉田が事前に岩倉使節団の主要人物と打ち合わせをしていなかったために使節団大使の岩倉具視と副使の木戸孝允の賛同を得ることができなかったことにある。それに加えて、開国間もない日本の信用度が低かったことから高金利を避けることができなかったことも要因である。(6)

その後もシフは極東への投資の機会に目を光らせていたことが、既存の文献からは明らかである。中国を有望な投資先として考え、一八九一年には中国の公債に参加する方法を模索している。興味深いことに一八九四年に日清戦争が起きた際に、シフが関心をもったのは中国であり日本ではなかった。日清戦争を通してシフの中国に対する関心はますます高まり、中国に駐在する前国務長官のジョン・フォスターが金融そして鉄道の交渉に関するいかなる機会も見逃さないよう、義和団の乱の際に准将として中国に派遣されていた前述のウィルソンに見張ることを勧めている。(7)

重要なことにシフのアジアに対する関心は、投資の機会に限定されず、文化や文明にも広がりがあった。その証拠に一八九一年には、後に外交官として活躍することになる東洋学者のW・W・ロックヒルによるチベット探検にかかる費用を寄付し、その成果は日記としてスミソニアン協会から発行され、当時まだ広く知られていなかった中国やチベットの生活や伝統に関する貴重な情報をアメリカにもたらす結果となった。(8)また一九〇一年から〇四年にかけては、アメリカ自然史博物館に雇われた人類学者のベルトルト・ラウファーによる中国探検のスポンサーになり、シフの名前に因んで「ジェイコブ・H・シフ中国探検」と呼ばれた。ラウファーはシフと同じくドイツ出身のユダヤ人で、アジアの言語に精通する当時のアメリカではまだ珍しい存在だった。探検と言ってもその活動はラウファーによって単独で行われたが、三年間に及ぶ探検を通して七五〇〇点以上の中国に関する物品を収集し、自然史博物館の東アジアの収蔵品を劇的に充実させることに成功した。さらには現地の民謡などを録音することにも成功し、中国文化に関する知識の発展に多大な功績を残した。(9)

このようにシフは早期からアジアに対する関心を示していたことから、彼が日本の外債の発行元となった動機には、単に同胞に対する同情心からユダヤ人迫害を行うロシアに復讐したいという思いや、アジアへの投資の機会といったビジネス面での理由だけではなく、成長を遂げるアジア諸国に寄せた純粋な関心もあったと考えられる。(10)

二節　「敵の敵は味方である」

シフはもとよりロシアのポグロムに関し、アメリカ政府が介入し何らかの制裁を与えるべきであると主張してきたが、実際にはロシア国内の問題であるポグロムに対し、仮にアメリカ政府が口を挟むとしてもそれには限界があることを十分理解していた。よってアメリカ政府に対してロビー活動を行うと同時に、ロシア政府に対して直接的な打撃を与える機会をうかがっていた。

シフは、一九〇〇年よりロシア政府のローンを扱うことを拒否し、他の銀行家にも同様に対応するよう呼びかけることで、アメリカの銀行家とロシア政府との関わりを妨害することに成功した。この呼びかけに応じたのはアイザック・セリグマンやアドルフ・ルイゾーンなどの著名なユダヤ系の銀行家のみならず、シフの熱心な説得によりJ・P・モルガンなどのユダヤ系ではない銀行家も含まれていた。それに加えてシフを含むユダヤ系の有力者は、ロシア政府と取引をするユダヤ人の情報を集め、彼らを徹底的に批判した。実際ユダヤ系銀行家がロシアの金融と関わればユダヤ人の立場を改善してくれるだろうと楽観的に考えたフランスのアルフォンス・ロスチャイルドのような銀行家もいた。しかしニューヨークで刊行されるユダヤ系週刊新聞の『アメリカン・ヒブルー（*American Hebrew*）』紙の編集者でシフとも親交があるフィリップ・コウェンも、ロシア政府と取引するユダヤ人については、改宗者かもしくはユダヤ人にあらずと厳しく批判している(11)。

ユダヤ系銀行家によるこのような作戦は実際に効果があった。アメリカ国内における金融ボイコットは実際にロシアの痛手となり、ロシア側もそれがシフの動きによるものだと十分承知していた。その証拠に金融的に窮地に追い込まれたロシア政府は、二度シフに接触することを試みている。一回目は一九〇〇年に、サンクト・ペテルブルクの国際商業銀行取締役のアドルフ・ロススタインが、ロシア政府から交渉のためにニューヨークに送られてきて、ユダヤ人の生活に制限を課した「五月法」の廃止を条件にロシアの公債の引き受けを提示した。ロスタインは当時ロシアの大蔵大臣の任務に就いていたセルゲイ・ヴィッテの右腕だった。二回目は一九〇四年にロシア内務大臣のプレーヴェが、代理を通して財政について話し合いたいからとシフをロシアに招待した。いずれもロシア財務省の証券を市場で売買する商会にならないかとの提案だったが、安っぽい約束だといってシフは断った。[12] このように銀行家としての利益を見込める商談を提案されても、シフはロシアとの取引は徹底して行わなかった。それどころか政府関係者から直接打診があったことから、ロシアが深刻に困っていることを察知したシフはこの好機を逃さなかった。ハンブルクのヴァールブルク商会やロンドンのロスチャイルド商会との連携を図り、欧米の金融市場においてロシアが資金調達することを難しくさせることを試みた。[13] このような動きに加え、対立が激化していた日露関係についても関心を寄せ、日露間で戦争が起きる場合には日本を支援しようと考えたのである。

実際に一九〇四年二月に戦争が勃発すると、シフは日本の債券を五度にわたり発行したのである。[14] シフがほとんど単独で行った日本の資金調達は世間を驚かせたが、日本支持という点に関しては必ずしもアメリカ世論に反したものではなかった。ここで日露戦争におけるアメリカの世論についても触れておきたい。ウィンストン・トーソンやエレノア・タッパーによると、主にパターナリズムと弱者への同情が相重なり、アメリカ世論は日本を支持した。言い換えれば日本は若く、弱く、抑圧された国であると見なされたためにアメリカは日本を応援するに至った[15]。当時のアメリカの様子に関しては、外債募集にあたった高橋是清の回想録が詳しい。高橋は当時の印象を「一般米国人の気分はロシヤに対して日本が開戦したことを、豪胆な子供が力の強い巨人に飛びかかったのだといって、日本国民の勇気を嘆称し、我が国に対する同情の表現は予想外であって非常に愉快を感じた」と記している[16]。無論アメリカ人がこのように日本に好意的な反応を示したのは、欧米社会にとって日本が対等な競争相手としては評価されていなかったことが理由である。このような日本支持が見られた一方で、極東を舞台にする日露戦争に対して、実はアメリカ世論の関心が薄かったことも一部の資料からは明らかである。たとえば、戦争勃発直後の一九〇四年三月にアメリカ政府高官が世論調査を扱う定期刊行物を通して行った調査からは、アメリカ世論は日露戦争にまったく無関心で、日本とロシアのどちらも支持していないという結果が示された[17]。

いずれにせよ、このような一般アメリカ人による反応は、アメリカ・ユダヤ人のものとは大きく異なっていた。なぜならばユダヤ人は戦争勃発当初から日本を熱心に応援したからである。しかしそれはあくまでもロシアのユダヤ人問題との関連から日露戦争を見つめていたからである。むろん例外もあり、アメリカに移住したばかりの東欧系ユダヤ人の一部はロシアに家族を残してきた者もいたため日本を支援することには抵抗を示したが、多くのアメリカ・ユダヤ人はユダヤ人を迫害してきたロシアに罰を与えたいという目的から、あるいはロシアのユダヤ人問題が改善されることを期待して日本を応援した。そのため反響が大きいだけではなく、日本に対する支援もより具体的な案が提示された。

当時のユダヤ系新聞を参考に、この戦争に対する彼らの関心の高さを読み取ってみたい。開戦直後に『アメリカン・ヒブルー』紙は次のように述べている。

日本がロシアに対し勝利を収めることを我々が讃えるのは、人間として当然のことである。ロシアが自国における良識のすべてを無視し〔中略〕文明を理由に東方地域の支配を試みることこそ、我々が現在の戦争において、ロシアが惨めにひざまずかされるのを望む理由である。(18)

実は同じような反応は数年前にも見られている。アメリカ・ユダヤ人は、一八九八年に起きた米西戦争でアメリカがスペインに勝利した際にも同様の反応を示している。彼らは一四九二年にスペインで起きたユダヤ人追放と異端審問に関連づけて、四〇〇年前のスペインのユダヤ人に対する仕打ちが報復されたのだと論じた。(19)すでにスペインのユダヤ人追放から四世紀が経過しているため、その末裔がいた可能性は皆無ではなきにしろ、大半は直接的な関係はなかったと思われる。しかし彼らがこのような反応を示したのは、自分たちが虐げられた長い歴史をもった民族であるという共通の認識があったからである。同様の理由から、今度は何の関係も知識もない日本を支援するに至ったのである。しかもロシアのポグロムは、当時進行している問題でもあり、記憶に新しかった。とくに東欧系ユダヤ人の場合にはロシアに残る家族や知人が迫害の対象となっていたのである。

ユダヤ人が多く暮らすニューヨークのロウアー・イースト・サイドでは、日本の国旗が掲げられていたとの報告がある。[20] また、同市で日本政府のための資金集めの会合が開催された際には、アメリカ人の出席者のうちの多くがユダヤ人だったとの報告もある。[21] さらにはこのような日本支持はニューヨークのみならず、より小規模の町に住むユダヤ人の間でも広まっていた。

開戦直後に、オハイオ州シンシナティの『アメリカン・イズラエライト（*American Israelite*）』紙は、この機会にどのようにして日本を支援することができるのかという具体案を提示した記事を掲載し、①日本公債の購入、②日本陸軍と海軍の救済資金に申し込むこと、そして③日本赤十字社の会員になる、という三つの策を提示し、読者に日本に対する協力を呼びかけた。[22] クリーブランドの『ジューイッシュ・レビュー・アンド・オブザーバー（*Jewish Review and Observer*）』紙は、「日本はロシアのユダヤ人に希望をもたらしている」というタイトルの記事を掲載し、一九〇四年八月に日本が蔚山沖海戦や黄海海戦において勝利した際には、「日本の偉大な勝利の知らせはどこにお

いても歓喜の気持ちをもって迎えられた」と記している。(23)

日露戦争に対するユダヤ人の反応は、その当時ユダヤ社会を取り巻いていたさまざまなテーマが強く反映されたといえる。戦争時には、国内外でのユダヤ人に対する差別や偏見、そしてユダヤ人の愛国心や道徳観についても議論が及んだ。まず、ユダヤ人が公の場で日本を支援することは、ロシアのユダヤ人迫害を一層挑発することになり、かえって逆効果なのではないか、という意見もあった。在米ロシア大使館が、アメリカ国内の新聞においてロシアがいかなる論調で伝えられているか目を光らせていたことはアメリカ・ユダヤ人も知るところであり、それゆえ彼らはアメリカ国内の新聞報道に対しても細心の注意を払う必要があった。それに加えて一般的なアメリカ世論と相反する意見を主張することも避けるべきであることが意識された。というのも従来ユダヤ人は「二重の忠誠」を疑われてきた。ドレフュス事件に代表されるように、それがとくに顕著なのはヨーロッパにおいてだったが、ユダヤ人は居住国に対する愛国心が低いとの烙印を押され、それが反ユダヤ的な思想の原因となることも少なくなかった。実際に多くのアメリカ・ユダヤ人がシオニズムを敬遠したのも、「二重の忠誠」を疑われることを恐れたためであった。(24)アメリカ・ユダヤ人の間では、政治的シオニスト運動が開始される三〇年以上前から、国家に対する愛国心についての論議がなされており、とりわけ改革派のラビたちはアメリカに対する愛国心を宣言する方法をとって表明してきた。そのうちの一人であるマックス・リリエンタールは一八七〇年に、「第一にアメリカ人であること、そしてその次にユダヤ人であること」という有名な言葉を残している。(25) 一八九〇年末には、スイスのバーゼルで開催された第一回シオニスト会議に対する反応として、その直後にアメリカ・ユダヤ教派組合の組合長であるディヴィッド・フィリップソンは「アメリカこそが我々のシオンであり、ワシントンが我々のエルサレム」であると宣言している。(26)

日露戦争時にはこのような既存の議論がいつもにも増して話し合われるようになり、ユダヤ人による特殊な反応が公になることに懸念を示した者もいた。次の書簡はサイラス・アドラーから『アメリカン・ヒーブルー』紙のフィリップ・コウェンに対して送られたものである。

日露間の戦争に対するユダヤ系新聞の態度は、非常に慎重に考慮されるべきである。ロシアには五〇〇万人のユダヤ人がいるということを私たちは常に覚えておかなければならない。またワシントンにあるロシア大使館が米国の報道機関を注意深く監督しており、政府に関する発言はすべてサンクト・ペテルブルクの報道局に伝達されていることも忘れてはならない。疑いもなくアメリカ人の気持ちが反映されるアメリカの新聞が、日本はロシアの横暴が拡大するのをおさえようと文明の仕事をしているかもしれないという事実を認めることはきわめて適切なことだと私は思う。しかしそれ以上にユダヤ系新聞が言及するの

は賢明ではないと思う。(27)

アドラーには根拠があった。実のところロシアではユダヤ人が日本軍のために馬を購入し、帝の軍艦のための資金を募っているという根拠のない噂がポグロムを誘発していたのである。(28)アドラーの意見は、実際にユダヤ系新聞の方針にも影響があったものと思われる。その後新聞では、個人的に日本を支持したいという気持ちをもつことは自由だが、日本支持を過剰に表現することは避けるべきであると忠告されるようになった。(29)

また、道徳的な観点から、ロシアに対して報復を願うことを差し控えるべきだという議論もあった。ユダヤ人は報復を望む人々であるという印象を残すことは当然好ましくないと考えられた。当時の新聞には日露戦争に対するラビの見解が掲載された。ラビのレオナルド・レビーは「我々は日本に同情しており、当然ロシアに対して良い感情は抱いていない。しかし我々のロシアを憎む感情は報復的なものではない」と記している。北米正統派ユダヤ教組合の組合長でラビのペレイラ・メンデスは、「我々ユダヤ人は報復を歓迎しない。なぜなら、ロシアが我々にしたことに対してもし罰を与えられるべきなら、その罰は人の力の及ばない所から加えられるであろう」と新聞に記している。(30)

以上に述べた懸念材料がなければ、アメリカ・ユダヤ人の日本支持はさらに大きなものになっていたかもしれない。いずれにせよこのような問題点が指摘されつつも、日露戦争における日本の勝利はユダヤ人から歓迎された。(31)

アメリカ・ユダヤ人は日本に対する見識をほとんどもっていなかったが「敵の敵は味方である」という古い諺があるように、日本がロシアを敵に戦っているという単純にその理由から日本を応援するに至ったのである。それに加えて、小国日本が大国ロシアを相手に勇敢に戦う姿には、マイノリティのユダヤ人に訴えかけるものがあった。ユダヤ人が多民族国家のアメリカにおいてアウトサイダーとしての自己認識を保ちつつ、他の社会的弱者に対し強い共感を覚えたり同情したりすること、すなわち「アウトサイダー・アイデンティフィケーション」を育んだことについてはマイケル・アレクサンダーの研究によってすでに指摘されているところであるが、日露戦争においてもそのような動きが一般ユダヤ人に見られたのである。(32)当時日本を讃えるべくイディッシュ語のフォークソングまで作られているが、その歌詞のなかで強調して描かれたのは、小さな者たちが巨大な暴君に対して奮闘する姿であった。

日本がキシニョフで流された血の恨みを晴らしてくれている
ツァーリはようやく罰を受けた
神はツァーリに残忍なポグロムを実行したために罰が下ったことを示した

小国日本が暴君を打倒している
小さい者が大きい者を殺めている
あなたが人々を虐げ、無実な者たちを追放したゆえ
彼らははるか遠くから復讐をしているのだ(33)

三節　外債募集

一般アメリカ・ユダヤ人からの日本支持がみられたとはいえ、日露戦争において実行された最も具体的な日本支援はシフによる日本の外債発行だった。シフは友人であるストラウス、サルツバーガー、マーシャル、アドラーなどのニューヨークのドイツ系ユダヤ人の指導者たちと共に、月に一度ユダヤ人に関わる諸問題について話し合うための小規模でインフォーマルな会合を開催しており、彼らは自らのグループを「ワンダラーズ」（"The Wanderers"「漂泊者たち」）と呼んだ。(34)当時ユダヤ人の権利の擁護を掲げる公式の組織はアメリカにはまだ存在していなかったため、この会合はそのための非公式の組織として機能していた。シフの屋敷が会合の場になることも多く、度重なるロシアのポグロムや、当時の旬の話題であった日露間の衝突についてもこの集まりで話

し合われた。シフは対立が激化していた日露関係に対し戦争が勃発する以前より関心を寄せており、日露間で戦争が起きた場合には日本を支援しようと考えていた。一九〇三年一〇月頃にはすでに日露間の戦争は避けることができないと考えられており、日露戦争が勃発する直前に開かれた会合にて、シフは次のように述べたと友人のアドラーは回想している。

七二時間以内に日露間で戦争が勃発する。日本のための融資を引き受けるかどうか私のもとに提案があった。その融資を引き受けることがロシアのユダヤ人にどのような影響を与えうるか、皆さんの考えを聞かせて欲しい。(35)

その質問に対して肯定的な返事が返ってきたのであろう。シフは数ヶ月後に日本の外債を引き受けるつもりでロンドンにいる高橋是清にアプローチしたのである。また、ワンダラーズのメンバーであるストラウスが、戦争勃発直後にイギリスのユダヤ系有力者でジャーナリストのルシアン・ウルフに宛てた次の手紙からは、シフ以外のユダヤ人有力者による日本支持の程がうかがえる。

君も我々と同じく日本が戦争において有効的に成功しつづけていることを、大きな満足感をもって観察していることだろう。〔中略〕私はこれまで日本の味方ではないユダヤ人、そしてアメリカ人に一人も会っていない。彼らの日本に対する共感は、日本が文明のために戦っているという確信からくるものであり、一般的なものであると思う。(36)

ストラウスは、同じ手紙のなかで、アメリカ・ユダヤ人全体として、日本を支援する資金を集めることも検討していると記している。シフが高橋に会う前の一九〇四年四月にイギリスのロスチャイルド卿に送った手紙には、次のように記されている。

残念ながらツァーリ統治下における気の毒な同宗信徒たちには、まだ困難な時代が待ち構えているのではないかと思う。彼らのためにも、またロシア自身の利益のためにも、日露間の衝突が結果的に現在ロシアを統治する基本的条件に大きな変動をもたらし、自国を憲政下におこうとするロシア分子が最終的には勝利することを願うばかりである。(37)

シフがロシアのユダヤ人のためにアメリカ政府にさまざまな働きかけをしていたことはすでに述べたとおりであるが、ユダヤ人問題についてアメリカ政府に過剰にもちかけることに対しては逆効果になりうるとも考えていた。その証拠に同じ手紙に次のように触れている。

私は、たとえローズヴェルト大統領の人道的な衝動と彼の協力に頼り、ロシア政府による同宗信徒への迫害と弾圧に対し、合法的に可能な限り迫害や犯罪を防ぐことができると確信したとしても、再び我が国の政府の厚意を求めるのは軽率であると感じている。我々があまりにも頻繁に人騒がせをすると、その結果、間違いなく我々が控えている重要な時期に備えて、全力で蓄えておくべき武器（の威力）を弱めてしまうのではないかと心配している。[38]

この戦争におけるシフの見解では、日本は完全に正しく、ロシアは完全に間違っていた。[39] よって自らの力を駆使してユダヤ人迫害を続けるロシアに制裁を下すことにしたのである。言うまでもないが、その力というのは、ユダヤ人としての力ではなく、資本家としての力である。シフは開戦から数ヶ月たった一九〇四年の五月に、資金調達のためにロンドンに滞在していた日本銀行副総裁の高橋に友人のアーサー・ヒルが主催した夕食会で会った。ヒルはスパイヤー商会の共同経営者だった。

日英間には、一九〇二年に調印された日英同盟があったため、日本政府は英国政府の援助を期待したが、当時のイギリスの金融市場は主にボーア戦争が起きたことが原因で逼迫しており、新規の起債を行うことはできないという返事が返ってきた。また英国政府が日本の公債を保証した場合には、ロシアに対する戦争行為とも理解されるということをイギリスの首相が心配したためでもあった。[40] 日本の正貨不足に対応すべく、日本政府は二億円の内外戦時公債の発行を決め、日本銀行に外債一千万ポンドを発行することを命じていた。その任務にあたるため高橋は米国経由でイギリスに向かった。高橋は三月末にロンドンに到着すると、すぐに金融業者に起債交渉を始め、その結果パース銀行、香港上海銀行、横浜正金銀行の三行が応じてくれた。[41] しかしそれでも五〇〇万ポンドの引き受け先が決まったにすぎず、残りの額の公債の引受先が見つからずに苦戦していた。それに加えて日本の勝利の可能性は低いと考えられていたため、イギリスの銀行家たちは日本への資金援助を困難に感じていた。そこにシフがリスクが高いと考えられていた日本の外債発行を引き受けようと申し出たのである。高橋はシフとヒルの夕食会で会った翌日に、シフが残りの公債発行を引き受けてくれると日本政府に連絡をしている。[42]

結果的にクーン・ローブ商会は、戦争が終結するまでに総額二億ドルの公債を発行するに至った。シフの家族が受けた印象によると、その理由は「日本に関心があったというよりは、父の帝政ロシアとその反ユダヤ主義的な制度に対する憎しみがこの金融的なリスクを抱えることを駆り立てたのである」と娘のフリーダは後に回想している。[43] さらに、シフは日本への融資を成功させるためにありとあらゆることに注意を払い尽力した。仮に失敗すれば自分の名声と利益だけでなくロシアの同胞たちにも壊滅的な打撃を与えることになることを理解していた、とゴウワーは推測している。[44]

ところでシフは偶然に高橋と出会ったのか、という点についてはこれまでの文献においても疑問視されてきたところである。シフが以前より対立が表面化する日露関係に関心をもち、ロシア打倒の機会をうかがっていたことは確かだが、シフと高橋を結びつけたのはシフの友人のアーネスト・カッセルだったという説が高橋の秘書として共に外債募集にあたっていた深井英五によって指摘されている。[45] カッセルはエドワード七世と公私共に親しかった人物であり、国王から多大な信頼を受け、外交や金融に関する助言もしていた。シフはカッセルの力添えがあり一九〇五年には二度にわたりエドワード七世に謁見しているが、その際に日本の公債を引き受けたことについて感謝の意を示されたという。[46] さらに、シフがイギリス国王に謁見したことは、日本の公債を王室が支援していることを印象づけたため、イギリス国民による購入を後押しした。[47] また、シフは当時ニューヨーク・ウォール街において、J・P・モルガンに次ぐ有力な投資銀行家であった。その彼が日本の外債発行を引き受けたことにより、リスクが高すぎるとして他の銀行家が当初手を出さなかった日本の公債の売れ行きは好調に転じた。「ワンダラーズ」のメンバーで弁護士のルイ・マーシャルも、クーン・ローブ商会が発行した公債を購入した一人だった。[48]

ロシアと戦うにあたって軍事費の弱さが懸念されていた日本が、一年九ヶ月にわたり戦いつづけ勝利に至った背景には、シフによる支援が大きかったことは間違いない。日露戦争時の日本の軍事費のための起債は、一九〇四年と〇五年に二回ずつ行われ、公債整理の目的の起債は日露戦争後に一回行われた。クーン・ローブはすべての発行に関わった。[49] シフはJ・P・モルガンや第一ナショナル銀行のジョージ・F・ベイカーなどのユダヤ系ではない銀行家たちにも貸付に参加するようもちかけ、彼らはそれに応じた。その後シフとモルガンがナショナル・シティバンクを説得して参加させた。アメリカの代表的な銀行家たちが名を連ねて日本への貸付に参加したため、イギリスも日本の公債を支持するに至った。[50] シフが発行した公債は、当初リスクを伴うものだったが、六パーセントの高利子率で投資家には有利であったため、応募者は多数にのぼった。[51] さらには発行手数料も六・五パーセントと高率だったため、シフにしてみれば十分に利益を期待できる結果になったのである。[52] さらには功績が認められて、シフはエドワード七世に謁見したり、明治天皇から瑞宝重光章が受勲されたりして国外の評価と名誉も手にしたのである。[53]

他方で、本当に望んでいた結果を残すことはできなかった。シフは戦争が長引くほど、政府に対するロシア国民の不満が高まり、ツァーリ打倒を目的とする革命が起きる可能性が高くなると予測し、それが結果的にロシアのユダヤ人の境遇を改善することにつながるのではないかと考えていた。実際にシフが期待したとおり、日露戦争において戦況が不利になったロシア国内では混乱状態が続き、窮状におかれた労働者たちが一九〇五年一月にデモ行進を行い、それが血の日曜日事件とロシア第一次革命を引き起こした。シフが想定していなかったのは、混沌とする情勢のなか、ロシアのユダヤ人の境遇は改善されるどころか、より大規模のポグロムが起きるようになったことだった。しかし、ロシア政府には印象を残すことができた。一九一一年にロシア財務大臣のウラジミール・ココフツォフは、日露戦争を振り返り、「我々の政府はあのユダヤ人、シフが我々にした仕打ちを決して忘れたり許したりはしない。彼一人がアメリカにおいて日本公債の保証を可能なものにした。彼は、国外で我々ロシアに対抗した最も危険な男の一人だった」と記した。[54] シフがこの戦争をロシアに対して制裁を与える機会と捉え、そのような罰は自業自得だと考えていたこともココフツォフは十分理解していた。

シフの日本支援は、一部では完全に一線を越えているとも言われた。しかしシフは自らが「人類の敵」と呼ぶロシア政府を許すことができなかったのである。[55] 日露戦争において、シフがとったロシアとの金融取引を全面拒否するという行動に関して、『ニューヨーク・イーブニング・ポスト』紙では「拠り所のない哀れなユダヤ人を虐殺している張本人が、（アメリカにおける）我々裕福なユダヤ人から支援を受けることは不可能であると、ツァーリに伝えるべきである」と、擁護する論調も見られた。[56] ちなみに、シフはロシアとの金融取引は拒否したが、日露戦争時に人道的な使途を目的とした寄付は日露両国に対して行っている。彼は負傷した者のために使われるようにと、一万ドルの小切手を日本総領事に送っており、同日に同じ目的で使われるように同額を

ロシア駐米大使のカッシーニにも送付している。(57)

ところで、クーン・ローブ商会が日本政府公債をニューヨーク市場で発行したことは、アメリカの外債発行の歴史においても重要な意味合いがあった。金融史を専門とするカーロッソによると、クーン・ローブ商会による日露戦争のための公債発行は「この時点（一九〇四年）までにおける最大かつ最重要な発行の一つだった」からである。(58)一九〇四年までにニューヨーク証券取引所で取引されていた外債は、フランクフルトの市債と合衆国・メキシコ金貨債の二つのみだった。さらに、鈴木俊夫は日本政府公債の発行は「ヨーロッパに集中していた当時の国際的な公債発行市場の構造に衝撃を与え、ニューヨーク金融市場の地位を飛躍的に引き上げる効果をもたらした」と指摘している。(59)加えて日本にとっても、ロンドン以外で外債が発行されたのはこれが初めてのことだった。

四節　ポーツマス講和会議

日露戦争とシフの関係にはまた別の展開があった。一九〇五年の五月の日本海海戦における日本艦隊によるバルチック艦隊への圧倒的な勝利を経て、米国大統領ローズヴェルト仲裁の元、八月からニューハンプシャー州ポーツマスで講和会議が開催された。その結果、九月四日（現地時間）にポーツマス条約が結ばれて日露戦争は終結した。この会議において日本には、朝鮮半島の権利と利益、そして中国の長春と旅順に鉄道建設の権利が譲渡されたが、戦争賠償は受け取らなかったため、その謙虚さが西欧社会の新聞や知識人から讃えられた。また日露戦争は、アジア諸国が西欧諸国に対して初めて勝利した戦争であったため、その後の国際経済と政治の分野に多大な影響を与えたとも考えられている。

実はシフの友人によると、彼はローズヴェルトが仲裁して会議の場を設けることに一役買ったという。[60] 日本は戦争から疲憊しており、これ以上長引かせることは日本の敗戦につながるであろうことを懸念してのことだったという。ポーツマスにおいて講和条約が結ばれると、高橋はシフから「万歳」と日本の勝利を讃えた電報を受け取ったという。[61] シフはポーツマス条約の内容を褒め称え、その後も日本を支持するに至った。

ところでこの会議はアメリカ・ユダヤ人から大きく注目された。その理由は日露間における会談のためではなく、別途設けられたロシア代表者とユダヤ人指導者たちの会談のためである。シフたちは、この会議の動向に強い関心を寄せた。それはこの時ロシア代表としてアメリカに来ていた元蔵相で全権大使のセルゲイ・ヴィッテに直接会って、ロシアのユダヤ人の境遇についてもちかける絶好の機会であると考えたためだった。そして実際にシフを含むユダヤ人指導者五名がヴィッテと話し合う機会が設けられた。このような対応はシフたちドイツ系ユダヤ人指導者の一存ではなく、当時の一般アメリカ・ユダヤ人の希望を代表したものだったと言える。というのも東欧系ユダヤ人もこのような機会を望んでいることが新聞等に示されていたからである。

当時アメリカの東欧系ユダヤ人に最も読まれていた日刊新聞の『ユーディッシーズ・ターゲブラット（*Judisches Tageblatt*）』紙は、紙面でユダヤ人はこの機会にどのように行動するべきか読者に問うた。その問いに対して、一万三〇〇〇人近くの読者が編集者に返事を送っている。そのうち約八三〇〇人はロシアの代表としてポーツマスに来ているヴィッテに嘆願するべきであると答え、さらに約四二〇〇人は日本人に訴えるべきであると返事をしている。何もしない方が良いと答えた読者はほんの三六〇人にとどまった。[62] この調査がきっかけとなったわけではないが、多くの読者が期待したとおり、ユダヤ人による嘆願は実行されたのである。よってユダヤ人にとってのポーツマス講和会議は、アメリカ・ユダヤ人がロシア代表のヴィッテと直接対面し、ユダヤ人に対するロシアの差別的な政策について抗議する重要な場となった。

日露間で交渉が行われる最中の八月一五日に、ホテル・ウェントワースにて、アドルフ・クラウス、シフ、オスカー・ストラウス、アドルフ・ルイゾーン、アイザック・セリグマンから成る代表団がヴィッテと会談した。指揮をとったのは弁護士で友愛団体ブネイ・ブリスの指導者でもあるクラウスだった。会談は三時間に及び、ロシアにおけるポグロムとアメリカ・ユダヤ人が所有するアメリカのパスポートがロシアでは無効とされている問題についてが議題に挙げられた。[63]

彼らの要求は、迫害を受けているロシアのユダヤ人にある程度の解放を与えてもらいたいというものであった。この会談において、公式な書面に署名されるようなことはなかったが、ヴィッテは口頭でロシアのユダヤ人の境遇を改善する努力をすることを約束したため、シフを除くユダヤ人代表団のメンバーは今後の変化に期待し、満足した様子で終わった。その証拠にセリグマンとその他は、会談後のインタビューにおいて、会談はとても感じの良いものだったと答えている。しかし、ロシアの口約束に飽き飽きしていたシフだけは、ヴィッテに対して敵意丸出しの態度をとったことが報道された。会談においてシフは拳で机を叩き、大虐殺ばかりを行い、宗教を理由に非人道的な迫害を行う政府は信用ならないと宣言したという。(64)

実はこの代表団には三名の銀行家が含まれており、会談ではロシアの財政について直接触れられることはなかったものの、ロシアの態度次第ではユダヤ人銀行家たちがこれまでどおりの財政的な圧力を与えつづけるつもりであると仄めかすことを意図としていたことは間違いないだろう。セリグマンは新聞記者からのロシアの財政に関する質問に対し「それは後に示されるだろう」（"that will come later"）とコメントし、ロシアのユダヤ人迫害が続けば、それはロシアの財政にとっても不利益になろうことが印象づけられた。(65)ヴィッテも前大蔵大臣という立場から、米露の友好が遠のいた原因の一つには、ユダヤ人問題が背景にあることは十分承知していた。ユダヤ系新聞は「この会談を通してキシニョフがロシアにとってどれだけ高くついたのか、ヴィッテは気

がついたであろう」と誇らしげに報道するに至った。(66)
シフたちがヴィッテと話し合った内容はユダヤ系新聞のみならず、非ユダヤ系の新聞にも掲載され、この会談は一様に支持された。ニューヨークの代表的な新聞『サン（*Sun*）』紙は、「戦争や日本との和平に関し、どのような結果になろうとも、弾圧されているロシアのユダヤ人の状態が少しでも緩和されるのなら、ヴィッテがポーツマスに来たことは永遠に歴史に残しておくべき素晴らしい出来事となるだろう。ツァーリの帝国におけるユダヤ人同胞に対する（アメリカ・ユダヤ人の）使命は、アメリカの全ての民族と宗教の信者を代表するものである」と述べた。(67)

実はローズヴェルトも、ポーツマス講和会議の際にヴィッテにユダヤ人問題について直々にもちかけている。これはシフの要請によるもので、ローズヴェルトは、その前年に共和党の大統領候補指名受託演説を行った際にも、アメリカは国際条約下において国民全員に対する平等の保護という点から、ロシアにおいてはユダヤ人が所持するアメリカのパスポートが拒否されている点は認められないと述べた。彼はヴィッテがロシアに向けて出発する数日前に書簡を送り、パスポート問題の解決について念を押し、この問題さえ解決されれば「これまでの米露間の友好関係を貫くことができる」と伝えた。これに加えて、ニコライ二世に宛てた書簡をヴィッテに託したのである。その手紙には、アメリカのパスポートにおいてユダヤ人が所有するものだけを差別するロシアの対応を、アメリカ人は決して受け入れられないとし、ロシアがアメリカとの友好関係を維持していきたいならばアメリカ・ユダヤ人の排除を停止しなければならないと書かれていた。さもなくば一八三二年に米露間で結ばれた商業条約を失効させうる可能性も示唆した。ヴィッテはのちにポーツマス講和会議におけるユダヤ人代表団との会談に関して、シフがロシアに対して特に敵意を示していたことと、ローズヴェルトからの手紙についてを回想している。(68)

以上に記したように、ポーツマス講和会議の裏舞台ではロシアのユダヤ人問題に対するさまざまな働きかけがあった。シフが期待したとおり日露戦争は日本の勝利に終わり、ロシアでは第一次革命が起こったものの、帝政の崩壊には至らなかった。またポーツマスにおけるユダヤ人代表団とヴィッテとの会談が、パスポート問題の解決やロシアにおけるユダヤ人迫害の緩和に至ることもなかった。一九〇五年末には、四〇〇〇人のユダヤ人が殺害される過去最大規模のポグロムがオデッサで発生し、ロストフ・ナ・ドヌで発生したポグロムでも一五〇〇人のユダヤ人の尊い命が奪われた。(69)よって、日露戦争終結後もロンドン、ベルリン、ニューヨークにあるユダヤ系銀行のすべてがロシアに背を向けつづけた。

日露戦争を通してアメリカ・ユダヤ人が得た収穫があったとすれば、それは戦争以前から行ってきたロシアのユダヤ人問題に対する抗議運動を通じて、アメリカの人々の良心に訴えたことにより、当初はユダヤ人の問題に過ぎないとして扱われていたロシアのユダヤ人問題がアメリカ全体の問題であると認識され始めたことである。さらにそれはポーツマス講和会議の機会に確認されたと言える。

　こうしてアメリカ・ユダヤ人を熱くさせた日露戦争は終結を迎えたが、その余波には新たな展開があった。まず、ローズヴェルトは日露戦争を仲裁して終わらせた功績が認められ、一九〇六年にノーベル賞を受賞した。アメリカ人初のノーベル賞受賞者となった彼は、獲得した賞金を一九一〇年から一八年にかけて二八件の宛先に寄付しているが、そのうちの四〇〇〇ドルは、一九一七年に設立される全米ユダヤ福祉委員会（National Jewish Welfare Board）に寄付された。[70]一九〇六年はまた、ユダヤ人がアメリカ政府に支持されていることを決定的に実感させる年でもあった。コンスタンチノープルの公使を務め、それまで数年にわたりロシアのユダヤ人問題に取り組んできたオスカー・ストラウスが、ローズヴェルト大統領によって商務大臣に任命されたのである。アメリカにおいてユダヤ人が大統領顧問団の一員に加えられたのは、これが初めてだった。このニュースは日本でも、米国「内閣に於ける最初の猶太人也」と新聞で取り上げられた。[71]ユダヤ人問題をめぐり米露間で緊張が高まり、一八三二年に締結された米露通商条約の見直しが検討され始めたこの時期に、あえてユダヤ人のストラウスを商務大臣に任命したことは、アメリカ政府のユダヤ人に対する支持の表れとしてとらえることができる。実はストラウスが任命された背景にはシフが関与していた。ローズヴェルトがユダヤ人の入閣を検討しているが、誰が適任かと尋ねた際に、シフが友人のストラウスを推薦したという。[72]ローズヴェルトは以前から親ユダヤ的なことで知られていたが、この時期にロシアのみならず世界各地でさまざまな差別の対象になっていたユダヤ人を、大統領顧問団の一員に任命するという行動は、進歩主義時代の当時に強調されていた民主主義や反人種差別主義といったアメリカ的な価値が強く反映されたものであった。また、世界に向けてアメリカの博愛主義の精神を示そうとする、その後の国際社会におけるアメリカの地位確立に影響する重要な動きであった。[73]

五節　反帝政運動に対する支援

シフのロシアに対する闘いは、日本の外債発行だけでは収まらなかった。日露戦争時には、後の一九一七年に起きたロシア革命に多少なりとも影響があったと考えられる活動が日本を舞台に実行され、シフも関与していた。シフは、ジョージ・ケナン（アメリカの外交官および学者のジョージ・フロスト・ケナンの同名の従兄弟）やニコラス・ラッセル博士（ニコライ・コンスタンチノヴィチ・ラッセル、旧姓：スジロフスキー）が、日本に収容されていたロシア人捕虜に対して実行した反帝政運動を金銭的に支援した。

一般的には広く知られていないが、日露戦争時に日本軍に捕虜として捉えられて日本に連行された七万二四一八人のロシア軍捕虜のうちの一三七〇人はユダヤ人だった。日露戦争では、三万三〇〇〇人のユダヤ人がロシア兵として戦い、そのうちの三〇〇〇人が戦死し、一三七〇人が日本軍に捕虜として捕らえられたのである。[74] ここでなぜロシアのユダヤ人は迫害されながらも、兵士として戦ったのか説明をしておく必要があるだろう。当時帝政ロシアのユダヤ人は、制限された生活を強いられていた。ユダヤ人は市民権を与えられておらず、「ペイル」、いわゆる定住区域に居住することが義務付けられ、その他にも経済活動や教育活動などに制限が課されていた。彼らがロシア市民権を得るのはさらに先の一九一七年である。しかしシフたちアメリカ・ユダヤ人の反応とは別に、日露戦争開戦当時、ロシアのユダヤ人の間では、祖国のために命をかけて戦うことで国家に忠誠を示すことこそが、市民権を得る良い契機になるのではないかと考えられていた。日露戦争におけるユダヤ人の奮起は、自らが「有用な市民」であることを示すことを目的としたものであった。知識人で詩人のイェフダ・レーブ・ゴードンもユダヤ人の兵役義務の重要性を唱えた一人だったが、彼は自身の詩『目を覚ませ、わが人々』のなかで、「エデンの地はあなた方に開かれている〔中略〕いったい後どのくらい客としてとどまる気か〔中略〕強く勇気のある者は兵士になるべきである」と記している。[75] このように、差別は存在するけれどもユダヤ人も進んで国家に貢献しようという、前向きな考えが支持されたため、ユダヤ兵が軍に仕える以外にも、裕福なユダヤ人はロシアの戦費のために大金を寄付し、ユダヤ人の少女までもが看護師や戦争偵察員として危険な任務に志願したのである。[76] 戦争に際し多くのユダヤ人が徴兵されたが、自ら志願してロシア軍に仕える者も少なくなかった。当時ユダヤ人の人口はロシア全体の四パーセントに過ぎなかったが、彼らはロシア軍の兵士全体の六・六パーセントを占めていた。(77)兵士の一人はイスラエルにおいて伝説的なヒーローとして記憶されているヨセフ・トルンペルドールだった。彼は一九〇四年八月に戦闘で左腕を負傷し、切断するに至ったが、それでも病院で一〇〇日間過ごした後に、再度前線に戻って戦いたいと志願した。重症を負った兵士は前線に戻る義務はなかったが、彼は希望どおり前線に戻り戦った。トルンペルドールが戦地から父親に送った手紙には次のように記されていた。

父上が送ってくださった手紙の一通に、私があなたの、ユダヤ人の、そしてロシア軍の名にかけて恥じない行動を取ることを確信していると書いてらっしゃったのを覚えていますか。私は最後まで同胞のために戦い、すでに我々の血に浸りきった我々の土地を守るために立ち向かうことを望んでいます。(78)

当時国際社会の一員として近代化を図っていた明治政府は、一八九九年のハーグ万国平和会議において採択された戦争捕虜の扱いの規定を忠実に守ろうとした。よって、日露戦争における戦争捕虜の扱いも人道的なものになるよう図られた。(79)ロシア人捕虜は捕らわれていたものの、労働が強いられていたわけでもなく、自由に時間を過ごすことが許されていた。外出も許可され、散歩や温泉を楽しんだ者も少なくなかった。また時折外国政府や個人から手当金をもらい、酒を手にする自由さえあった。(80)

捕虜に対する日本軍の寛大な扱いは、前線にその噂が届くほどであり、最前線にいるユダヤ兵の一人は、松山収容所に同僚のユダヤ兵が拘束されていることを聞き、「彼の幸運が妬ましい」と記したほどである。(81) なぜならば勇敢にロシア軍に仕えたユダヤ人の努力はまったくといっていいほど報われなかったからである。日露戦争時の強い反ユダヤ主義は、戦争最前線から離れたロシア国内に存在したのみならず、ユダヤ兵が仕える軍内にも存在した。ユダヤ兵がいかに勇敢に戦い功績を残したとしても、ユダヤ人というだけで肩章が与えられることはなかった。また、ユダヤ人は皆兵卒扱いだったため最前線に送られる可能性も高かった。それに加えて非ユダヤ人の兵士仲間から差別を受けることもあった。遼陽会戦において、日本兵の一人が戦地でユダヤ兵が落とした日記を見つけているが、その日記には、彼はユダヤ人であるがゆえに軍において肩身の狭い思いをしている旨が切々と綴られていた。ロシア兵はユダヤ兵の横に寝るのを嫌がり、食事を共にすることさえも躊躇うという。そして自らがロシアのために戦っている間にも、ロシア本土ではユダヤ人が迫害を受けているという現実の無念さについて記されている。(82) また、ユダヤ兵は仲間の兵士から「我々がお前たちユダヤ人を地球上から一掃してやる」と脅かされることも

多々あった。(83)

彼らが心配していたように、実際にロシア本土ではポグロムが多発し、一九〇四年の一年間で四三件も起きていた。さらに、日露戦争とポグロムは直接関係していた。ポグロムの多くは戦地に赴く前に動員された軍隊によって引き起こされており、国民の不安と不満が高まる有事には、きまってユダヤ人がスケープゴートにされ理由もなく非難された。シフを含むアメリカのドイツ系ユダヤ人銀行家のロシア金融ボイコットや日本の公債発行の件について、ロシアの報道機関がどのくらい把握していたのかは不明だが、反ユダヤ的な新聞の『ノーヴォエ・ブレーミャ（*Novoye Vremya*）』紙には、ユダヤ人が日本と手を組んで陰謀を企てているという記事が掲載された。それ以外にも、ロシア国内ではさまざまな陰謀説が流れ、それがポグロムを誘発する直接的な原因となったのは確かである。それらはユダヤ人が日本の天皇のために戦費を募っているというものから、皆が勇敢に戦っている間にもユダヤ人だけ兵役の義務を回避しているといった扇動的な内容だった。(84)よってユダヤ兵の間では自然と捕虜として日本軍に捕らわれたいと希望する者が増えていった。(85)

全員が兵卒だったユダヤ人捕虜が収容されたのは、浜寺、習志野、松山、姫路などの大規模な収容所だった。浜寺収容所には五二三人、習志野収容所には二一五人、松山収容所には一〇〇人、そして姫路収容所には九三人のユダヤ兵が収容されていた。福知山収容所と山口収容所にも数人のユダヤ人捕虜が収容されていたようである。[86] さらに、日本軍は多民族から構成されているロシア軍の性質を考慮して、可能な限り少数派民族をロシア兵とは別の兵舎に収容した。その理由は彼らの衝突を避けるためでもあった。現在残されている資料によると、実際にユダヤ人捕虜は松山、習志野、福知山収容所においてロシア兵とは別の兵舎が与えられていたことが明らかである。[87] 日本の収容所内でもユダヤ人差別は目撃されており、民族間の衝突は少なからず存在した。

日本における捕虜の収容所生活は、結果としてユダヤ兵に重要な影響を及ぼすことになった。まず、すべての捕虜が日本の管理下において平等に扱われ、ユダヤ兵は民族や宗教が理由で差別を受けることがなかった。[88] その特別な環境はユダヤ人の結束を深めることを可能にした。収容所においては二つの思想がユダヤ兵の間で広まった。シオニズムと反帝政運動である。シオニズムに関しては、浜寺と松山の収容所においてシオニスト団体が設立され、そのリーダーを務めたのが前述したトルンペルドールだった。彼が日本からロシアの家族に宛てて送った手紙からは、数ヶ月前に送られた内容とはまったく異なる趣旨の内容が書かれており、日露戦争でロシアのために勇敢に戦ったユダヤ兵のロシアに対する失望とイスラエル建国に向けての意気込みが示されていた。

私が世界の光を見た母国を守ることは義務だった。自分のことは守らなかったし、どうでもよかった。我々はロシアに住み、人生のすべてがロシアとつながりをもっている。それはすべて我々にとって大切である。しかしもし一瞬でもロシアにおけるユダヤ人の境遇を見て、はっきりと考えてみると、果たしてそれよりも酷いものが存在するだろうか。ユダヤ人が苦しまない時があっただろうか。ユダヤ人を傷つけない者がいただろうか。ユダヤ人は幾度約束を聞いただろうか。幾度その約束を信じ、幾度肩を落としただろうか。我々が一つの国家として立ち上がる時がついにきたのである。我々は一つの体として結束するべきである。(89)

反帝政運動も収容所では支持を得ていた。とくに非スラブ系の少数派民族の捕虜は、アメリカのジャーナリストであるケナンによるプロパガンダに多大な影響を受けた。ケナンは当時『アウトルック(*Outlook*)』誌の記者としてロシア戦争捕虜の様子をアメリカに報道するために来日していた。日本滞在期間中に、ロシア社会と日本社会を比較した「どちらが文明国か」という記事を掲載し、そのなかで日本は文明的で近代的であるのに対し、ロシアはやや野蛮で中世的であると記している。(90) ケナンが半生を捧げた活動の一つは「ロシアの自由アメリカ友の会」(The Society of Friends of Russian Freedom)を通じて帝政ロシア専制君主制度の不正をアメリカの世論に訴えることだった。彼は、一九〇四年七月より日本の収容所において反ロシア政府を唱えたパンフレットを捕虜に配り、本格的に反帝政運動を行った。[91] ケナンの活動を支持すべく、社会主義運動に関わった医師で昆虫学者のラッセルも来日した。彼は収容所を頻繁に訪れてはロシアの帝政主義に異議を唱える内容の演説を行った。[92]

ケナンとラッセルの活動に即効性はなかったものの、後の一九一七年にロシア革命が成功すると、ケナンは日露戦争時に日本の収容所で行った反帝政運動を振り返り、それが革命の成功の理由の一つであると認識している。ケナンによると捕虜を対象とした啓蒙運動は大成功で、日本における「すべての捕虜が自由主義者になり、さらにその四分の三は革命家になった」と推測している。同時に、シフが日本におけるケナンの活動に対して資金援助をしていたことも公表された。[93] ケナンによると、シフの支援は日本での活動において不可欠だった。シフはさらに、ストラウスやその他の裕福なユダヤ人と共にイギリスで発行されていた『フリー・ロシア（*Free Russia*）』誌のアメリカ版の発行も支援していた。[94] これらの活動を支援することで、ロシアに追い討ちをかけたのである。ケナンはシフに宛てた書簡において「過去を振り返る度に、あなたはこの出来事において満足感に浸る権利があると思います。ドゥーマが皇帝の政権を転覆させることができたのは軍隊の支援のおかげであり、あなたはその軍隊の啓蒙に貢献したのだから」と書いて送っている。[95] さらに、シフが反帝政運動のためのプロパガンダを支援していたことは『ニューヨーク・タイムズ』紙にも大きく掲載された。[96]

ところで、日露戦争で日本政府とのつながりができたシフは、日本のユダヤ人捕虜の待遇に関して日本政府に要請をしている。日本に収容されていた捕虜は、一九〇五年一一月から〇六年二月の間に全員がロシアに送還された。ロシア人捕虜の多くは、祖国に帰れることを喜んだが、ユダヤ人などの少数派民族出身の捕虜は、複雑な気持ちだった。迫害を恐れて暮らすロシアよりも平等な権利が守られる日本での生活を好んだからだった。そのため帰還が近づくにつれて、収容所からは頻繁にユダヤ人捕虜の脱走が報告された。[97] この件に関して、シフは在米公使の高平に打診した。これを受けて、高平から桂外相代理宛に電報で次のように知らされている。

貴電　第三三六号に関し御電訓の趣在紐育領事をして内密に「クーン・ローブ」社の「シフ」へ通せしめたるところ同人は米貨二千弗を支出し尚他の者とも協議の上「ラッセル」か果して信用すへき人物なるや判然せさるに付時宜に依らは本邦に在留する信用ある猶太人をして之を取扱はしめ該兵員を救する筈なるも本件に関しては決して帝国政府に関係を及ほささるへき旨を声言せり[98]

この結末がどうなったのかは明らかではないが、日本はユダヤ人捕虜に同情したものの、戦争が終われば捕虜をロシアに返すことは義務だった。

注

（1）*The Jewish Review and Observer* (May 27, 1904); *The Jewish Review and Observer* (June 1, 1904).

（2）村岡美奈「日露戦争期のアメリカ・ユダヤ人――ダヴィデに例えられた日本」『地域研究』第一四巻、二号（昭和堂、二〇一四年）、一四〇－一六一頁。旧約聖書サムエル記一七章二－五一節「ダヴィデとゴリアテ」に基づく。兵士ではない、若く勇敢で信仰の強い小柄な少年ダヴィデが、巨体で武器を多数備えた強敵ゴリアテと戦い倒す物語。小さい者でも勇気と信仰があれば強敵を倒せるというエピソードである。

（3）Gary Dean Best, "Jacob Schiff's Early Interest in Japan," *American Jewish History*, 69 (3), (March 1980): 355-359; Daniel Gutwein, "Jacob H. Schiff and the Financing of the Russo-Japanese War", [in Hebrew] *Zion* 54 (1989): 321-50. ウィルソンは南北戦争で北軍の将軍を務めた人物で、シフとの関係は鉄道建設に技師として関わった際に築かれたものと思われる。

（4）Adler, I, 212.

（5）半田、六六、七九。

（6）同書、一八四。

（7）Best, 355-59.

（8）Adler, II, 39; William Woodville Rockhill, *The Land of the Lamas: Notes of a Journey Through China, Mongolia and Tibet* (New York: The Century, 1891).

（9）K.S. Latourette, "Biographical Memoir of Berthold Laufer 1874-1934," Presented to the Academy at the Autumn Meeting, 1936. National Academy of Sciences of the United States of America, 44. (https://www.

nasonline.org/publications/biographical-memoirs/memoir-pdfs/laufer-berthold.pdf 最終アクセス：二〇二四年六月二〇日）。

（10）Best, 355-59; Cohen, 33; Gutwein, 321-50. ガリー・ディーン・ベストやナオミ・コーエンを含む研究者は、シフが日本の外債の発行元になった理由は主にロシアのユダヤ人に対する思いが理由だったとしているが、その一方で、ダニエル・グットヴァインは、それに加えて日本に投資することで利益を得ることが約束されていたからだと経済的な理由を挙げている。

（11）Gary Dean Best, *To Free People: American Jewish Leaders and the Jewish Problem in Eastern Europe, 1890-1914* (Westport: Greenwood Press, 1982), 101.

（12）Cohen, 130.

（13）Best, 98-99, 109-111, 127.

（14）二村、八、および半田、一六一－一七五。

（15）Winston B. Thorson, "Pacific Northwest Opinion on the Russo-Japanese War of 1904-1905," *Pacific Northwest Quarterly* Vol.35 (1944): 305-22; Thorson, "American Public Opinion and the Portsmouth Peace Conference," *American Historical Review* Vol.53, no.3 (1948):439-64; Eleanor Tupper and George E. McReynolds, *Japan in American Public Opinion* (New York: Macmillan, 1937). 飯倉章「パターナリズムのなかの日本――日露戦争と欧米の日本イメージの変遷」『日露戦争研究の新視点』、二二九－二四三。

（16）高橋是清『高橋是清自伝』（下）、二一五－二一六。

（17）*Chicago Tribune* (March 13, 1904).

（18）*American Hebrew* (February 12, 1904), 409.

（19）米西戦争に対するアメリカ・ユダヤ人の反応については以下を参照されたい。Jeanne Abrams.

“Remembering the Maine: The Jewish Attitude Toward the Spanish American War,” *American Jewish History* 76. 4 (June 1987): 439-455.

（20）Max Heller, *American Israelite* (February 25, 1904).

（21）“New York Japanese Discuss War Funds,” *New York Times* (February 13, 1904).

（22）*American Israelite* (February 25, 1904).

（23）*The Jewish Review and Observer* (August 12, 1904); “Japanese Victory,” *The Jewish Review and Observer* (August 26, 1904).

（24）Thomas A. Kolsky, *Jews against Zionism: The American Council for Judaism, 1942-1948* (Philadelphia: Temple University Press, 1990). 近代シオニズムの父とされるテオドール・ヘルツルは、ユダヤ人の後を絶たない悲劇の原因は国家を持たない事にあると指摘し、ユダヤ国家樹立を求めて、一八九七年にスイスのバーゼルで第一回シオニスト会議を主催した。

（25）Naomi W. Cohen, *What the Rabbis Said: The Public Discourse of 19th Century American Rabbis* (New York: New York University Press, 2008), 129.

（26）David Philipson, *My Life as an American Jew* (Cincinnati: J.G. Kidd & Son, Inc. Philipson, 1941), 137.

（27）Cyrus Adler to Philip Cowen. February 16, 1904. Philip Cowen Papers. File: Correspondence with Cyrus Adler, American Jewish Historical Society, New York.

（28）Shlomo Lambroza. “The Pogroms of 1903-1906,” in John Klier and Shlomo Lambroza eds., *Pogroms: Anti-Jewish Violence in Modern Russian History* (Cambridge: Cambridge University Press, 1992), 213-215.

（29）*American Israelite* (Feb.25, 1904).

（30）*The New York Times* (12 Feb. 1904); (29 Feb. 1904).

（31）*The Jewish Review and Observer* (May 27, 1904).

（32）Michael Alexander, *Jazz Age Jews* (Princeton, NJ: Princeton University Press, 2001), 1.

（33）Quoted in Ruth Rubin. *Voices of a People: The Story of Yiddish Folksong* (Champaign, IL: University of Illinois Press, 1979), 221. The original can be found in Shmuel Lehman, *Arbet un Fraybayt* (Labor and Liberation) (1921), 6-7, no.2 (II, IV).

（34）Silver, 109：サッカー、四一七。Cohen, *Not Free to Desist*, 8-9.

（35）Cohen 134. から引用。後にアドラーが回想した内容であり、記された記録は残っていない。日露戦争の公債発行の経緯に関しては、髙橋（下）、二一四－二三八および鈴木俊夫「日露戦争時公債発行とロンドン金融市場」日露戦争研究会編『日露戦争研究の新視点』（成文社、二〇〇五年）を参照されたい。

（36）Oscar Straus to Lucien Wolf, Feb.11, 1904.

（37）Schiff to Lord Rothschild, April 4-5, 1904, quoted in Adler, II, 120-23.

（38）Ibid.

（39）Cohen, 134.

（40）鈴木、八六。

（41）同書、九〇－九一。

（42）髙橋（下）、二三〇－二三二。

（43）Frieda Warburg, 48. 補足すると、戦争経済史に詳しい小野圭司によれば、日露戦争に関する当初の予想戦費は二億八〇〇〇万円だったが、最終的には直接戦費と間接戦費を合わせて一八億円を超えた。さらに、臨時軍事費特別会計の収支の収入において、外債の比率は四割を超えた。小野圭司『日本戦争

経済史』（日本経済新聞出版、二〇二一年）、一三八－一三九、一四三。

（44）Gower, 27.

（45）時事新報社編「時事パンフレット十三輯日露戦争を語る」外交財政の巻・第四三－四七頁　昭和一〇年五月刊、募債苦心談、当時・日本銀行秘書役日銀副総裁　深井英五『渋沢栄一伝記資料』（デジタル版）から引用。（https://eiichi.shibusawa.or.jp/denkishiryo/digital/main/　最終閲覧日：二〇二四年八月七日）。

（46）佐藤唯行『英国ユダヤ人の歴史』（幻冬舎、二〇二一年）、二一〇－二一一。

（47）同書、二一一。

（48）Marshall to Kuhn, Loeb, May 24, 1904; June 22, 1904. Louis Marshall Papers.

（49）Gower, 35.

（50）半田、一六三－一六四。

（51）同書、一六四。

（52）鈴木、九七－九八。ロンドンで同年に発行された外国政府債には、日本以外にもエクアドル、キューバ、ギリシャ、中国、メキシコのものがあったが、日本の利率は六パーセントと、四パーセントのエクアドル、ギリシャ、メキシコ、そして五パーセントのキューバ、中国などの他の外国政府債よりも利率が高い。

（53）“King Received Jacob Schiff: Express Application of Anglo-American Harmony Over Japanese Loan,” *The New York Times* (8 May 1904).

（54）*American Hebrew* (Oct. 8, 1920).

（55）“Schiff Fears Japanese War,” *New York Evening Post* (March 6, 1910); “Schiff Sees Peril in Japan: Now She’s Allied with the Enemy of All Mankind,” *New York Times* (March 6, 1910).

（56）*New York Evening Post* (Aug. 13, 1905).

（57）Adler, I, 230.

（58）Carosso, 81.

（59）鈴木、九五 ; Gower, 284-86. ちなみに、『ウォール・ストリート・ジャーナル』紙は日露戦争時における日本公債の発行を「今年の目玉」として取り上げている。 "The Bond Market," *Wall Street Journal* (3 July 1905), 5.

（60）Steven Ericson and Allen Hockley eds. *The Treaty of Portsmouth and Its Legacies* (Hanover, NH: Dartmouth College Press, 2008), 132.

（61）Adler, I, 227.

（62）*Israel's Messenger* 1 (2) No.122 (September 1905) から引用。

（63）*Jewish Daily News* (Aug. 30, 1905).

（64）Cohen, *Jacob H. Schiff*, 138; Sergei Witte, *The Memoir of Count Witte*. Abraham Yarmolinsky edition (New York: Doubleday, 1921), 163-64.

（65）"Witte Receives Jews in Appeal fir Race," *The New York Times* (August 15, 1905).

（66）*Jewish Daily News* (August 30, 1905).

（67）*Sun* (Aug.17, 1905).

（68）Witte, 149, 165-67.

（69）"From Kishineff to Bialystok: A Table of Pogroms from 1903 to 1906," *AJYB* 5667 (1906/1907), 34-89.

（70）Edward J. Renehan Jr., *The Lion's Pride Theodore Roosevelt and His Family in Peace and War* (New York: Oxford University Press, 1999), 184-85.

（71）読売新聞、一九〇六年一〇月二七日、朝刊。
（72）Howard B. Rock, *Haven of Liberty: New York Jews in the New World, 1654-1865* (NY: NYU Press, 2012), 198.
（73）村岡「日露戦争期のアメリカ・ユダヤ人」、一五五－五六。
（74）イスラエルの歴史家のコーネルは、約一八〇〇名のユダヤ人捕虜がいたとしている。Rotem Kowner. *Historical Dictionary of the Russo-Japanese War* (Lanham, MD: The Scarecrow, 2006), 173を参照。陸軍省によると、ユダヤ人捕虜は陸軍に所属する者が一三六九名、海軍に所属する者が一名である。陸軍省『日露戦争統計集』第六巻、第二三篇（東洋書林、一九九五年）、四六－四七、九二－九三を参照。
（75）イェフダ・ゴードンの最も代表的な詩、"Awake, My People"を参照。Yahudah Leib Gordon, "Awake, My People," *Kitvei Yehudah Leib Gordon: Sirah* (Tel Aviv: 1956), 17-18.
（76）土屋好古「日露戦争とロシア社会――戦争熱から革命へ」小森陽一、成田龍一編著『日露戦争スタディーズ』（紀伊國屋書店、二〇〇四年）、一六一："Russian Girl War Scout," *American Israelite* (August 5, 1904).
（77）*American Jewish Year Book*, vol.6 (1904-05), 308.
（78）トルンペルドールから父へ宛てた手紙（一九〇五年一月二〇日付）。ジャボチンスキー研究所（テルアビブ）、トルンペルドール書簡。
（79）アジア歴史資料センター、Ref.C05110188700、海軍大臣山本権兵衛、外務大臣小村寿太郎、陸軍大臣寺内正毅、内閣総理大臣桂太郎によって署名された俘虜取扱に関する規定を参照。
（80）F・P・クプンチンスキー（小田川研二訳）『松山捕虜収容所日記――ロシア将校の見た明治日本』（中央公論者、一九八八年）、二〇－二四：村岡美奈「日本におけるユダヤ系ロシア人戦争捕虜のアイデンティティの変容――日露戦争を通して」『防衛大学校紀要』人文科学分冊　第一〇八号（二〇一三年三月)、一九-三八も参照されたい。

(81) 才神時雄『松山収容所——捕虜と日本人』(中央新書、一九六九年)、五三。松山収容所は最初に設置された収容所だった。

(82) 同書。

(83) "The Diary of a Russian Soldier at Port Arthur," *American Hebrew* (Nov.25, 1904).

(84) Shlomo Lambroza. "The Pogroms of 1903-1906," in John Klier and Shlomo Lambroza eds., *Pogroms: Anti-Jewish Violence in Modern Russian History* (Cambridge: Cambridge University Press, 1992), 213-15.

(85) "Editorial Notes," *American Hebrew* (June 3, 1904). アメリカのユダヤ系新聞に掲載された、あるユダヤ兵が母親に送った手紙の中には、早く自分も日本軍に捕虜として捕らわれたいとの旨が記されている。

(86) "Russian Jewish Prisoners in Japan," *Jewish Chronicle* (August 28, 1905), 9;『大阪朝日新聞』(一九〇五年一月二九日付および一九〇五年五月三日付)。当時最大規模の浜寺収容所には、一九〇五年五月三日時点に一五一九名のポーランド人、六八三名のイスラム教徒を含む二万五〇九二名の捕虜が収容されていた。習志野収容所に関しては、習志野市のホームページ上の資料を参照。宇野武彦「習志野のロシア捕虜収容所」(一九七九年)(http://www.city.narashino.chiba.jp/syakusho/kyouiku/nichiro/05.html 最終閲覧日:二〇〇九年一〇月一日)。福知山収容所は三九一名が収容された小規模の収容所だったが、そのうちの一五〇名はイスラム教徒とユダヤ教徒だったようである。北海道大学スラブ研究センター保存資料「福知山収容日誌」一九〇五年四月六日付を参照。

(87) クプチンスキー、一六四-六六、およびソフィア・フォン・タイル(小木曽龍、小木曽美代子訳)『日露戦争下の日本——ロシア軍人捕虜の妻の日記』(新人物往来社、一九九一年)、二〇〇-〇一。

(88) 松山俘虜収容所編『松山俘虜収容所』(一九〇六年)、九三-九六、一七三-七四。

（89）トルンペルドールから両親へ宛てた手紙（一九〇五年一〇月二一日付）。ジャボチンスキー研究所、テルアビブ。トルンペルドール書簡。

（90）George Kennan, "Which is the Civilized Power?" *Outlook* 78 (October 29, 1904).

（91）井上ウララ「ジョージ・ケナンと日露戦争」日露戦争研究会編『日露戦争研究の新視点』（成文社、二〇〇五年）、二〇三―二一四。

（92）和田春樹『ニコライ・ラッセル――国境を越えるナロードニキ』（上）（中央公論社、一九七三年）、一八六―三〇四。

（93）Cohen, 137; *New York Times* (March 24. 1917)

（94）Alice Stone Blackwell, 'The Friends of Russian Freedom.' *The Commons* (March 1905), 171.

（95）Kennan to Schiff, April 11, 1917. Schiff Papers.

（96）"Kennan Retells History Relates How Jacob H. Schiff Financed Revolution Propaganda in Czar's Army." *New York Times* (March 24, 1917). この後、第一次世界大戦が長引く理由や、十月革命の原因がユダヤ人にあるのではないかという陰謀説が飛び交うようになり、マーシャルはシフに十分注意するように促している。シフは国務省に送った手紙の中でも「赤」との距離は十分に保っている旨を強調している。レオン・ポリアコフ著、菅野賢治他訳『反ユダヤ主義の歴史』第四巻（筑摩書房、二〇〇六年）、三〇三。

（97）アジア歴史資料センター、Ref.C03020200800、明治三七年八月九日、満密大日記「松山に於ける捕虜の状況書送付の件」、和田『ニコライ・ラッセル』（上）、二三八。

（98）高平公使より桂外相代理宛、明治三八年一一月一一日「俘虜関係」、和田『ニコライ・ラッセル』（上）、三五二―三五三から引用。

第四章　日露戦争後の日本との関係

この国（日本）は学習が早く、国の発展を永久的に妨げる可能性を含む間違いをほとんど犯しません。膨大な労働力と、すべての山や丘が生み出す（発電に使用され始めたばかりの）水力、そして最後に重要なことですが、すべての事業に対する真剣さをもって、この国には間違いなく新たに発展する素晴らしい未来が待っています。(1)

（日本滞在後のシフの日本に対する印象）

日露戦争のための外債募集でシフと取引を行い、戦後に友情を育んだ高橋是清は、シフについて次のように記している。

シフ氏は当初、銀行家としての専門的な観点からのみ日本の能力を判断していたのかもしれない。しかし日本政府と取引をする過程で、彼が我が国に寄せる関心はさらに深まり、その国民性に心打たれ、今では我が国民に対して希望と自信と配慮という温かい感情を抱くようになった。彼は当面の懸案事項について私に助言してくれただけでなく、今後の日本の経済発展にも気を配り、（日露）戦後私たちが直面するに違いない財政上の困難についても警告してくれた。私は彼に祖国（日本）の真の友（の姿）を見た、そして私と彼との個人

的な友情はその時から続いているといえるかもしれない。(2)

以上はシフの死後に、サイラス・アドラーがまとめているシフ伝に掲載するために一筆書いてもらえないかとシフの息子のモーティマーが高橋に執筆を頼み書かれたものである。日露戦争への関与は間違いなくシフの名を世に馳せた。シフが日露戦争に関与した理由は銀行家としての投機とユダヤ人の指導者としてロシアのユダヤ人がおかれた状況に対する懸念が背景にあったことがこれまでの研究では結論づけられてきた。しかし日露戦争後のシフの日本との関係を検討すると、この二つの理由だけで彼が戦後の日本との関係を保ちつづけたとは考えにくい。ビジネスの観点から見ると、安定さにおいては極東で日本が一番安全な状況を維持しているとシフは考えていた。(3) 他方でロシアのユダヤ人に対する政策に関しては、ロシアが日露戦争において敗北したことや第一次ロシア革命の余波が影響して、ユダヤ人迫害は緩和されるどころかさらに規模の大きいポグロムが頻発するようになっていたため、シフが期待したような結果は得られなかったのである。しかしシフが日本との関係を断つことはなかった。

よって日露戦争後のシフと日本の関係についても触れておく必要があると考える。日露戦争後のシフと日本の関係は、金融や政治的なつながりだけではなく、シフの日本に対する個人的な関心や思いが関係し発展していったものと考えられる。シフは一九二〇年に亡くなるまでその友好を大切にし、日本に信頼を寄せ、共感を示した。

日露戦争後のシフと日本の関係は、二〇世紀初頭の日米関係に影響をもたらした点、そして日本のユダヤ人政策に影響を及ぼした点から注目に値する。シフは一九〇六年に来日を果たし、アメリカに帰国すると、アメリカ国内でユダヤ人としてはおそらく初めて日本に精通するオリエンタリストとして知られるようになった。また日本の文化と人々に関して知見のある「専門家」としても活躍することになる。世界政治が大きく変容を遂げるなかで、銀行家として世界政治の構造の変化を把握していたシフは、二〇世紀初頭に日本がアジアの新興国として出現するにあたり、これまで評価されていたよりもはるかに大きな役割を果たしたのである。さらには、シフが日本との良好な関係を築いたことは、後の一九一七年には日本のユダヤ人難民に対する政策にも影響を与えた。

本章ではこれらの点を明らかにしつつ、アメリカ・ユダヤ人の有力者であるシフがいかにして国際的な出来事の表舞台に立っていったのかを明らかにしたい。シフの日露戦争後の日本との関係は、三つのレベルにおいて評価することができる。まず、日本との商業的な関係、次に個人的な関係、そして反日感情がアメリカ国内で高まることに対するシフの反応である。これまで十分に注目されてこなかった日露戦争後のシフと日本の関係に着目し、シフが西洋社会に台頭する日本に対して抱いた印象や未来像はどのようなものだったのか、当時の史料を手がかりに検討したい。

一節　来日

日露戦争は大国ロシアに対する日本の勝利という結果で終結を迎えたが、当初は日本が勝利するとは考えられてはいなかった。よってクーン・ローブ商会による公債発行の協力が戦況を変えたと言っても過言ではなかったのである。当然のことながら日本はシフに感謝するばかりだった。その証拠に一九〇五年に日本政府はシフに勲二等瑞宝章を授与した。さらに一九〇六年にシフを日本に招待し、シフは来日することになった。その時にシフが日記のスタイルで日々の出来事を綴った家族宛の手紙をまとめた書籍が残されているが、もともと出版されることを想定して書かれておらず、あくまでも子どもや孫のために内輪の記録として記されたものだった。それがシフの六〇歳の誕生日にプレゼントとして贈られるために家族によって『日本旅行日記（*Our Journey to Japan*）』というタイトルの下、内向けに印刷された。[4] ところでシフの来日に関して日米の新聞に大きく取り上げられたことについてはあまり知られていない。ここではシフが日記に取り上げた内容にとどまらず、新聞記事や『渋沢栄一伝記資料』も参考にしつつ、彼の来日について明らかにしたい。[5]

シフは一九〇六年二月二二日に日本に向けてニューヨークを出発し、鉄道でサンフランシスコに向かった。旅に付き添ったのは、妻のテレーズ、フランクフルト在住の甥のエルンスト・H・

シフ、パリで有名な銀行家のアルフレッド・ハイデルバック夫妻、ハンブルク在住の友人のヘンリー・バッジ夫妻、そしてニューヨークの裕福な銀行家でシフの息子の嫁の両親にあたるシグムンド・ヌスタット夫妻、それに加え数人のメイドや執事だった。その手荷物の数は実に九〇点に及んだという。サンフランシスコから日本までは汽船マンチュリア号による航海だった。マンチュリア号は、ロシアの東清鉄道会社が所有していたが、日本海軍が日露戦争開戦に伴い拿捕したものであり、シフ一行のために一等船室の大部分が貸し切られた。途中でハワイに停泊した際に、シフ一行は元女王のリリウオカラニに招待され、謁見している。(6) シフに詳しいスティーブン・バーミンガムは、旅のその後について「とくに目立たない」("unremarkable")と一言で表し、シフの日本への旅については明治天皇との謁見を除いてはこれ以上述べていない。(7) しかし実際には日本でのシフの行動は十分に注目に値する。日本でシフはアメリカ人代表として皇族のような扱いを受け、一ヶ月半の滞在期間に各地を周遊したため、アメリカにおいては日本や日本人に関する見識者、あるいは専門家として見なされ、日米関係における非公式のアンバサダーのような役割を担うことになったからである。(8)

シフ一行は三月二五日に横浜港に到着した。前日には日刊新聞の『時事新報』がシフの来日について次のように報道した。

一昨年来我国の公債を米国に発行するに付主として尽力し、我が戦時財政に関し大なる功績ある紐育の資本家ジエーコブ・ヘンリー・シッフ氏は、今回夫人・親族・朋友等を伴ひ一行九名にて本邦に来遊し、凡そ一ケ月間滞在する由、乗船は去八日桑港出発のマンチユリヤ号なるを以て、横浜入港は多分二十五日なるべし〔中略〕一昨年日露戦争の始めに当り、高橋日本銀行副総裁は政府の命を帯び米国を経て倫敦に至り、外債募集の相談を試みたるが、当時英米両国の我国に対する同情きわめて盛なりしに拘はらず、戦争の終局に付きては我国の為に憂惧するの念頗る深く、資金供給の相談は一般に躊躇する所なりき、殊に米国は従来外債に慣れざる国柄なるを以て容易に募集の相談に応ずるものなく、英国に於ては幾多の交渉を重ね漸く相談纏りたるも、其金額は差し当り五百万磅（約五千万円）を募集し、追て五百万磅を募集すべしと云ふに過ぎず、此時シッフ氏は欧陸旅行の帰途倫敦に来り、米国も最早外国に放資するの気運に向ひたれば、今新興の日本に向て仕事を為すは時機を得たるものにあらずやと考へ居る際、恰も日本公債談の進行中なるを聞き、大英断を以て直ちに英国の発行者と同額を引受くることを承諾し、五月上旬鴨緑江戦捷の好機を失せざらんが為めに、快速に諸般の準備を整へ、英米を合して千万磅（約一億円）の公債を一時に募集するを得るに至れり、而して外債の募集に慣れざる米国に於て数倍の応募を得たるのみならず、英国金融社会及び公衆の我公債に対する人気も米国方の加入を聞きて一層昂進したる故、シッフ氏の募集引受は英国に於ける募集をして非常の盛況を呈せしめたるにも与りて力あり、第一回募集の盛況と之れに伴へる公債所有者の利益は、引続きて日本公債に対する好人気を作るの素因たり、其後数次の外債が都合好く成立したるは我陸海軍の連戦連勝により国家の信用を高めたるに依ること論なしと雖も、第一回募集の盛況は先づ其途を開きて、以後の募集を比較的容易ならしめしものと謂ふべし、ゆえに間一髪の好機に於て米国募集引受を決したるシッフ氏の英断は、最初より日本政府の為めに厚意を表し困難を排して著々募集の相談を進めたる英国のバース銀行及香上銀行等の尽力と共に、我戦時財政に対する功績として国民の認識に値するものなり〔中略〕シッフ氏は第二回公債募集の後、勲二等瑞宝章を授けられ深く聖意に感激し居りて、将来益々日本に対して関係を密にするの意あり、今回来遊の目的は観光を兼ねて一般経済上の視察を為し朝野の要路の人と親しく交際を結ぶにあり、関係の向に於て厚く接待する筈なりと云ふ(9)

シフ一行は到着すると、後に関東大震災で倒壊して廃業することになる外国人向けのホテル、グランドホテルに滞在しながら横浜と鎌倉を観光し、三日後の二八日に東京に到着した。同日に明治天皇から昼食に招待されていたため皇居に赴き、勲一等旭日大綬章を授与された。すでに触れたとおり、前年にも日露戦争における日本への功績を讃えて勲二等瑞宝章が授与されているが、今回は来日しているということもあり明治天皇が直々にシフにお礼を申された。シフの日記によると、明治天皇は付き添いを伴うことなく直立の姿勢のままシフを大広間に受け入れ、握手し、日本が窮地に立たされている際のシフの重要な貢献についてはよく耳にしており直接お礼を言うことができることを嬉しく思う、とお話しになられたということである。(10) さらに外国人として旭日章が授与されたのも、一般人として明治天皇に招かれたのもシフが初めてだったことは注目に値する。(11)

シフの日本滞在に関しては日本の新聞でも大きく取り上げられた。読売新聞は三一回にわたりシフに関する記事を取り上げており、その大半が一面および二面に掲載されていることからも、シフの来日は当時重要な出来事と認識されていたことがわかる。シフの功績は主に日本の政治家、銀行家、実業家、華族によって高く評価されたため、来日中に彼のための晩餐会を開きたいと考える者が後を絶たなかった。そのような社交の場において、シフは多くの政界および金融界の要人と知り合いになった。シフを招いた人物としては、高橋是清、大蔵大臣の阪谷芳郎、枢密顧問官の金子堅太郎、実業家の大倉喜八郎、政治家の大隈重信、実業家の渋沢栄一、実業家の岩崎久弥、元在英外交官の園田考吉、三井財閥の三井高棟、日本興業銀行の初代総裁である添田壽一、政治家の松方正義などの錚々たる名前が挙げられる。このうち総理大臣を務めた者、あるいは後に務める者が三名も含まれていた。(12)

次にシフがアメリカの代表者として扱われた点に注目したい。阪谷が開催した晩餐会において、彼はシフを「アメリカから日本に来た最も著名な賓客」と紹介し、「国民の感謝の気持ちを最大限に表現するのにふさわしい言葉が見つからない」と言ってシフに感謝の意を述べた[13]。「アメリカから日本に来た最も著名な賓客」という点に関しては、実はそれから二五年ほど前の一八七九年の夏に、元大統領のユリシーズ・S・グラントが国賓として来日している。阪谷は当時一六歳だったため、そのことを記憶していたか否かは明らかではないが、少なくともグラントは元大統領として初めて来日したアメリカ人であり、その際に明治天皇にも謁見している。しかしシフは日本を窮地から救った人物として格別な賓客ということだったのであろう。

別の歓迎会では高橋が次の言葉を述べている。

アメリカ国民によって与えられた経済的支援は、私たちの国家に対する彼らの温かい思いやりが物質的に表れたものでした。私たちはシフ氏の今回の訪問を機に、アメリカ国民に感謝の気持ちを表明できることを嬉しく思います。しかしこれまでにアメリカでは日本の融資が発行されていなかったという事実を考慮すると、過去二年間にアメリカで発行されたそれぞれ（の公債）の目覚ましい成功は、アメリカ国民の思いやりに加えて、アメリカ国民の間で非常に大きな支持を得ているクーン・ローブ商会とその仲間で影響力があるアメリカ企業の努力のおかげであると考えられます。[14]

以上の内容から、日本においてシフは全般的にアメリカの代表としての扱いを受けたことがわかる。シフは確かにアメリカの銀行家であるが、実のところ日本の公債を発行しようという決断は、アメリカの銀行家の日本の公債に対する典型的な態度とは言えなかった。その証拠に、高橋は日露戦争時にまずアメリカに渡り外債募集の任務にあたったが、相談した銀行の反応からアメリカでは見込みがないだろうと判断し、五日もたたないうちにイギリスに向けて出発したのである。[15]その一方で、シフの決断が何かを代表していたとするならば、それは先の章でも示したとおりアメリカ・ユダヤ人の日露戦争に対する態度だった。[16]

当時高橋が副総裁を務めていた日本銀行はシフのために盛大な歓迎会を開き、その会には著名人とその家族を含む四〇〇名が招待された。[17]シフは当時総理大臣の座にあった西園寺公望やその他の大臣、さらには日露戦争時に海軍の指揮官として活躍した東郷平八郎ともこの場で会った。[18]華族の邸宅に招待される際には、シフを讃えてアメリカの国旗が掲げられていたという。[19]シフの日記によると、日本の財界人の多くはフランス語、ドイツ語、英語を話し、西洋風のマナーを身につけていたため、とりわけ違和感は感じられなかったようである。しかし日本滞在中に彼が最も感銘を受けたのは、西洋化した日本ではなく日本に特有の自然や伝統、そして文化だった。歩くことを好むシフは、日光や箱根の山々をハイキングしたり温泉を訪れたりした。さらには京都や東京だけではなく、西は広島や北九州の門司港までを観光した。広島の宮島や鎌倉の大仏に感銘を受け、明治になって普及した柔道の道場にも足を伸ばして見学した。シフのために芸妓や舞妓による三味線や踊りも披露されたようであるが、日本の伝統においてはとくにいけばなを高く評価した。とりわけシフが一番感動したいけばなは、花を愛したことでも知られている大隈重信によって生けられたものだった。[20]すでに二年の交流がある高橋是清の屋敷も訪れているが、その時のことを友人に宛てた手紙のなかで次のように記している。

我らの友人である高橋が、すべての方向において物事がうまく運ぶようもてなしてくれることにとても感動している。高橋は日本の習慣に則って暮らし、彼の家族は日本の言葉しか話さないが、彼の屋敷で日本風に（畳に）座って食した昼食会ではとても親しくなった。[21]

ところでシフが日本の財界人によって歓迎されたことは明らかであるのに対して、一般の日本人にどのように受け入れられたかについてはあまり知られていない。シフの日記や当時の新聞記事によると、一般の日本人もシフの日本に対する貢献についてはよく知っていたようである。シフは滞在中に日本人歯科医による歯の治療を受けたが、その時の経験について次のように記している。

アメリカに六年間暮らし学んだ若い日本人は、煩わしい歯のためにとても良い仮の詰め物を作ってくれた。そして私が支払いについて尋ねた時、彼は「シフさん、あなたからお金を受け取るつもりはまったくありません」と答えた。私がそれには同意しかねると主張し、やっとの思いでその医者に支払いを強要する時に、私について耳にしたことがある人は、日本中どこでもできる限り私に尽くそうとしていることを悟ったのである。(日本の)人々の感謝と謝意にとても感動している。(22)

京都を訪れた際にも同じような経験をしている。

昼食会の後、お母さん(妻のテレーズ)とバッジ氏と共に散歩に出かけ、川岸の陽が当たる側にいる時に、向こう岸に渡ろうとその手段を探したが、難しそうだった。案内人が日本人の紳士とその妻と娘を乗せた個人所有の遊覧船を見つけ、私たちの希望を伝えたところ、案内人から我々について聞くなり、その紳士はすぐに役に立ちたいと申し出て、我々を船に誘い、少し上流の方に行くと日蔭側に降ろしてくれた、そこから我々は村に戻るまでの

道を満喫し、橋を渡って残りのメンバーと合流した。(23)

日露戦争時にはシフの貢献に関して日本の新聞では報道されていなかったため、一般の日本人がシフについて知ったのは彼が来日し、新聞で報道されるようになってからだった。日本人は戦争におけるシフの日本支持に感謝し、彼はどこに行っても特別なもてなしを受けた。しかし興味深いことに、シフの滞在中の行程については多くの新聞が言及している一方で、彼がユダヤ人であることや、なぜ日本の公債を引き受けたのかということについては一度も触れられていなかったことを指摘しておきたい。このことからシフの信仰や民族的背景については日本人が関心を示さなかったことがわかる。それは当時大半の日本人がユダヤ人とユダヤ教についてほとんど知識をもっていなかったこととも関係していると考えられる。明治時代に日本で暮らしたユダヤ人はいたものの、その数はとても少なく日露戦争までは日本がユダヤ人と関わることはほとんどなかった。このような理由からシフは日本の新聞においても、ユダヤ系アメリカ人の銀行家としてではなくアメリカ人の銀行家として紹介されたのである。

シフの来日中、日本は彼の博愛主義の恩恵を受けた。シフは過密なスケジュールの合間をぬって、渋谷にある赤十字病院を訪れ一〇〇〇〇円（現在の価値に換算すると約三〇〇〇万円）の寄付をしている。そのうちの五〇〇〇円は日露戦争の負傷兵に充てるよう指示している。赤十字社からは感謝の意として、シフ夫妻に日本赤十字社の名誉会員の身分が与えられた。[24] それ以外にも日本橋にある孤児院を訪れ、二五〇〇円（現在の価値に換算すると約三七〇万円）の寄付をした。[25] 彼の慈善行為については日本の新聞にも掲載され、その親切心に対して感謝の意が記された。別日には板橋にある東京市養育院を訪問し、七五〇〇円（（現在の価値に換算すると約一一二〇万円））を寄付している。[26]

シフが宗教的な伝統や慣習を大切にしていたことは先に述べたとおりであるが、日本においてもユダヤ教のしきたりを極力守れるように旅程を立てたことがうかがえる。たとえば滞在中の安息日にあたる金曜日の日没から土曜日の日没にかけては遠出が必要な予定は入っていなかった。一度だけ四月二〇日の金曜日に日本興業銀行の添田壽一邸における夕食会に招待され出席しているが、それは日本の友人の厚意を優先させたからに違いなかった。さらにシフの滞在期間は、ユダヤの過越祭と時期が重なった。同行したヌスタット夫妻が、この祝日にユダヤ人が食するマッツァ（Matzah: 種無しパン）をサンフランシスコで調達して持ってきていた。さもなくば東京でユダヤ人の存在は見られないため手に入れることは不可能であっただろう、とシフは日記に記している。滞在する帝国ホテルにおいて過越祭の初日に行う儀式的な晩餐のセーデル（seder）が執り行われ、シフ夫人は自宅で行うのとまったく同じように準備をし、不足しているものは何もなかったという。そして過越祭のための物語と祈りの言葉が記されたハッガーダー（haggadah）が読まれた。[27] シフは日本で祝った過越祭に関して「おそらく帝の都で執り行われたのは初めてのことだろう」と誇らしげに日記に記している。[28]しかし実際には小規模ではあるが当時神戸と横浜にそれぞれユダヤ人共同体が存在した。さらに日本で初めてミニヤーン（minyan: 一〇名以上のユダヤ人男性が集まり公的礼拝を行う宗教的儀式）が開かれたのは一八八九年のことであり、最初のシナゴーグは一八九〇年頃にロシア系ユダヤ人によって長崎に建てられている。[29]よって東京では初めてのことだったかもしれないが、ユダヤ人が暮らす港町ではすでに行われていた可能性は高いだろう。

一ヶ月半に及ぶ日本での滞在を通して、シフは日本の財界人には信頼のできる友人として記憶され、一般日本人からも謙虚で敬意のある態度が絶賛された。同様にシフも日本の政府と人々に対して良い印象を持った。友人のマックス・ヴァールブルクに宛てた書簡に次のように記している。

（日本の）人々に関して私が形成した印象は、知性と勤勉さと謙虚さをもちあわせているということだ。政府はあらゆる部門に誠実に取りかかり、世論の影響を受けすぎない、申し分なくしっかりした組織のように見受けられる。[30]

シフは日本を去る前に夜食会を主催した。帝国ホテルの記録には「アメリカ人シッフ主催夜食会出席【食後感想：装飾割烹頗る美善を尽されり】」と記録されている。[31]その場でシフは挨拶をした。その一部を次に記しておきたい。

閣下諸公、紳士淑女の皆さん、

光栄にも妻と私からの招待を受けてくださりありがたく思います。おかげさまで帰国する前に今一度ご友人の皆さんにお会いすることができました。我々に対する温かいおもてなしに感謝いたします。この場にもお迎えしている数人の特別な友人が行く先々での楽しみを増やしてくれたり、訪問先への関心を引き出すために尽力してくださったりしたことに感謝します。我々の視察旅行は終わりに近づこうとしていますが、名残惜しさでいっぱいです。本当に皆さんの国に心からの愛着を覚えました。〔中略〕

日本の皆さんの特質は質素であることと倹約にあり、それに加えて君主、祖国、互いへの忠誠心にあると申し上げたいと思います。〔中略〕私の見るところ、皆さんの強さと自信は若い頃から男らしい運動に体系的に取り組んで肉体を鍛えると同時に感情の抑制にも習熟することに由来しています。学習意欲に加えて、誰もがただ同然に受けられる教育にもその源があります。日本は、歴史に残る偉大な戦争に勝利をおさめながら、国民は奢ることなく謙虚に日々の仕事に戻り、明らかに平和的手段、すなわち商工業によって新市場を開くことで、犠牲者に対する補償を得ようと決めつつも、その市場を進んで他国と共有しました。そのため日本は諸外国の友好親善を得て、今は正当に日本のものとなった北半球での指導的立場が認識されるに至ったという私の見解は正しいと思います。［中略］二ヶ月前に国とあなた方のこと、そして慣習を深く知りたいという思いで旅をしてきました。我々はよそ者でしたが、皆さんが心から歓迎してくださったおかげですぐによそ者ではなくなりました。［中略］

お別れに際し、私、そして妻と友人の思いを十分に伝えるには、皆さんの言葉でさよならを言うより適切な言葉はありません。それでは皆さんの健康と幸福、そして国の繁栄のために乾杯、さよなら！(32)

一九〇六年五月一八日に、途中の朝鮮半島への旅も含めると二ヶ月に及ぶ滞在を経て、シフ一行は高橋や渋沢に見送られるなか横浜港から出発した。旅行日記の最後は、次のように結ばれている。

我々の人生において、何年先も思い出したいと願う、最も興味深いエピソードだった。そして我々が他界した後は、おそらく両親、そして祖父母による、まだ歴史に記されておらず（これから）重要な役割を担う運命にある国々における楽しい旅の記録は、急速に変わり

つつある文明に生きる子どもたちや孫たちの興味を刺激するであろう。(33)

実際に、シフの娘のフリーダが後に「両親による最も興味深い経験の一つ」であると回想録に記したのは、日本への旅だった。(34)

二節　高橋家の娘

来日を通じてシフと高橋は友情を育み、それはシフ夫妻が高橋の娘である和喜子の米国留学に応じたことによってさらに深まった【図8】。和喜子の留学について最も詳しく記述されているのは、シフの娘のフリーダが記した回想録である。(35) それによるとシフは高橋家を訪問した際に和喜子を紹介された。その当時和喜子は一五歳で英語を話すことができなかったが、子ども好きなシフはどうにか会話をしようと「いつかアメリカに来たくないかね」と聞いたという。社交辞令のレベルでの会話だったと推測されるが、それをアメリカへの正式な招待だと真に受けた高橋は、翌朝シフのもとを訪れて「和喜子に対するあなたの素晴らしいお誘いについて妻と話し合いました。日本の少女にとって家を出ることは慣例ではありません。（しかし）これは滅多にない機会なので、あなたのもとで二年間預かってもらうために喜んで和喜子を送り出そうと思います」

図８　シフの友人　高橋是清
（Courtesy of the Wikimedia Commons）

と言った。[36] この意思疎通の齟齬によって起きた大きな決断に対し、難を示したのは当然のことながらシフの妻のテレーズだった。テレーズは、一言も英語を話すことができず、一人で自分の寝床で寝たこともなく、着物と草履しか身につけたことがない子どもの面倒はみれないと主張したそうである。しかし世話役をつけてくれるなら和喜子を迎え入れてもよいとのことだったため、周防さんという英語を少し話すことができる小柄なキリスト教徒の女性を世話役につけることにして、和喜子のアメリカ行きの話は急にまとまった。周防さんは日露戦争の際に海軍病院の看護師長を務めた経歴をもつ信頼できる人物だった。和喜子と周防さんはフジとキティーという名前の二匹の狆を連れて、シフの帰国の際に同じ旅客船に乗ってアメリカに向かった。[37]

　このようにして急に決まった話にシフの家族は動揺したに違いなかったが、その時にはシフ夫妻の二人の子どもはすでに結婚して独立していたため、召使いや執事を除けばシフ家に住んでいるのは夫妻だけだった。結局のところ、当初の予定の二年間ではなく、三年間和喜子はシフ夫妻に世話になりながらアメリカで暮らすことになった。

和喜子はホームシックにはならなかったというが、アメリカ式の生活に慣れるのに大分時間がかかったことは想像するに難くない。シフ家はアメリカ有数の大金持ちだったが、和喜子も日本で大切に育てられた箱入り娘だった。服装に関しても、屋敷のなかでは着物を着ても良いが、外出する際には洋服を着る決まりになっていた。当初、和喜子は畳の生活に慣れていたせいか、洋服を脱いだらそのまま床に脱ぎっぱなしにしたそうであるが、テレーズのメイドが、アメリカではどんなに生まれが良くても自分の脱いだ服は床に脱ぎっぱなしにはしないのだと教えたそうである。また英語がまったく話せなかったため、身振り手振りでコミュニケーションをとっていたようである。幸いなことに、シフの屋敷には当時和喜子より三歳半年下のシフの孫でフリーダの娘のカローラがよく遊びにきており、和喜子とカローラはすぐに仲良くなった。当初は和喜子の教育のために特別に家庭教師が雇われていたが、英語が少しずつ話せるようになってきたため、テレーズは和喜子に正規の教育を受けさせるべく全寮制の学校に行かせることにした。入学先に関しては、人種的偏見がない学校であることを第一に考慮する必要があった。最終的にニューヨーク市から北に四八キロメートルほど離れたブライアクリフ・マナーにある女学校（Briarcliff Manor）に入学し、そこに一年半通うことが決まった。長期休暇はシフ家に戻り、シフ夫妻と一緒に過ごした。[38]

高橋は和喜子の留学中に仕事のためにアメリカに来ることがあり、その際に、シフ夫妻と和喜子の教育について直接話をする機会があった。テレーズはアメリカの宗教的な影響が和喜子に及んでも良いのかどうかをとくに気にしていた。そこで高橋に「私たちはご存知のとおりユダヤ人で、周防さんはキリスト教への改宗者です。和喜子はどのような宗教のもとで育ったのでしょうか」と尋ねた。それに対し高橋は儒教の道徳だと答えた。しかし和喜子に関してはテレーズに任せる、というのがいつもの返事だった。[39] 高橋自身が少年の頃にアメリカに渡った際には騙されて奴隷として身売りされた散々な目にあっているが、シフ夫妻にはかなりの信頼を寄せていたことがうかがえる。ところで夫妻が和喜子の教育のみならず信仰について考慮したのは、シフ夫妻自身が、キリスト教の強い影響を感じながらアメリカで暮らすユダヤ人だったからに他ならなかった。

和喜子は三年近くアメリカで暮らし、一八歳の頃、異性に興味をもち始める年頃だということでテレーズが責任の大きさを恐れたため、当時アメリカでビジネスの勉強をしていた和喜子の兄の日本帰国に併せて一緒に帰ることを勧めたという。帰国前には和喜子のためのお別れ会として食後にダンスが続く晩餐会が開催された。その際にシフ夫妻は和喜子に黄色のドレスを贈り、彼女はそれをとても喜んで着たとフリーダは回想している【図9】。和喜子は帰国することに心を痛め、アメリカを去った後も彼女が事前に隠しておいたシフ夫妻への愛情を示す手紙が屋敷のあらゆる場所から見つけられたという。(40)

図9　和喜子とテレーズ・シフ夫人
(Courtesy of Peter E. Randall Publisher)

和喜子の留学は、日本人がユダヤ人の家庭に長期間住むという、当時ではまだ珍しい体験をしていることから貴重であり興味深い。しかしそれ以上に重要なのは、和喜子がその後も数世代にわたって続く高橋家とシフ家をつなぐ存在になったことである。

和喜子は一九〇九年に日本に帰国し、それから数年後に大久保利賢と結婚した。利賢は父親である大久保利通が暗殺された後に生まれた一番下の子であり、和喜子の父親の高橋やホストファーザーのシフと同じく銀行家で、後に横浜正金銀行の頭取になる人物であった。和喜子は結婚後に大久保と共に一〇年以上ロンドンで暮らし、その際に留学で培った経験が活かされたことは間違いないだろう。その後もシフ家とは交流があり、書簡のやりとりはもちろんのこと、日本からロンドンに行く途中にニューヨークを経由した際やロンドンでシフと再会したり、フリーダが一九二七年に世界一周の旅に出た際にも会ったりしている。[41]

三節　親日家として

ビジネスに関して鋭い感覚をもつ銀行家のシフが、世界の舞台で頭角を現し始めた日本の未来の発展を見据えて投機を狙っていたとしたら、それはごく自然なことと言える。しかし来日後にシフが親日的な立場をとったことについては十分に知られていない。シフが期待したとおり日露戦争は日本の勝利に終わり、発行した外債は利率が高かったことからその利益を得た。ところが、日露戦争後に日米の関係は急に冷え切ったものとなったのである。アメリカ国内における日本人労働者が増加したことと、日本が勝利したことに触発されて、アメリカでは黄禍論が激しく主張されるようになり、日露戦争後は日本の証券の人気も落ちつつあった。さらに一部のアメリカ人は、証券が軍備補強のために使われるのではないかと警戒するようになった。[42]このような反日的な流れがあり日本との商業的な関係は見通しが明るくなかったと言えるが、それでもシフは幾度も日本を擁護する立場に立ったのである。[43]日露戦争を通じて日本との縁を結んだシフは、戦後日本の金融や商業の発展のみならず文化のつながりを通して日米の架け橋になろうと考えていた。

まず、シフはアメリカにおける日本文化の認知に貢献した。彼は一八八三年よりニューヨークのメトロポリタン美術館の後援者の一人だったが、当初は主に彫刻や絵画を寄付していた。しかし日露戦争終結後の一九〇五年一一月には、日本政府を通じて手配された日本の勲章やメダルを展示するための費用を負担している。[44] さらに大きな動きとしては、来日後に日本文化への関心を深めたシフは、一九〇七年に他の賛同者と共にジャパン・ソサエティ（Japan Society）を設立している。この協会は現在もニューヨークのアッパー・イースト・サイドに存在する非営利組織であり、日米双方の人々に相互理解や感謝と協力を通じてより近い関係をもたらすことを目的として設立されたものである。

日本において、シフは非公式の財務アドヴァイザーとしての役割を担った。シフと日本の友人との間で交わされた書簡からは、当時彼の意見が重要視されていたことがわかる。敏腕の銀行家として、シフは国際舞台における極東の新興国の成長に関心を示し、同時に日米関係に注意を払い動きを観察した。高橋是清には幾度も世界の政治と経済における日本の立ち位置について助言した。

高橋は日露戦争後、軍事費用に関して頭を悩ませていた。戦争においては日本が勝利したが、この戦争には多額の戦費がかかった。それにもかかわらずロシアからの戦争賠償金を放棄するという、戦勝国としては前代未聞の結論が下されたこと、それに加えて勝利によって得た朝鮮および満洲の領土内における経済的な権益を創出するための出費、再軍備等にかかる費用も算出する必要があった。よって日本政府は日露戦争後にも大規模な公債発行をせざるを得なかった。アドヴァイスを求められたシフは、仮にイギリスの銀行家たちが関与しない場合においても、ドイツの友人たちの協力を得て日本の貸付を引き受ける準備が整っていると言い、高橋を安心させた。(45)この問題について話し合うために、シフはニュージャージーにある別荘に高橋を招き、週末を共に過ごしながらこの計画に関するさまざまな観点を検討した。(46)シフは日本に信頼を寄せていたため貸付が返済されることは確信していた。しかし、一九〇五年一一月に発行された五回目の日本外債（英貨公債第二回四分利付）はクーン・ローブではなくイギリスのロスチャイルド商会を通じて、ロンドンとパリの両ロスチャイルド商会を中心に発行されることになり、クーン・ローブの引き受け分が少なく、シフはそのことを不満に思ったという。(47)それも当然ながら、実はロスチャイルドは日露戦争中に発行された外債には一度も発行銀行として参加していない。今回に限ってクーン・ローブではなくロスチャイルドが主な引受先になった背景には、ロスチャイルドが日本公債もすでに五回目で日本が戦争において勝利したことからリスクが少ないと考えたことと、高橋がロスチャイルドは名がよく知られているため外債を成功させるためにその参加を望んだからだった。(48)しかしその後もクーン・ローブ商会は日本の外債の発行元になっている。たとえば一九一二年に東京の市債を発行し、それは当時アメリカで発行された唯一の極東における市債ローンであったことを指摘しておきたい。(49)

シフはジャーナリストから世界に台頭する日本について意見を求められることがあったが、日本が自由貿易政策を維持することを信じていた。アメリカに向けて日本を出発する際にも「日本に限っては、朝鮮半島と満洲における自由貿易主義を誠実に守り、そして事実上でも道徳上でも日本はあらゆる方向で信念を貫き、すべての約束を果たすであろう」とアメリカ人のジャーナリストに話している。(50) 彼のそのような確信は、滞在中の自身の観察に基づいていたと考えられる。日露戦争における日本の勝利に関して「人々がそれについて話すことはないし、彼らは偉大な勝利に関して高圧的な態度に出ることもなければ決して酔いしれることもない」という印象を持ったからであった。(51)

さらには一九〇六年に「戦後の日本」("Japan after the War")というタイトルの論文を執筆し、文芸誌の『ノース・アメリカン・レビュー(*The North American Review*)』誌に寄稿している。そこでシフは日本の財政と商業的な展望に関する内容を中心に取りあげ、次のように見通しを述べている。

日本は極東において重要な存在になるつもりで、実際にそのとおりになるであろうことはヨーロッパとアメリカでも認知されているとおりである。ヨーロッパとアメリカが獲得を願う、遠く離れた東洋におけるあらゆる商業およびその他の利益は、西洋諸国が互いに取り引きする際に用いるのと同様の正当な方法のみによって得ることができるであろう。(52)

ここで示された見解を見る限りでは、シフが気がかりだったのはあくまでも西洋諸国の日本に対する公平な対応であって、日本が自由貿易政策を脅かす政策を取ることではなかった。さらに同じ論文のなかで「世界全体における商業の勢いから、ヨーロッパとアメリカは数十年にわたり利益を受ける」ことを予測している。[53] 日本側から自由貿易の道が閉ざされることになるとはまったく予測していなかったのである。

加えて、日本との良好な関係を軸に、シフがさらなる商業的機会を模索したとしても不思議ではない。当時、日本の海運会社である東洋汽船会社から、提携先のパシフィック・メイル社との航路をシフに売却するオファーがあったと噂されていた。パシフィック・メイル社はエドワード・ハリマンが社長を務めていた。シフは日本に向かう途中に訪日の理由についての質問を記者から受けた。それに対してシフは、今回の訪日は純粋に遊覧旅行だと答えた。ビジネスは最近十分行ってきたため、休暇を取るためにシフ一行は日本への旅においてビジネスに関する考えを頭から消すことに同意したのだと答えた。しかし記者が続けて「それではシフさん、パシフィック・メイル社の貨客船の購入を考えていることに関しては否定されるのですね」と質問をすると、シフは「私は何も否定しない、遊覧旅行だ」と一言返事をしたのである。[54] 結局のところ、シフが実際にパシフィック・メイル社の貨客船や航路を購入したかどうかについては現存の資料からは定かではないが、東洋汽船会社とエドワード・ハリマンとの間で交渉が行われたことは確かである。[55]また、シフは東洋汽船会社の創業者である浅野総一郎と来日の際に知り合いになり、後の章で触れるとおりその後も二人の間には交流があった。

日露戦争後のアメリカ世論の日本に対する態度は劇的に急変を遂げたことはよく知られているが、アメリカ国内で反日感情が高まりつつある時にもシフは日本を擁護する立場に立った。シフは日本の良き友人として、アメリカ国内で高まる反日感情を心配し、日本人の権利に関しても親身な態度を示した。南北戦争後の高度成長期のアメリカは労働力を必要としていたため、一八九四年に結ばれた日米通商航海条約において、日本人がアメリカに移住し市民として暮らす権利を保障し、数千人の日本人がアメリカに機会を求めて移住した。しかし日露戦争後にその状況は一転し、日本の勝利により日本はもはや極東の小国に見られることはなくなり、日本人に対するアメリカ人の不信感や脅威を煽る要因になった。併せて、カリフォルニア州に移住する日系移民の増加も好ましくないものとして考えられるようになった。

一九〇六年にサンフランシスコ教育委員会は、市内の日本人および韓国人の学童を東洋人学校へ転入させようとする学童隔離問題を起こした。これに対し、日本政府は先の条約の違反だと抗議し、一九〇七年にはローズヴェルト大統領が介入してカリフォルニア州に学童隔離の解除を求めるのと同時に、日本政府は日本人労働者への渡米券の発行を停止することを約束する日米紳士協定が結ばれた。[56] アメリカでは中国人移民に対する差別政策は一九世紀末より存在したものの、日本人移民と臨時労働者たちは当時影響を受けなかった。しかしその後、日本人は、単に外見や文化の違いから憎しみの対象になるのではなく、投機的事業での成功や大きな土地の所有からも憎悪されるようになった。カリフォルニア州議会は、土地所有権の制限などを設け、それは日米関係を脅かす要因となった。

シフは、カリフォルニア州における反日政策に反対の立場をとった。その理由は日本との親交があっただけではなく、自らもユダヤ人として差別を被ることがあったため、特定の社会集団に対する差別や偏見の被害者に同情的だったからである。カリフォルニア州で学童隔離問題が起きた際には、緊張を緩和させようと日本の政府高官のために晩餐会を開催し、四〇名の金融や教育業界における有力者たちを招待している。[57] また、一九一〇年にシフは高橋に宛てた手紙に次のように記している。

あなたと私はこの長年友人であり、互いに尊敬し評価していると理解している。我々は同様の尊敬が日本人とアメリカ人の間にも存在し、永続的に固く結びつけられることを望み、それを可能にするのは、両国の人々が互いを信頼し、誤解したり互いの行動の背景にある動機を非難したりせず、そして何よりも、利害関係が生じる際には公平に思いやりをもって行動することだ。私はこれに関してとても深く感じており、促進させることは義務だと感じている。[58]

しかし、シフがもった理想とは反対に、反日感情はますます強まるばかりだった。一九一一年にはアリゾナ州で、そして一九一三年にはカリフォルニア州で対外国人土地法が施行された。この法律によって、移民一世は土地を購入すること、そして一定年数（カリフォルニア州の場合は三年）を超えて土地を借りることが禁じられた。シフはこの際にも日系移民の権利について声を上げている。日系移民の立場を「私は生粋のアメリカ人でもなければ日本人でもない」しかし「私は生粋の人間なのだ」という言葉をもって代弁した。シフはアメリカ人の多くはアメリカに住む日本人に市民権を与えないことに対し批判的に感じていると考えていたため、日本人の忠誠心に関する事例として、自らの経験をもとに日本人との取引について次のように語った。「私は日本人と、何十万ドルも関わるビジネスを幾度も行ってきたが、これまで一度も彼らの正直さや公平さを疑う原因などなかった」[59]。さらに「たとえ強大な国であっても、我々がイギリスや日本を脅しているように、条約上の義務を免除することを無視する国は存在しないであろうし、私はアメリカ国民の生来の正義感がそれを許すとも信じない」と述べた。[60] このように、シフは日系人を擁護する立場に立ったのである。

四節　募る不信感

シフと高橋の間で交わされた書簡には、日露戦争後のシフと日本の関係が反映されている。これまでに記したとおり、日露戦争後にシフは、一九〇五年一一月に発行された公債と一九一二年に発行された東京市債の発行に関わったり、アメリカ国内で反日感情が高まりつつある時に日本を擁護する立場に立ったりして日本を支持した。しかしいずれは日本が帝国として確立していく姿に落胆し、不信感を募らせていくことになった。その背景には当時の日露関係や日米関係の変容が影響していた。

シフはアメリカの鉄道王で長年のビジネスパートナーであるエドワード・ハリマンと共に戦後の日本の鉄道事業に目を向けた。ポーツマス講和条約に基づいて、南満洲におけるロシアの権利と権益は日本のものとなった。それにはロシアが建設した東清鉄道の譲渡も含まれており、一九〇六年に日本は鉄道事業を経営することを目的に南満洲鉄道株式会社を設立した。その前年の一九〇五年にはハリマンが視察も兼ねて来日し、その際に日本の政財界の者たちに南満洲鉄道に投資する意欲があることを示した。ハリマンの提案は、彼が資本金の半分を出資し日本政府と共に南満洲鉄道を買収し、鉄道は日本政府の管理下に置いたままハリマンが経営を担当するというものだった。戦後の資金のやりくりに困っていた日本政府の一部の者はこの案を歓迎し、桂首相との間で桂・ハリマン協定が合意されたが、結局のところ調印には至らず保留になった。それから数ヶ月後にハリマンは協定を無効にしたいという内容の電報を日本興業銀行の添田総裁から受け取った。このことからハリマンは日本に不信感をもったというが、この時のシフの反応は明らかではない[61]。しかしシフは一八九〇年代よりハリマンと共に鉄道ビジネスにたずさわってきた間柄で、南満洲鉄道についても彼を支持している。さらには日本との親交を通して中国への投資も想定していたと考えられる[62]。

一九〇七年に、満鉄のための資金を外債発行で調達する任務にあたっていた添田はシフに相談するが、満洲市場における日本の独占化が明らかになりつつあったため、クーン・ローブ商会が満鉄の債権を発行することはなかった。さらに一九〇八年にシフは高橋に手紙を送り、日本がハリマンに南満洲鉄道を売却するよう説得することを試みている。そうすれば鉄道経営における日本の投資負担もなくなるであろうと説明している[63]。しかし鉄道の売却は実現されることはなく、ハリマンも一九〇九年に亡くなった。このような一件があったが、シフと日本との関係に決定的な影響を及ぼしたわけではなかった。

一九〇八年の一一月には、駐米大使の高平小五郎とアメリカ国務長官のエリフ・ルートとの間で高平・ルート協定が結ばれ、太平洋におけるアメリカの領土と中国における自由貿易主義が保証された。両者は中国における経済と商業的な機会を競っていたため、日本はアメリカのフィリピンにおける管理権を認知し、アメリカは日本の満洲における地位を認知することで両国の間の緊張を和らげることが目的だった。しかしその後、日本は中国に南満洲鉄道の所有権を譲渡することを強いるようにして南満洲におけるより正式な権利を確立するようになったため、それは日本による違反行為であるとシフを心配させた。

実のところシフは一九〇六年の時点で、日本が中国に拡大しようとする帝国主義的な計画をもっていることに気がついていた。その証拠に、日本滞在中に友人のマックス・ヴァールブルク宛に送った書簡には次のように記されている。

日本の政策は、とくに朝鮮半島と満洲の植民地化を通して新しい市場を築き上げることに明らかに着目している。中国とその莫大な資源を日本の影響下におくための努力が惜しまれていないことは疑いない。(64)

このような日本の動きについて気がついてはいたものの当初問題視しなかったのは、日本が極東を支配したり、貿易を制限したりはしないであろうと確信していたからである。しかしその後の発展を見つめるなか、シフは二つのことに心を煩わされるようになった。一つには、日露関係である。シフはロシアがユダヤ人迫害を続ける限り、いかなる場合においてもロシアとの協力に対して反対の立場をとった。彼は懇意にしていた日本が、一九〇七年に第一次、一九一〇年に第二次、そして一九一二年に第三次ロシア協定を結び、自らが敵視していたロシアとの協力関係を深めていったことに大きく落胆した。二つには、先に結ばれた高平・ルート協定が、かえって極東における日米間の政治権力の競争につながるのではないかという懸念からきていた。

シフは沈黙を保つのではなく、日本の中国に対する侵略主義に関して公の場でも言及するようになった。一九一〇年三月に共和党クラブが開催した昼食会にてシフは次のように自身の見解を述べ、日本に対する批判を公にした。

我々が対応しなければならない最も難しい問題は極東の問題である。このように述べなければならないことを残念に思うが、この問題は戦争の危険さえも孕んでいる。最近の戦争において資金提供の援助をした日本の友人として、私はこの必然的な結論を残念に思う。この数週間、日本が全人類の敵であるロシアと手を組んだことは私も気づくところである。ロシアと日本には一つの目標があることが明らかであり、現在のところは中国を重要性をもたない国としてとどめておきたいということである。〔中略〕

我々が注意を怠ったり、適切な政治的手腕を見せることに失敗したりする場合には、我々はこの論争に最も不快な形で巻き込まれるだろう。これまで我々白人は「我々は白色人種であり彼らは黄色人種である」と主張してきた。これを彼らが受け入れ、それに応じて頭を下げることを当然のように考えてきた。（しかし）彼らはこれには応じないであろう。彼らにも古代文明に生まれた自分たちの偏見がある。彼らとの衝突は避けられないだろう。[65]

このスピーチにおいて注目すべきは、この時点でシフはすでに日米間に戦争が起きる危険性を示唆している点である。またアメリカの銀行家たちのために開催された別の会議においては、イギリスを背景とした最近の日本とロシアの連合によって、世界平和が脅かされていると述べた。[66]皮肉にも、日露両国間で満洲権益の相互確認が早急に進められた理由は、ハリマンによる満鉄の日米合弁事業の提案や、ノックス米国務長官による「ノックス満鉄中立化案」など、鉄道経営を通じた満洲進出に意欲的なアメリカの動きを、日露両国が警戒したからであった。

シフがこのような反応を示したのは、日米関係に対する懸念と、それよりも日露間の協定にショックを受けたことが原因だった。先の共和党クラブで開催された昼食会のテーマは人種差別だったが、シフにしてみれば、日本はユダヤ人迫害を繰り返すロシアと手を組み、さらには清の発展を妨げて時代に遅れた国にすることを試みていることから明らかに差別に加担しているように見えたのだろう。これまで親日派として知られていたシフの日本に対する批判的な供述は、多くの新聞で報道され、強い印象を残した。主要な朝刊紙の『ニューヨーク・アメリカン（*New York*

American)』紙は、シフの供述と態度はこれまで日本人に対して友好的な立場をとってきたシフによるものであるため、重要であるとコメントした。(67)

この知らせは日本にも伝わり、日本政府はシフからの批判を重く受け止めた。ニューヨークの日本領事館から外相の小村寿太郎に三月六日付で送られた機密文書にはシフが満洲に対する自分の意見、とくに満洲鉄道におけるアメリカの中立的な地位について共有した際に問題が掲げられたと警告されていた。それに応じて、日本政府の間ではシフの変化した態度について幾度か議論の場が設けられたことが明らかである。(68) 日本の世論は、シフが友好的な立場をとっていた際にはアメリカの代表者として敬っていたにもかかわらず、シフの態度に変化が見られると急激に冷めた態度をとった。『読売新聞』はシフの日本に対する演説内容を受けて、日露戦争におけるシフの貢献について説明した後、「現シッフ氏の米国に於ける地位は単に猶太人の一富豪たるに止まり政治上外交上何等績きを成すものに非ざる」とコメントした。(69)

シフは日本での反響を耳にし、関係を修復させるために六月一日付の『ジャパン・アドヴァタイザー（*Japan Advertiser*）』紙に次の手紙を掲載し、誤解を解こうとしている。

大変残念なことに、私が実際に述べたこととは異なる解釈が報道されており、各所に報道されているように、日本と我が国との間で武力紛争が起こる可能性があるということを私の意見として述べたことはないと、日本の人々に伝える適切な機会を与えていただきたい。私が主に触れたのは、満洲において日本、ロシア、イギリスの間で協定が結ばれたという事実をアメリカ国民が警戒の目で見ているということであり、たとえ激しい闘争に至らなかったとしても、時間の経過とともに苛立ち以外の何ものにもならないことは確実だということである。私は米国に対し、武力や権力によってではなく、正義の精神のみで参加すべきであると勧告した。アメリカ国民がほんの五年ほど前に、自己防衛本能のための必死の闘いを無条件で支援した日本が、イギリスの保護下で、彼らを打ち砕こうとしたかつての敵と手を結び、中国がインドに続く無力な属国ではなく、強力で自立した国として樹立することを望む文明勢力と対立しようとしていることを知って決して満足するはずはない。

アメリカは、アジア大陸において自国の明白な運命を切り開くという、日本が高い犠牲を払って獲得した権利を否定する最後の国になるだろうが、日本はロシアと協調することでこれを実現しようとしてはならない。（なぜなら）ロシアの統治手法は、その恩恵を自国の国境を越えて拡張することが許可されるようなものではないからだ。また、イギリス、日本、ロシアがそれぞれの目的のために締結した協定によって国の発展政策が決定されることも正しくない。私は日本国民に対する敬意と友情の気持ちを少しも崩していない。だからこそ、これまでに最も私欲のない友人であることを証明した人々（アメリカ国民）と仲違いし、混乱

を招くだけの道に進もうとしていることを知った時には、警告するのが良いことだと考えている。(70)

シフが日本との友好関係を壊したくないと考えていたことは間違いないが、このような弁明をあえて日本で発行するに至った背景には、シフの日本との取引も関係していた。クーン・ローブ商会は一九一四年まで日本の債権を取り扱っていたため、日本との良好な関係は崩したくなかったのであろう。

このようなシフの弁明を経て、日本においてもシフへの感謝を忘れてはならないという声が上がった。政府高官の一人は「シフは日露戦争の際には日本の恩人だった」ことに触れ、「日本は彼の財務的才能と日本に対する善意に全信頼を寄せ、対外融資の調達という大仕事を彼に託した。ほんの六年経過後に、その恩人を無視したり、敵視したりすべきではない」という説明がなされた。(71)

このような緊張を少しでも和らげようと、同年の一二月には駐米総領事の水野幸吉が、天皇誕生日に祝意を表するために開催した宴会にシフを招待している。この行事はシフと日本の特別な関係をはっきり示すものだったが、それでもやはり彼の日本に対する見方は変わらなかった。シフはこの宴会においても、次のように自らの意見を包み隠さず公言し、それが日本では再度問題視されるのである。

（アメリカ人は）日本が最近、極東において米国の利益を損なう結果を招かざるをえない状況を生み出す同盟を結ぶ必要があると判断したことを残念に思う。そしてこれについて私たちが率直に不安を示したとしたら、それは日米間に何十年も続いてきた友好関係が弱まるのを防ぎたいという切なる願いからくるものである。日本が最近締結したような同盟は長続きしない可能性が高いことを我々は理解しているし、私たちが平和と友好関係で結ばれた日本政府と人々が、再び我々と完全な相互信頼と協力の精神に同意できるようになる時を静かに待っている。(72)

日本では、シフの意見は大統領の意見をも反映させたアメリカを代表するものとして慎重に考えられるべきであるとの主張も見られたが、新聞はシフが「場所柄をも辨へず日露協約反對の暴論を吐きしは外交團の一問題となるべき価値あり」とシフを批判した。(73) 付け加えると、シフの意見には大統領の意見は反映されていなかった。タフト大統領は「一九一〇年七月四日に署名された満洲における日露協約調印書」に関して「アメリカ政府は、この地域における平和的状況の継続が保証され、米国が他のすべての利害関係国とともに同様に厳粛に取り組んでいる中国に関する政策を再確認できたことを喜ばしく思った」と宣言し、日本を安心させたのである。[74]

その後の一九一四年に勃発した第一世界大戦は、シフの日本に対する不信感をさらに高めることになった。[75]シフは個人的に日本の政財界の友人たちに対独宣言をしないよう頼んでいた。[76]しかし一個人が一国の戦争に関する判断を妨げることができるわけでもなく、日本はイギリスからの要請を受けてドイツに宣戦布告した。アメリカは中立を宣言し、日本はロシアと味方同士としてドイツと戦い、ドイツ領ミクロネシア地域を次々に占拠した。同年の一一月には、ドイツの戦略の上で要と考えられていた港町の青島を占領した。シフが日本に裏切られたような気持ちになったのは、日本がシフの祖国であるドイツを敵にしたことだけではなく、長年「人類の敵」として忌み嫌っていたロシアと同じ側に立ったからでもあった。よって公の場ではロシア、日本、そしてイギリスの間に存在している中国を臣下におこうという相互理解は「世界最大の脅威」であると宣言した。[77]

さらに、シフは日本との公の関係をしばらくの間断ち切る決断をした。シフは高橋への書簡のなかで、ドイツは生まれ故郷であり、市民として暮らすアメリカを除いてはどの国よりも絆が強いため、公の関係はしばらくの間控える必要があるが、日本の友人たちとの個人的な関係は変わらず維持したいと説明した。[78]

一九一四年一〇月には、自身が設立者の一人であるジャパン・ソサエティから辞任することを発表した。[79] 実はこの時期に辞任したのはシフだけではなく、日本が参戦することに納得できない者たちが次々に辞任し、戦前にはアメリカ人九〇〇人、そして日本人一〇〇人程度からなる一千人ほどの会員がいたが、[80] その五パーセントを失うに至った。ちなみにシフの友人で前商務大臣のオスカー・ストラウスもシフと同時期に辞めている。シフは辞任した理由についてドイツへの同情からくるものだと説明し、その一方でストラウスは救済基金に寄付する額を増やすためだと述べた。ストラウスは同時期に他の団体からも辞任している。[81] このようにシフは公然とドイツ贔屓の態度をとり、その結果非難を浴びることになった。[82] いずれにせよ協会の会員のなかで有力な二人のユダヤ人が辞任したことは、アメリカ・ユダヤ人による日本支持が低下したことを暗示していた。

ところでシフの辞任と同じ月に、ジャパン・ソサエティは日米関係の修復を意図としたエッセイ集を刊行している。刊行の目的はこの書が「広く読まれることにより日米関係がさらに友好的なもの」になることであり、「日本国民と日本の目的と取引について信頼できる知識と理解を得たいと願うすべての人々に勧める」とされた。[83] 日本を代表する三五名の政府高官や財界人が寄稿し、編集は評論家の正岡猶一が務めた。正岡は本書のなかで平均的なアメリカ人が日本について知っていることは、平均的な日本人がアメリカについて知っていることよりもはるかに少ないため、アメリカ人にも日本の本当の姿について知ってもらう必要があると指摘している。[84]

寄稿者の一人である渋沢栄一は、ペリーが浦賀に到着した時から当時までの日米関係の変容を振り返り、日露戦争についても述べている。そのなかで日露戦争後にはアメリカの日本に対する態度は急変し、緊張を伴うものになったが、日露戦争ではアメリカ国民が日本に対して同情心を示し、ヨーロッパで高橋是清と出会ったアメリカの著名な金融家からも重要な支援があったことを指摘し、それに関してはいまだに国民によく記憶されていると記した。(85) 名前は明らかにされていないが、渋沢は明らかにシフのことを指していた。

しかし、増大する日米間の敵意のなかで、シフもアメリカの政治的傾向の影響を受けていた。門戸開放政策の原則は日米両政府によって日露戦争後も守られ、満洲での平等は保たれていたものの、一九一五年一月に日本政府は中国に対して二一カ条の要求を突きつけた。その内容は、中国に自国の領土を外国勢力に貸与することを即時中止し、他の要求に加えてとくに満洲と山東省に対する日本の統治に同意することを要求するものであった。アメリカは、日本が中国における特別な「勢力圏」を要求し、それが中国を政治的そして経済的に支配することを意味すると知ると、日本を徹底的に批判した。アメリカは、日本は条約に基づいて義務を果たすべきであり、すべての国が自国の製品を中国に売り込む同等の機会を得る必要があると要求した。

この間もシフと高橋の書簡のやりとりは続いたが、両者とも戦争について言及することは控えるというのが合意の上だった。一九一五年に高橋はシフに「一般的な外交情勢と我が国の外交政治の不安定な状況を考慮すると、現在の戦争とその結果についてあなたと自由に意見交換できる時期はまだ来ていないことをご理解いただきたいと思います」と書いた。(86) シフもこれに対して「現在、極東に蔓延している状況を考えると、あなたが自国の政治問題について議論したくないお気持ちはよく理解できます。それは正しいことですし、私はこのことを十分に理解していますので、ご安心ください」と返信した。(87)

報道機関から日本が関連する問題に対しての意見を求められたシフは、戦時中には引用されることを断った。一九一五年に『ロンドン・タイムズ』紙の新聞記者に個人的に意見を話したが、記録に引用されることは許可しなかった。彼はこの時のことを高橋へ宛てた書簡において、「状況が全体的に非常にデリケートであるため、少なくとも当分の間、中立的な部外者はできるだけ発言しないことが最善である。それが誤解されて、どちらかの側に苛立ちを招くことのないように」と説明している。(88) 数年前にシフが公言した意見が両国においてさまざまな論争を生んだことを忘れてはいなかったのだろう。シフはこの時記者に話した内容を書簡と一緒に高橋に送り、彼にも内密にするように頼んでいる。今でこそ明らかだが、この時点でのシフは日本と日本の政策に対し好意的な見解を持っていた。

これは日本がこれまでに行ったなかで最も抜け目なく賢明な行動だと思う…私個人の意見

を言えば、日本が我が国との条約を遵守するのであれば、なぜ米国が日本の中国における野望に反対しなければならないのか理解できない。極東において我々が望んでいるのは開戸だけであり、日本が我々に対して扉を閉めることは現実的でもなければ、賢明でもない。あなたはフィリピンについて、日本の企ての次の対象ではないかと尋ねましたね。私たちは、フィリピンの商業権の一定の保証と私たち自身の安全策をフィリピンの人々に引き渡す準備をしていると思います。フィリピンにおいて、我々が彼らの政府から撤退した後、フィリピン人の独立と我々の優先権の両方を尊重する合意を日本から得るのに何の困難もないはずです。(89)

書簡において、シフはさらに率直な見解を示している。

日本は中国問題において重要な立場を占めており、たとえ必然的に日本の優位下になるとしても、両国が緊密に連携することが両国にとっての利益になると信じていると言わざるを得ない。中国は行政上の才能と効率性を必要としており、それは日本が中国政府とその偉大な天然資源の開発に対しうまく教え込むことができる。一方で日本側は、中国の農業、鉱物、その他の資源の生産物を最も有利に利用できる。両国にとって大きな利益となるで

あろう。(90)

しかしシフは数ヶ月後に書いた別の書簡にて「私の意見では、極東の平和を維持したいのであれば、日本がしなければならないことは、主に極東の市場を必要としそれを求めることを望んでいるすべての国に対して門戸開放の原則を厳格に遵守することである」と助言するのを忘れなかった。(91) シフから高橋に送られた書簡には、たびたびアメリカの新聞の切り抜きが同封されていた。日本に関するアメリカの世論を高橋と共有するためである。それに対して、高橋は以下のように返信している。

両国の利益のために、両国はより緊密な関係を築いて団結すべきだという意見に、私もまったく同感します。しかし中国人の日本に対する感情において現在の雰囲気が変わらない限り、そのような幸せな関係は私たちが期待するようにすぐにもたらされるかどうかは疑わしい。中国に対処するという課題は日本にとってまったく簡単なものではないが、現時点で私たちが最初にやるべきことは、最近の我々の政府の中国との交渉に生じた中国の人びとの不安を払拭することです。(92)

金融を専門とする二人の間で交わされる書簡には、門戸開放の原則など政治や外交的な内容だけではなく、日本の経済についての見解が書かれていた。一九一五年の夏にシフから送られた手紙は次のとおりである。

日本のような国では普段からかなりのことが求められ、アジア本土で開始された攻撃的な政策の結果として政府から出されるに違いない異常な要求を考えると、かなりの困難に直面しているに違いありません。支出をまかなうための資金を確保するためには当分の間、日本政府が減債基金の拠出を部分的に停止することが、手に負えない状況から抜け出す唯一の方法に違いないと私は思います。私はあなたの国家の願望の正しさと妥当性を判断する立場にありませんが、率直に言って、私は中国に対する日本の現在の態度の正しさをむしろ信じていますし、すでに説明したように、慎重かつ徹底的に対処すれば、最終的には日本と中国の両国にとって大きな利益がもたらされると信じています。(93)

それに対して高橋は次のような返事をシフに送り、古きからの友人との外交に関する意見の相違を避け、むしろ二人を結ぶ経済的なつながりを強調している。

日本のおかれた境遇は確かに非常に困難であり、あなたの観察は私に多くの反省材料を与えてくれました。我が国の財政問題にいつも熱心な関心を寄せていただき誠にありがとうございます。これらの問題に関してあなたが話してくれるいかなる事実や意見に対しても、私は常にとても感謝しています。(94)

ところで高橋とシフがやりとりをしたのは、政治や経済の話だけではなかった。彼らは第一次世界戦中、ロンドンに夫と住む和喜子のことが気がかりであり、彼女についても手紙のなかで触れられている。一九一五年に和喜子はロンドンに向かう途中に新しい家族と共にニューヨークに寄り、シフと再会している。シフは和喜子と会うことができてどんなに嬉しかったか高橋に伝え、高橋はそれに対して感謝の意を示している。

和喜子がどこにいても、お二人の心は常に彼女と共にあるとおっしゃっていただき、ご親切にありがとうございます。彼女がロンドンに馴染めないのではないかと心配しましたが、最近、家族と共に新しい環境に慣れてきていると聞いてうれしく思っています。でも間違いなくあなた方お二人を恋しく思っていることでしょう。(95)

それに対し、シフは次のように返事をしている。

和喜子がイギリスに到着してすぐに送ってくれた手紙からは、どことなく彼女がイギリスではここ（米国）ほど幸せを感じていないようでしたが、これは不自然なことではなく、今では彼女が再び元気を取り戻し、周囲の状況やご主人の友人と親しくなったことを私たちは確信し、またそう願っています。やがてロンドンは彼女にとって心地良い場所になるでしょう。(96)

第一次世界大戦も終盤に近づき、アメリカが日本と同じ協商国側につくと、シフの日本との距離は再び近づくことになった。一九一六年一一月にシフは再びジャパン・ソサエティの会員に戻った様子で、会長のリンゼイ・ラッセルから「ジャパン・ソサエティの会員として再度お迎えできることをとても嬉しく思います」との手紙を受け取っている。(97) さらにそのすぐ後に、シフは役員会議にてジャパン・ソサエティの生涯会員に選出されている。(98) また、一九一七年には、日本政府の「特派財政経済委員」の委員長として戦時財政の調査のために米国に派遣されていた目賀田種太郎から、シフの「親切で貴重な提案と補助」を受けられるかどうか連絡があった。(99) このことからシフは再び日本との信頼関係を取り戻したようであることがうかがえる。

シフと高橋は再び自由に政治のことについても意見交換できるようになり、一九一八年一月にシフは高橋に次のような手紙を送った。

大変悲しい見通しですが、もし世界が現在の悲惨な紛争を引き起こした状況と同様の状況に再び陥る可能性から実質的に永久に解放されなければ、これまでに流された血はすべて無駄になってしまうでしょう。戦争を永久に終わらせ平和が訪れる時には、政府にとっての平和ではなく国民にとっての平和でなければなりません。(100)

シフは高橋に宛てた手紙のなかで「アメリカは同盟国と共に、どんな手段を使ってでも勝たなければならない。日本とアメリカはもっと近づかなければならない」という趣旨の内容を幾度も繰り返した。(101) その頃には、シフのドイツに対する同情はすでに曇りつつあり、ロシアのツァーリが打倒されたことにより、彼は先を見据えていた。

ヨーロッパの交戦地帯からの知らせは最近素晴らしく満足のいくものであり、この手紙があなたに届く前に、連合軍と我々が、少なくとも目に見える程度の平和をもたらす前向きな状況に到達していたとしても、私は驚かないでしょう。軍事的な観点から見るとこれま

で外の世界に知られていたよりもドイツは明らかに大幅に弱っており、国内はさらに落胆している。(102)

同じ頃に高橋もシフに手紙を書いていた。その手紙には「アメリカと日本は、戦争遂行だけでなく、戦後復興においても協力しなければなりません。あなたと意見を交換する機会を設けたいと思っています」と述べられていた。(103) 高橋は一ヶ月後に書いた手紙でも同様の内容を繰り返している。

この悲惨な戦争の結果、より良い国際関係の新時代が幕を開けることを切に願っています。アメリカの一部の地域では、日本の軍国主義への傾向について疑惑があるようですがこの種の不安にはまったく根拠がないことはご存知でしょう。また、アメリカ国民の大部分がその影響を受けているとも思えません。たとえそれがどんなに小さくても、世界の上空にある曇りを払拭するために私たちはただ努力しなければならないと思います。(104)

しかし高橋が記したこの「世界の上空にある曇り」は、彼が願ったように払拭されることはなかった。日本の軍事化が進むにつれてアメリカでは反日感情が高まり、日米間の緊張がますます高まったことから、高橋とシフはその後日米間の平和を目にすることはなかったのである。

五節　高橋是清との友情

シフはかねてから東アジアへの進出に関心をもっていたが、実際に関わることになったのは日露戦争を通じてのことであり、その時の日本との関わりから日本に対する関心を高め、晩年まで日本の友人からの金融に関する相談に対して助言するに限らず、家族ぐるみの交流をもちつづけた。とりわけ高橋是清とシフは生涯を通して書簡のやりとりがあった。

シフと高橋は日露戦争によって引き合わされた者同士だったが、この二人には似ている点がいくつかあった。シフは一八四七年生まれ、高橋は一八五四年生まれであり、年齢的にはシフが八つ年上だった。高橋は一七三センチと当時の日本人にしては長身で「だるま宰相」と呼ばれるほど恰幅が良かった。それに対してシフは威厳と貫禄はあるものの身長は一六〇センチ未満の小柄な体格だった。生まれ育った国こそ異なってはいたが、両者とも銀行業界にたずさわり、出会った時にシフはクーン・ローブ商会の頭取であり、高橋は日本銀行の副総裁だった。それぞれが日米の金融に精通しているだけでなく、両者とも若い頃に海外に単身で赴いた経験があり、国際的な視野を持っていた。職業柄、急速に変化を遂げる時代にも柔軟に対応していくことが必要とされ、そのなかで自己アイデンティティをいかにして保ちながら社会に適応していくかということに頭を悩まされたのも共通した経験だった。さらにはそれぞれが母国を代表する有力者であり、並外れたカリスマ性をもちあわせていた。シフは、ユダヤ人共同体において代表的な指導者だったのに対して、高橋は政治家として後に五期にわたり大蔵大臣を務め、七ヶ月間の短い期間ではあるが総理大臣を務めた。両者の日本の経済と政治の発展に対する関心の深さ、そしてそれ以上に個人的な信頼が彼らの間に芽生えた友情をさらに強めたと言える。

シフと高橋の友情が特別だった証拠に、シフは毎年家族と夏を過ごすジャージー海岸にある別荘の一室に「タカハシルーム」と名付けた。一九〇五年に高橋がシフの別荘を訪れた際にその部屋に泊まる初めての客となったからである。シフからの手紙によると、一四年後の一九一九年にもその部屋は相変わらず依然として「タカハシルーム」と呼ばれていた。[105] さらには、前述したとおり高橋の娘の和喜子を三年間預かっている。和喜子のアメリカにおける生活については、これまで出版された書籍からは不明な点が多いが、高橋とシフの間で交わされた書簡には、彼女の生活について詳細に触れられており、シフが和喜子をかわいがり大切に思っていたことが感じられる。またシフ一家は和喜子を家族の一員と同様に思っていたことがうかがえる。和喜子はアメリカの裕福な家庭の子女と同様、女学校の寮に入ったが、東洋人の子女がアメリカの寄宿舎で生活をすることも教育を受けることも当時はまだ珍しかった。父親である高橋は、和喜子が国際的な視野をもつ女性に成長することを期待して渡米させたが、その一方でシフは、彼女がアメリカに染まるのではなく、日本人として安心して生活できるよう配慮した。これには両者が若かりし頃の経験が反映していた。

高橋は私生児として生まれたが、幼少の頃に里子に出されていた仙台藩の武士である高橋覚治是忠の家に養子として迎えられた。少年時代に仙台藩によって選ばれ、二年間横浜で英語の勉強をした後にアメリカに留学をする運びとなった。高橋は一三歳だった。アメリカに渡ると、サンフランシスコに住むヴァンリード老夫婦の家に住むことになったが、料理や掃除をさせられ、仕舞いには学校にも通えなくなった。さらには騙されて奴隷として身売りの契約書にまで署名させられ、きつい労働を強いられることになったのである。(106) このような経緯からアメリカでの滞在は一年数ヶ月で直ちに日本に帰国することになるという骨の折れるような経験をしている。しかしアメリカから日本に帰国した後も英語学習を続け、明治初期の官立洋学校である大学南校ではグイド・フルベッキに英語を教わった。フルベッキは宣教師で授業でも聖書を用いたため、高橋はキリスト教の教えに影響を受け、キリスト教に改宗している。(107) 少年時代に相当な苦労をしたにもかかわらず、新しいことに挑戦することを恐れず、三六歳の時にペルーの鉱山を経営する話がもち上がった際にはペルーに行っている。

その一方でシフは、アメリカに移住後も他のドイツ系ユダヤ人のようにアメリカ社会に同化するために宗教や伝統を犠牲にするのではなく、独自の教義ではあったものの、ユダヤ教の信仰を守った。アメリカ人でありつつも、ユダヤ教の伝統と信仰を妥協しないことはシフにとって重要であった。このような生い立ちや経験はアメリカにおける和喜子の教育方針にも影響を及ぼしたと考えられる。

アメリカでは和喜子に対するキリスト教の勧誘が幾度かあったが、その時もシフは抗議の内容の手紙を送っている。[108] これは自身が少数派のユダヤ教徒として自己アイデンティティを保ちつつアメリカ人になることを重要視したシフが、和喜子に対しても日本人としてのアイデンティティを大切にしてほしいと思ったことに加え、多民族を抱えるアメリカがそのように寛容であってほしいとの強い願いからくるものに他ならなかった。

ところでシフは高橋以外の日本人との友好関係も築いた。日本人の官僚がニューヨークに行く際には必ず訪れるべき人物という位置づけにあったようである。同時にシフも日本の官僚との関係を大切にした。たとえば渋沢栄一は六〇代になってから視察のために幾度か渡米しているが、一九一〇年や一五年にニューヨークを訪れた際には、シフが晩餐会を開催したり自分の屋敷に迎え入れたりしている。[109] それ以外にも、一九一七年に山東省などの権益の国際的な承認を得るためにアメリカに派遣された石井菊次郎や、ハーヴァード大学卒の政治家の目賀田種太郎と交流があった。[110] さらには第一次世界大戦後に、実業家の浅野総一郎の娘たちが留学のために渡米し、ニューヨークを訪れた際にもシフ家に迎えられている。[111] 一九一八年の秋には、高橋の紹介で在スウェーデン日本公使の内田定槌や日置益をもてなし、高橋から「私の友人の多くと会う時間を作ってくれて感謝している」という手紙を受け取っている。[112]

同時に、高橋もシフの友人としての厚意に応えている。シフの友人が日本を訪れた際には高橋が迎え入れた。そのうちの一人は、アメリカ・ユダヤ人で社会福祉士として有名なリリアン・ウォルドである。先に触れたとおりウォルドは、慈善機関ヘンリー・ストリートでシフと深く関わりがあった人物である。彼女は一九一〇年に六ヶ月の旅行に出て、来日した際にはシフの紹介で高橋家に迎え入れられている。[113] 旅の目的は長年忙しい日々に追われていたウォルドが、休暇を取ると同時にアメリカの外の世界を経験し、アジアやヨーロッパにおける福祉や社会状況を観察することだった。実はウォルドは、この旅のために長い期間ヘンリー・ストリートを留守にすることに不安を感じていたが、激励の言葉をかけて世界視察旅行を後押ししたのはシフだった。彼女は旅慣れているシフからさまざまなアドヴァイスを聞きながら旅の準備を進めた。ウォルドは仲間の女性たちと共にアメリカを出発し、ハワイに滞在した後に日本、中国、ロシア、そしてイギリスを経由してアメリカに帰国した。日本に滞在した際には、シフから日本の有力者を紹介されていたことに加えて、事前にシフから連絡をもらっていた高橋が、ウォルドに付き添うガイドを斡旋していた。[114] 広島湾の「神聖な島の宮島には、可能であれば一日滞在した方がいい、神殿と神聖な森がかなり興味深いから」とシフはウォルドにアドヴァイスしている。[115]また、滞在中には津田梅子とも会っている。[116]津田とウォルドがどのようにして知り合いになったのかは不明だが、シフが来日した際にも津田と会っているため、シフから紹介されたとしても不思議ではない。[117]ウォルドは旅の間、各国で必要とされている支援を目の当たりにするだけではなく、自分と同じような理想をもつ人々の考えにも十分に触れることができたという。

帰国後に、ウォルドは幾度か高橋に書簡を送っているが、一九一一年にはアメリカで出版された看護や福祉関連の書籍数点を送り、高橋はお礼とともに当時内務大臣を務めていた平田東助が日本の社会にも役立てられるために翻訳されるべきであると言っているとの返信をしている。[118]一九一三年に高橋が大蔵大臣に就任した際には、祝いの手紙を送り、高まりつつある日米間の衝突についても触れ、その返事として高橋は「カリフォルニアの問題は確かに残念で厄介ですが、両国の友人間に存在する友好関係に影響を与えるものは何もないという考えには私も同意見です」と返事をしている。[119]

さらにウォルドが視察旅行で習得した成果は、他の看護師にも共有され、影響があった。後の一九二六年には、ヘンリー・ストリートで訓練を受けた四八名の女性がヨーロッパ、アジア、アフリカで看護師として活躍していた。その時シフはすでに亡くなっていたため、その成果を見届けることはなかったが、彼も一役買ったといえる。ここで示したとおり、シフと日本の友好関係は金融や外交以上に大きな広がりがあるものだった。

シフの死後もシフ家と高橋家の交流は四世代にもわたり続いている。日露戦争を通じて両家の間に友情が芽生えたことは間違いないが、シフ家と高橋家は、故郷こそ異なるものの、多動な時代の流れを背景に似ている点も多く見受けられた。たとえば、ドイツ系ユダヤ人の銀行家と同様、日本の銀行家も血縁関係を大切にしていた。第二次世界大戦後には財閥解体があったものの、彼らの社会的構造には共通するものがあった。シフの義理の息子であるフェリックス・ウォーバーグを通じて、高橋はフェリックスの兄弟であるハンブルクのマックス・ヴァールブルクとも良い関係を築いた。シフはマックスと親しかった。和喜子は、大久保との間に五人の子どもを授かり、長女の百合子は安田財閥の息子と結婚した。百合子はイギリス育ちで英語が堪能だったため、シフの子孫が日本を訪れた際には、彼女がもてなした。

両家の子孫は現在も金融業にたずさわり、和喜子の孫にあたる安田信氏はYasuda EMPを創立し、国際投資銀行家として活躍し、今日もシフの子孫と温かい関係を築いている。安田が一九六〇年代初頭にアメリカに留学した際には、和喜子がシフの孫のフレデリック・ウォーバーグと会うように手配し、ヴァージニアにあるウォーバーグ家に四日間滞在した。フレデリックは彼のために盛大な夕食会を開いた際に、高橋、和喜子、そしてシフとの関係についてスピーチをしたという。安田はフレデリック家で出会った彼の姪にあたるカローラ・リーと親しく、互いに日本とアメリカを訪ねたという。日露戦争一〇〇周年記念の年の二〇〇五年にはリーが来日し、安田と共にこの長い歳月にわたる家族間の友好を祝ったという。リーは陶磁器の壁掛けを安田に贈り、それには「一九〇五年から二〇〇〇年――高橋家、シフ家、安田家、ウォーバーグ家、リー家の友好の一〇〇周年を記念して」と記されている。[120]

安田はシフの子孫と個人的な友好の他に、金融関係も築いている。国際投資銀行家として提携する銀行の一つがハンブルクにあるM・M・ヴァールブルク－ブリンクマン－ヴリッツ銀行である。ヴァールブルクは、シフが二〇代の時に一時的にドイツに帰国した際に銀行家として働いた商会で、後にシフを通してアメリカの鉄道事業に投資して成功を収めた。さらに日露戦争時に発行された公債の第四次発行英貨公債（第二回四分半利付）の際にも関与している。ヒトラーが頭角を現す前まで、ドイツの民間銀行としては最大の銀行に発展した。[121] 安田によると、今日もハンブルクにある商会の本社の理事室には高橋の署名付きの写真と高橋の肖像画が印刷された五〇円札が飾られているという。[122]

注

（1） Adler, I, 236-237.

（2）Ibid., 220. 高橋是清の自伝によると、実は高橋が深井英五に執筆を依頼して書かれたものであったことがわかる。高橋是清、上塚司編『高橋是清自伝』（下）（中央公論、改版、二〇一八）、二三九－二四〇。

（3）Cohen, 35; Adler, I, 220.

（4）Adler, I, 232; Jacob H. Schiff. *Our Journey to Japan* (New York: New York Co-Operative Society, 1907). 邦訳されているため詳しい旅程に関してはそちらを参照されたい。田畑則重『日露戦争に投資した男――ユダヤ人銀行家の日記』（新潮社、二〇〇五年）。

（5）渋沢栄一もシフと交流があった一人であり、一八六八年から一九三一年までの間に記された日記は当時の貴重な資料である。

（6）Schiff, 20-21. ハワイ王国自体は滅亡したため、リリウオカラニは実質的には廃位していた。

（7）Birmingham, 291.

（8）二ヶ月の滞在だったが、その間朝鮮半島を訪れているため実際に日本に滞在していたのは一ヶ月半である。この期間は当時としては長い滞在期間だったと考えられる。参考として、渋沢栄一と親交のあったフランスのユダヤ人で銀行家のアルベール・カーンが一九〇八年に三度目の来日を果たした際には、一二月一九日から翌年の一月一三日までの滞在だった。一度目と二度目の滞在期間は不明である。その際の主な滞在先は東京、横浜、日光、京都だった。カーンは世界周遊の途中で日本に寄ったが、来日の目的は日仏シンジケートの設立を要請するために日本の財界人と面会をすることだったという。カーンも、小規模だったものの日露戦争において外債募集に応じたため、歓迎を受けた。渋沢資料館『渋沢栄一とアルベール・カーン――日仏実業家交流の軌跡』（石田大成社、二〇一〇年）、二九、八一－八三。

（9）『時事新報』第八〇五六号（明治三九年三月二四日）、『渋沢栄一伝記資料』第二五巻、六七三頁から引用。
（10）Schiff, 20-21.
（11）一八七九年にユリシーズ・グラントが来日した際にも浜離宮にて非公式の会見を行っているが、グラントは一八六九年から七七年までアメリカ合衆国大統領を務めた人物であり国賓として来日していた。
（12）シフによる日記を参照。なお、阪谷芳郎は渋沢栄一の娘の夫である。
（13）Schiff, 23.
（14）Ibid., 27.
（15）高橋（下）、二二五—二二六、津本陽『生を踏んで恐れず——高橋是清の生涯』（幻冬舎、一九九八年）、二一二。
（16）村岡「ダヴィデに例えられた日本人」も参照されたい。
（17）Schiff, April 7, 1906.
（18）Schiff, 25.
（19）Ibid., 42.
（20）四月三日から五日の日記。原文には一部頁が記載されておらず日付のみが記載されている。
（21）Schiff to Max Warburg. April 8, 1906. Schiff Papers. Manuscript Collection No.456. American Jewish Archives.
（22）Schiff, May 14, 1906.
（23）Schiff, April 25, 1906.
（24）「シフ氏の寄付」『読売新聞』（一九〇六年四月一四日）。一九〇一年（明治三四年）の企業物価指数と二〇一九年（令和元年）は約一四九〇倍の差があることから一円を一四九〇円の価値と設定して計算した。

（25）『読売新聞』（一九〇六年四月一九日）。新聞には具体的な施設名は書かれていないが、当時日本橋にある孤児院といえば、一八七九年に茅場町智泉院（天台宗）構内に設立された福田会育児院だったと思われる。シフと交流があった渋沢栄一や大倉喜八郎が会計監督委員を務めている。宇都榮子「福田会育児院創設とその後の運営を支えた組織――創設を支えた人々・下賜金・皇族名誉総裁・恵愛部の分析から」『社会福祉』五五号（二〇一四年）、一〇〇。

（26）『東京市養育院月報』第六三号（明治三九年五月）、一六。『渋沢栄一伝記資料』第二五巻、六七四頁から引用。

（27）Schiff, 44.

（28）Ibid., April 9, 1906.

（29）Robert M. Lury, "Jews in Japan," *Yearbook*, Congregation in Tokyo, Japan 5717(1956-57) , 20.

（30）Schiff to Max Warburg. April 8, 1906. Schiff Papers.

（31）公益財団法人渋沢栄一記念財団　渋沢史料館『実業家たちのおもてなし　渋沢栄一と帝国ホテル』（新晃社、二〇一四年）。

（32）Schiff, May14, 1906.

（33）Schiff, June 8, 1906.

（34）Warburg, 48.

（35）中西道子によって書かれた次の文献にも和喜子の留学については触れられている。謝辞によると中西はシフ家と高橋家と直接的な交流があったようである。Michiko Nakanishi. *Heroes and Friends: Behind the Scenes at the Treaty of Portsmouth* (Portsmouth, NH: Peter E. Randall Book Publishing Service, 2006).

(36) Schiff, May 18, 1906.
(37) Warburg, 49.
(38) Adler, I, 238.
(39) Nakanishi, 115.
(40) Warburg, 51.
(41) Ibid.
(42) 田中史憲「ジェイコブ・シフ――ユダヤ人銀行家」『奈良大学紀要』三九号(二〇一一年)、一五。
(43) *Washington Star* quoted in "Japanese in Error in Matters America," *The Maui News* (April 9, 1910).
(44) Adler, II, 43.
(45) 高橋、二一〇–二一三。なお、戦後も日本に援助をする準備ができていることは、ポーツマス講和会議に参加していた高平にも手紙を送って説明している。Schiff to Takahira. August 25, 1905. Adler, I, 231-32から引用。
(46) Adler, I, 223.
(47) 板谷敏彦『日露戦争、資金調達の戦い――高橋是清と欧米バンカーたち』(新潮社、二〇一二年)、三九四。
(48) 同書、四〇三–四〇五。
(49) Adler, I, 229.
(50) "Japan will Keep Faith," *Los Angeles Times* (May 19, 1906).
(51) "Japan is Sure to Grant Open Door: Jacob Schiff, Back from Far East, Gives Assurances of Opening of Manchuria," *The Minneapolis Journal* (June 9, 1906).

（52）Schiff, "Japan after the War," 161.
（53）Ibid., 168.
（54）"Banker Schiff Here on Way to Japan," *The San Francisco* (March 5, 1906).
（55）三浦昭男『北太平洋定期客船史』（出版協同社、一九九五年）も参照されたい。
（56）Paul R. Spickard, *Japanese Americans: The Formation and Transformation of an Ethnic Group* (New Brunswick, NJ: Rutgers University Press; Revised Edition, 2009), 32-33.
（57）二村、一四、Ribak, *Gentile New York*, 98. リバックによると、『ターゲブラット』紙のコラムニストのG・ブブリックも「カリフォルニアの日系人の痛みを察する」日系人への同情を示している。
（58）Schiff to Takahashi, Feb.10, 1910. Jacob H. Schiff Papers.
（59）"Schiff Defends Japan: Sentiment Here for Citizenship, Says Banker. Honest in Money Matters," *New York Tribune* (June 27, 1913).
（60）この件に関して、シフはジャパン・ソサエティの会長であるリンゼイ・ラッセルに電報を送っている。"Land Bill Assailed by Japan Society: Telegram to President Wilson Upholds Him on California Question," *The New York Times* (Apr. 24, 1913).
（61）板谷、三七四－三七九、四〇九－四一〇。
（62）Cohen, 34-36.
（63）Ibid., 36.
（64）Schiff to Max Warburg. April 8, 1906. Schiff Papers.
（65）"Schiff Fears Japanese War," *New York Evening Post* (March 6, 1910).
（66）"United States Menaced by Japan, Say Jacob H. Schiff," *The Ogden Standard* [Utah](March 7, 1910).

（67）"Banker Who Scoffed at Trouble with Japan Two Years Ago Adds to Banquet Utterances," *New York American* (March 7, 1910).

（68）「満洲問題ニ関スル「シフ」ノ意見其他米國輿論ノ一班報告ノ件」『日本外交文書』第四三巻、第一冊、四四三－四四四。

（69）『読売新聞』（一九一〇年五月一〇日、朝刊）。

（70）"Japan Read Schiff's Speech." *The Sun* (June 1, 1910) から引用。

（71）同掲載、および『読売新聞』も五月一〇日にシフの手紙を掲載している。

（72）"Japan Tiff with Mr. Schiff," *The Literary Digest* (December 17, 1910).

（73）『読売新聞』（一九一〇年一一月六日）。

（74）*The Hawaiian Star* (December 29, 1910).

（75）Adler, I, 229; Mina Muraoka, "Jacob H. Schiff and Japan: The Continued Friendship after the Russo-Japanese War," *Studies in Humanities and Social Sciences, Humanity Series* (National Defense Academy of Japan, 2016), 43-49.

（76）サッカー、四三六、Pak, 114.

（77）Cohen, 38.

（78）シフの伝記のために高橋によって書かれたメモ。Schiff Papers, Reel 578. American Jewish Archives.

（79）"Jacob H. Schiff Has Quit Japan Society," *New York Times* (Dec. 2, 1914).

（80）Naoichi Masaoka and Lindsay Russell. *Japan to America: A Symposium of Papers by Political Leaders and Representative Citizens of Japan on Conditions in Japan and on the Relations between Japan and the United States. Edition of the Japan Society of America* (New York: G.P. Putnams's Sons, 1914), iv. 出版物には Naoichi Masaoka

と記載されているが、正岡猶一《ゆういち》のことであると思われる。正岡は芸名である正岡芸陽として知られ、ポーツマス講和会議には『やまと新聞』の特派記者としてアメリカに派遣された。同様の経歴がこの出版物でも紹介されている。

(81) "Straus Explains Action: Quit Japan Society to Help Relief Funds," *New York Tribune* (December 3, 1914).

(82) Cohen, 189-97.

(83) Masaoka and Russell, iii.

(84) Ibid., vi.

(85) Ibid., 24-25.

(86) 高橋からシフ宛の書簡（一九一五年二月一一日付）国会図書館、憲政資料室高橋書簡。

(87) シフから高橋宛の書簡（一九一五年三月二四日付）。

(88) シフから高橋宛の書簡、日付不明。高橋は一九一五年三月二八日に受け取っている。

(89) シフから高橋宛の書簡、一九一五年未明。

(90) 同掲載。

(91) シフから高橋宛の書簡（一九一五年六月一五日付）。

(92) シフから高橋宛の書簡（一九一五年六月一八日付）および高橋からシフ（一九一五年九月一〇日付）。

(93) シフから高橋宛の書簡（一九一五年七月二八日付）。

(94) 高橋からシフ宛の書簡（一九一五年九月一〇日付）。

(95) 高橋からシフ宛の書簡（一九一五年二月一一日付）。

(96) シフから高橋宛の書簡。日付は不明だが、内容から判断するとおそらく一九一五年三月に書かれた手紙。

(97) Letter from Lindsay Russel to Schiff, November 23, 1916. Schiff Papers. File: Japan Society.

(98) Letter to Schiff from Eugene C. Worden, December 2, 1916. Schiff Papers. File: Japan Society.

(99) Letter from Tanetaro Megata to Schiff, October 8, 1917. Schiff Papers 240/7.

(100) シフから高橋宛の書簡（一九一八年一月一五日付）。

(101) Adler, I, 229.

(102) シフから高橋宛の書簡（一九一八年一〇月一一日付）。

(103) 高橋からシフ宛の書簡（一九一八年一〇月一〇日付）。

(104) 高橋からシフ宛の書簡（一九一八年一一月二五日付）。

(105) シフから高橋宛の書簡（一九一九年九月三日付）。

(106) 高橋是清『高橋是清自伝』（上）、六三－六六。

(107) 高橋是清『高橋是清伝』（小学館、一九九七年）、四九。

(108) Schiff to Miss. Harriet Taylor. December 31, 1908. テイラーはＹＷＣＡの重役だった。ＹＷＣＡから和喜子にクリスマスプレゼントとしてキリスト教への改宗を促す目的の本が贈られたことに対する抗議の手紙。

(109) 「青淵先生米国紀行（続）」『竜門雑誌』第二七〇号、第四四－五一頁 明治四三年一一月。『渋沢栄一伝記資料』第三二巻、二一七－二二二より引用。渋沢の視察に関しては幸田露伴『渋沢栄一伝』（岩波書店、二〇二〇年）、三三八を参照されたい。

(110) Schiff to Takahashi, Nov. 18, 1915; Jan. 15, 1918.

(111) シフから高橋宛の書簡（一九一八年一一月二五日付）。

(112) シフから高橋宛の書簡（一九一八年一〇月一一日付）。

(113) Marjorie N. Feld, *Lillian Wald: A Biography* (Chapel Hill, NC: The University of North Carolina Press, 2012), 97-99.

(114) この時のガイドは和喜子の世話役としてニューヨークのシフの屋敷に滞在していた周防さんだった可能性が高い。ウォルドがアメリカに帰国した後、高橋を通して周防さんからウォルドに手紙が送られており、琵琶湖への訪問について触れられている。Mrs. Suwo to Wald (March 30, 1910). Lillian Wald Papers, Reel 8. New York Public Library.

(115) Waters to the Family, March 17, 1910. Wald Papers, NYPL; Schiff to Wald, Jan. 13, 1910. Wald Papers, BL. Butler Library, Rare Book and Manuscript Library, Columbia University.

(116) Wald to Tsuda, July 24, 1910. Lillian Wald Papers, Reel 8. New York Public Library.

(117) Schiff, *Our Journey*, April 20, 1906.

(118) Takahashi to Wald, June 19, 1911.

(119) Takahashi to Wald, June 19, 1913.

(120) 筆者による安田信氏のインタビュー。二〇〇六年六月一〇日東京。

(121) ヴァールブルク銀行はここ数年、検察捜査の対象になっており、その結果二〇一九年一一月に、ヴァールブルク銀行の主要株主である監査役会長であるクリスチャン・オレアリウス氏と副社長のマックス・ヴァールブルクJr.氏が辞任することが発表された。これをもってヴァールブルク家最後の一族メンバーが経営から外れることになった。

(122) 二〇〇六年に筆者が安田信氏にインタビューを行った際の情報である。

第五章　ＡＪＣ設立から難民支援まで

日本政府がこの特別な譲歩をしてくれたのは主にあなたの多大な影響力によるものです。日本の友人たち宛に私を紹介してくださったあなたの手紙のおかげで、この目的を達成するために必要なつながりを作ることができました。[1]

（極東における難民救済活動に関するサミュエル・メイソンからの手紙）

一九〇六年に、シフたち指導者はアメリカ・ユダヤ人委員会（American Jewish Committee）をニューヨークに設立し、国内外のユダヤ人の権利を擁護する活動をますます精力的に行った。ＡＪＣの活動において最初に実を結んだのは、一八三二年に締結された米露通商条約の廃止だった。シフはその活動においても重要な役割を担った。

また、シフとの関連で日露戦争後に起きた出来事として注目したいのは、第一次世界大戦である。一九一四年に勃発した第一次世界大戦は、高齢を迎えたシフにとっては難しい出来事だった。シフが長年観察してきたロシアでは革命が起き、ロシアのユダヤ人に市民権が与えられて、ある意味でシフの長年の活動は結末を迎えた。しかし、第一次世界大戦とそれに続くロシア内戦は多くのユダヤ人難民を発生させたため、急速な救済措置が求められるようになった。シフを含む多くのアメリカ・ユダヤ人が、難民問題に対応すべく精力的に慈善事業に勤しんだ。

実はその動きの一つは日本で展開された。ユダヤ人難民問題に対処するため一九一七年から二一年までの間、日本政府はロシアからのユダヤ人難民を一時的に受け入れている。それが実現した背景には、シフの関与が大きかった。この章では、日露戦争直後から亡くなる前までのシフのアメリカ・ユダヤ社会における主な活動を検討することを踏まえて、第一次世界大戦およびロシア内戦期における日本のユダヤ人難民に対する対応に着目しつつ、日露戦争におけるシフの日本支援とその後の親交が、この時期の日本のユダヤ人に対する態度や政策にどのように影響したのかを明らかにする。日本の政府高官や財界の有力者によるシフへの感謝の意は、結果的にユダヤ人難民の救済に大きく影響したのである。

一節　アメリカ・ユダヤ人委員会（ＡＪＣ）設立

シフのユダヤ人指導者としての数多くある功績のうち、一般的に現在まで記憶されているものは、一九〇六年のアメリカ・ユダヤ人委員会（以下ＡＪＣ）の設立と活動である。(2) 第三章でも触れたとおり、シフを含む指導者たちは、ポーツマス講和会議の際にロシア代表のヴィッテと会談し、ユダヤ人に対する迫害を緩和して欲しいと直々に要請したが、ユダヤ人迫害はなくならなかった。この頃、ユダヤ人指導者たちは不満と苛立ちを感じていた。彼らは一九〇三年にキシニョフ・ポグロムが起きた後、全米ロシア虐殺による被災者救済委員会（National Committee for the Relief of Sufferers by Russian Massacres）を立ち上げ、被害者のために一二五万ドルの寄付金を集めた。さらにはアメリカ国内の五〇都市でロシアに対する抗議集会を開催して一万二五四四名分の署名を集め、それに加えてローズヴェルト大統領と国務長官ヘイの協力を得ることに成功してロシアに掛け合ってもらった。それでもロシアは、ポグロムは内政の問題であると嘆願書を受け取ることを拒否し、その後もユダヤ人に対する迫害を継続したのである。それを受けて、特定の目的のために設置される一時的な委員会より永続的で影響力の大きい機関の必要性が唱えられたのである。(3) 一九〇五年一二月に、ユダヤ人指導者によるセミフォーマルなグループのワンダラーズのメンバーたちによって、ＡＪＣを設立することが提案され、翌年の二月にはそれが実行された。(4) 会員には社会的に有力なユダヤ人六〇名が選出され、執行部にはシフ、マーシャル、ストラウス、アドラー、ハリー・フリーデンウォルド、ジュダ・マグネス、サイラス・サルツバーガー、マックス・コーラーなどのドイツ系ユダヤ人指導層が選出された。会長にはフィラデルフィアの判事であるメイヤー・サルツバーガーが選出された。会員の大半はロシアのポグロムについて話し合ってきたドイツ系ユダヤ人だった。

ＡＪＣはアメリカ初のユダヤ人擁護組織だった。一九〇六年一一月にニューヨークのホテル・サボイで開催された第一回総会において「ユダヤ人の公民権と信仰の権利の侵害を防止し、迫害の苦しみを軽減する」ことが組織の目的であると発表された。[5] ＡＪＣ設立後、執行部が最も力を入れたのは、国内の移民割当法の制定に反対すること、そしてロシアのユダヤ人迫害に異議を唱え、アメリカ政府に対するロビー活動を続けることであった。

前者はＡＪＣ設立前からの指導層による努力も虚しく、不成功に終わった。というのもアメリカでは一九二一年に国別に移民数の上限が設定され、さらに二四年には移民数の割当の基準が東欧系ユダヤ移民にとってはきわめて不利な内容に設定されたからである。

しかしながら、後者は一八三二年米露通商条約の条約撤回をもって実を結んだ。一九〇四年以降ユダヤ人指導者たちは一貫して、アメリカ・ユダヤ人が所有するアメリカのパスポートだけがロシアで認められないにもかかわらず、同条約が有効でありつづけるのは理不尽だとアメリカ政府に訴えてきた。とりわけ大統領候補者に対するロビー活動が盛んに行われた。一九〇四年の大統領選挙の際には、シフたちが、アメリカは国際条約下でアメリカ国民全員に対する平等の保護を求める、という一項をキャンペーン綱領に加えてもらえるよう働きかけた。加えてその時共和党候補者だったローズヴェルトに、大統領候補指名受託演説においてその公約に触れるよう勧めた。[6] それから四年後の一九〇八年の大統領選挙の際にも同様のロビー活動が行われた。シフは共和党候補者のタフトに対して送った手紙のなかで、仮に民主党がこの問題を利用した場合には、ニューヨーク州のユダヤ系住民による二〇万票の多くが民主党候補者のブライアンに投票され、ニューヨーク州の選挙区は彼にとって有利になるであろうと書いた。その手紙に対する反応として、選挙前に差別撤廃に対するユダヤ人の願いを国務省は応援するといった内容の手紙がシフの元に届き、その結果大半のユダヤ人が共和党に投票した。(7)

タフトは就任演説の際にパスポート問題に本格的に取り組むことを仄めかしたが、しばらくの間何も動きは見られず、さらには一九一一年に国務長官ノックスによって、通商条約の破棄はアメリカの通商権益にとっては不利であり、「国家の重大権益は個々の小さい集団に従属すべきではない」と主張された。(8) それを受けたAJCの幹部たちは、通商条約反対のキャンペーンを行うことを宣言したのである。その三日後、タフトはシフとマーシャルを含む指導者をホワイトハウスに招待し、直々にロシアとの関わりは簡単に手放せるものではないことを説明した。それに対して不満を感じたシフは、「大統領殿、あなたは我々を見捨てました。我々に残された道は今や一つしかありません。我々は直接アメリカ国民に訴えます。国民は正しく判断すると確信しています」、「これは戦争だ」と捨て台詞を言って部屋から出て行ったという。(9) その後、マーシャルを中心に、ブネイ・ブリス、全米ヘブライ信徒連盟、そしてこの件に賛同する非ユダヤ人の有力者や団体を味方にして、米露通商条約破棄に向けての運動が本格的に始まった。

一九一一年に、カーネギー・ホールで大会が開催された際には各業界の著名人が出席し、破棄に賛同した。最終的に、シフの働きかけもあり、その後ニューヨーク選出の民主党議員で、下院外交委員会議長のウィリアム・ズルツァーが条約破棄決議案を提出し、それは全会一致で採択された。一九一三年に同条約は正式に撤回された。[10] これは当時のアメリカの外交政策が、人口数ではマイノリティーであるユダヤ人に対し、特別に配慮したことを示している。[11]

二節　愛国心と葛藤

一九一四年七月に勃発した第一次世界大戦は、シフにとって大きな悩みの種となった。その理由は、シフの祖国であるドイツに対してアメリカ国内での反感が高まったことに加えて、一九一七年にはアメリカが参戦し、自身が長年にわたって敵と認識してきたロシアと同じ協商国側として味方になったからだった。開戦当時はウィルソン大統領がアメリカの中立を宣言したため、シフはドイツへの愛情の深さから、アメリカが参戦するのを阻止できないものかと考えた。さらには、ロシアが祖国ドイツによって負かされれば良いとも考えていた。この態度はロシアから迫害を逃れてアメリカにやってきた多くのロシア系ユダヤ人にも支持された。よって彼らもドイツ系に加わって当初はドイツを支持したのである。[12] しかし一九一五年には、アイルランド沖で客船のルシタニア号が無制限潜水艦作戦を行っていたドイツ帝国海軍のUボートによる魚雷攻撃を受けて沈没し、一〇〇名以上の米国民間人が犠牲となったルシタニア号事件が起こり、アメリカ国内ではドイツへの反感が高まった。それでもシフを含むドイツ系有力者たちはドイツ支持を宣言したり戦争の早期終結に対する望みを公にしたりしたが、これは問題視された。とくにシフを含むドイツ系ユダヤ人の銀行家の戦争に対する立場については批判されることもあった。しかしクーン・ローブ商会が一九一四年の戦争勃発以降にドイツ政府やその同盟国に資金を提供することは直接的にも間接的にもなかった。(13)

シフは一九一六年に英仏公債の発行を引き受けようとしたが、その時に出した条件は公債の売上金額から一セントもロシアに与えないことだった。この条件が拒否されたため、クーン・ローブ商会は企業としては中立の立場を取ることにした。しかし、新聞にはドイツ系の銀行であるクーン・ローブ商会が連合国支援を拒否したとして大きく取り上げられた。最初からシフには連合国支援を拒否する意図はなかったものの、彼は「これまで私の同胞を苦しめ、今後も苦しめつづける者への支援は私の良心が許さない。［中略］彼らは困った事態におかれた時にもっともらしいご託を並べるだろうが［中略］これは私と私の良心の問題である」とロシアに対する自身の立場について述べた。(14)

しかし状況が一転したのは一九一七年三月のことだった。ロシア革命が起き、ユダヤ人は遂に解放されたのである。シフはロシア革命の知らせを受けると、すぐに一〇〇〇万ドルのロシア融資を裏書きした。それだけにとどまらず自由ロシアを支援するアメリカ・ユダヤ人の会が主催したロシア・ユダヤ人解放祝賀晩餐会の後援者となった。[15] さらには革命から一ヶ月もしないうちにアメリカがドイツに対して宣戦布告した。シフはアメリカ市民としてウィルソン大統領への奉仕を志願し、それ以降一切ドイツ支持を表明することはなかった。

シフは臨時で編成されたアメリカ・ユダヤ人愛国者連盟（American League of Jewish Patriots）の会合にて、「私はドイツ生まれであり、ドイツ国民を愛している。しかし今日存在しているドイツ政府は愛していない」と説明した。[16] さらに一九一七年一一月一九日に自宅で開催した、ユダヤ人戦争救済基金（Jewish War Relief Fund）の会合においては「戦時中には個人の財産を増やそうとするべきではない。現時点ですべてのアメリカ人にとっての義務は、政府の要求と戦争で苦しめられた人々が必要としていることに応えるべく全力を尽くすことである」と宣言している。シフは、何千人もの若者がアメリカの理想のために命を犠牲にし、多くの高齢者、女性、幼い子どもを含むその他数千人が飢えから死に追いやられている最中にも、富を蓄えようとした銀行家や実業家を「非国民」と呼び、多くの富豪を驚かせた。[17]

いずれにしても第一次世界大戦は歳を重ねたシフにとっては過酷なものだった。それは忠誠を誓うアメリカが祖国ドイツと敵対関係になったということ以上に、戦争が彼の家族にも直接的な影響を及ぼし、さらには戦況がヨーロッパのユダヤ人にとって破滅的だったからである。アメリカが参戦した時、二〇歳を迎えたばかりのシフの最年長の孫は陸軍で訓練をしていた。また前年に結婚したばかりの孫娘の夫は海軍の管理事務所に入所し、ポール・ウォーバーグとシフの妻の妹のニナ・ローブの息子でシフの甥は、誕生したばかりのアメリカ航空サービスの任務に就いていた。[18]

さらにはシフが長年気にかけていた東欧のユダヤ人は第一次世界大戦においてかなりの被害を被り、最悪の状況におかれていた。両軍が衝突し戦闘を繰り広げた場所は、ハプスブルク家によって支配されているポーランドとロシアのペイル（ユダヤ人特別居住地区）であり、まさにユダヤ人が一番多く住んでいる地域だったのである。ドイツやオーストリアの機関が対応しようと試みたが、戦時下における活動には限界があった。そのため、アメリカ・ユダヤ人が対応を迫られるようになったのである。実のところ、第一次世界大戦前までのアメリカ・ユダヤ人は、国内で移民のための支援を強力に行ってはいたものの、海外における実質的な支援の経験はなかった。そこでルイ・マーシャルが中心となって早急に準備が進められ、一九一四年一一月にアメリカ・ユダヤ人救済委員会（American Jewish Relief Committee）が結成された。その後、それまで組織の中心的な役割を果たしてきたドイツ系の指導者たちだけではなく、社会主義者と労働組合から成る人民救済委員会（People's Relief Committee）も参加し、アメリカ・ユダヤ人合同配分委員会（Joint Distribution Committee, 以下ジョイント）が発足した。[19] ジョイントは、国外における救援活動において赤十字社に次ぐ団体に成長するのである。シフは、ジョイントの創立者の一人で、活動における指導者的な存在だった。

三節　ロシア革命と内戦

一九一七年にロシア革命が勃発し、ロシアのユダヤ人はようやく市民権を手にすることになった。ニューヨークのユダヤ人は帝政が打倒された知らせを聞いて感極まり、街は歓喜の雰囲気に包まれた。シフはロシアの外務大臣に任命されたばかりのパーヴェル・ミリュコーフに電報で祝いの言葉を送り、ロマノフ朝による専制政治が終わった「奇跡」について言及した。帝政ロシアを「専制的な独裁政治を行う宿敵、そして私の同宗信徒に対する無慈悲な迫害者」とし、「私が以前ロシア政府を最も強く憎んでいたように、今では新しいロシアを深く愛している」と伝えた。(20)

しかしながら、翌年の一九一八年五月にはロシア内戦が勃発し、ボルシェビキ政府による「赤軍」とそれに対する「白軍」の間の四年にわたる戦いが始まった。第一次世界大戦、ロシア内戦、そして同時期に起きたポーランド＝ソヴィエト戦争においては、戦争による壊滅に加え、干ばつや飢饉から多くのロシア人が飢えや病に倒れた。ロシアのユダヤ人はそれに加えて、戦争中に反ユダヤ主義に基づいた迫害による二重の苦難を経験した。第一次世界大戦中に、ユダヤ人は信用できないというロシア軍の軍司令官による偏見が理由で、敵に包囲された地域から六〇万人を超えるユダヤ人が組織的に追放された際には、飢えや過酷な環境のもと約一〇万人のユダヤ人が死亡し、世界中のユダヤ人に衝撃を与えた。(21)

ロシア内戦においては、約一五〇万人から二〇〇万人の難民がロシアから避難したか強制退去させられた。経済史を専門とするピーター・ガトレルはその姿を「帝国全体が歩いている」と表現している。(22) 一九一九年から二〇年の間だけでも、約八六万人のロシア難民がソビエト領域を後にし、ヨーロッパか極東に移動した。その多くはユダヤ人だった。内戦の戦闘に加えて、第一次世界大戦で戦った兵士たちによって形成された暴徒がユダヤ人の町を襲撃し、一九二一年末までに約五三〇のユダヤ人共同体が襲撃を受け、一〇〇〇件以上のポグロムが起き、六万人以上のユダヤ人が殺害された。生き延びた多くのユダヤ人は財産を失い、自宅を去ることを余儀なくされたため一〇万人が難民になった。さらには一〇万人の子どもが孤児になった。あまりにも多くのユダヤ人が殺害されたため、難民の一人でストックホルムに移住したアーノ・ドッシュ＝フレイロットはドイツの日刊紙の『ディ・ヴェルト（*Die Welt*）』紙に、レーニンとトロツキーが、イワン恐怖の時代以来ロシアでは一度も流されたことがない罪のない血を流したと掲載した。(23)

今日、難民問題は国連によって対応されているが、難民条約（難民の地位に関する条約）が採択されたのは一九五一年の第二次世界大戦後のことである。第二次世界大戦に多くの難民が発生したため、それに対処すべく四六年に国際難民機関が設立されたのだった。しかしながら、第一次世界大戦、ロシア革命および内戦による難民の発生は、上記の機関が設立される以前の出来事であり、国際社会が難民について認知する初めての事例となった。第一次世界大戦時には、さまざまな救済活動が異なるグループによって実行され、その一部はフランスの孤児、アルメニア人、シリア人、結核患者に向けられた救済もあれば、イギリスとベルギーの戦争捕虜に向けられたものもあった。[24]

ユダヤ人難民に関しては、難民に対処するためにロシア国内にユダヤ人戦争犠牲者救済委員会（YEKOPO, Jewish Relief Committee for War Victims）が設立され、国外ではロンドンにユダヤ人臨時避難所（Jew's Temporary Shelter）が設立されて到着する難民の受け入れ先となった。アメリカにおいては、先に述べたジョイントが設立された。その設立の目的は、第一次世界大戦の苦しみに巻き込まれたユダヤ人のための資金分配を調整することだった。それに加えて、以前より移民の支援をしている機関も存在していた。ヘブライ避難民救済協会（Hebrew Sheltering and Immigrant Aid Society, 以下HIAS）は、移民と難民を援助するために一九〇九年にヘブライ移民救済協会とヘブライ避難所が合併した機関である。一九〇二年にニューヨークに設立された機関である。その活動は、主に経済的そして法的な援助、交通手段の手配、教育と職業訓練のプログラム、失踪した親戚の位置情報、そしてそれぞれのケースに合わせてアメリカ政府やその他の国の政府に対するロビー活動を行うことであった。資金はシフを含むドイツ系ユダヤ人の援助によって賄われた。

アメリカはユダヤ人難民が目指す目的地の一つだった。ロシア内戦が起きたことから西の航路が閉ざされたため、難民は東の経路からアメリカに行くことを目指したのである。その数が多かったため、それは極東におけるユダヤ人の人口統計を変えるに至ったほどであったと言われている。たとえば、その多くは当初ハルビン、天津、上海に逃げたため、中国におけるユダヤ人共同体はユダヤ人難民で溢れかえった。その結果、一九一九年一月時点でのハルビンのユダヤ人の人口は一万人ほどであったが、二〇年代の難民のピーク時には一万五〇〇〇人ほどに増加している。(25)

実は日本にも一部の難民が到着している。もう少し詳しく説明すると、日本はすでに一九一五年より、アメリカに向かうユダヤ人の経由地として機能していた。当時もロシアのユダヤ人は一般的なヨーロッパ経由で大西洋を渡ってアメリカに行くことは危険であると判断していたからであった。よって、一部のユダヤ人が日本経由で太平洋を渡りアメリカに渡航しようとしたのである。日本経由でアメリカに渡ろうとした難民は、主にシベリアとロシアの極東に住んでいた者たちだった。一九一五年から一六年の間、五五名の移民がロシアから日本を経由してサンフランシスコのエンジェル島に到着しているが、その大半は男性でロシアにおける徴兵を逃れようとアメリカに渡った者たちだった。一九一七年のロシア革命後も、徴兵を避けるための移民が見られた。エンジェル島の当時の記録を参考にすると、少なくとも一九一七年にサンフランシスコに到着した三名のユダヤ人男性は、主に徴兵を逃れるためにロシアからアメリカに来ている。[26]さらにユダヤ人難民は、シアトルにも到着した。一九一五年の一二月の一ヶ月間に、ロシアから一万五〇〇〇人のユダヤ人難民が来ており、そのうちの一部は日本を経由している。[27]シフはこの頃、ロシアのユダヤ人問題への対応はＡＪＣと仲間のマーシャルに委ねていた。[28]しかし決して関心を失ったわけではなく、次の節で示すように難民の対応に尽力している。

四節　極東のユダヤ人難民問題

日本のユダヤ史に詳しいデイヴィッド・グッドマンと宮澤正典によると、シフの日露戦争における日本支援は「第二次世界大戦中の日本政府の対ユダヤ人政策を左右することになった」という。日本はシフに対する恩を忘れず、それはナチスによる日本の管理下にあるユダヤ人を迫害せよという要望にも抵抗する形で示されたという。[29]しかし、実はそれよりも以前にシフが日本のユダヤ人の待遇に影響を与えたことは十分に知られていない。日露戦争終結から一〇年たたずにして勃発した第一次世界大戦とロシア内戦の際に、多くのユダヤ人難民が日本に立ち往生になった時、日本は恩人であるシフの存在を再び思い出し、彼に対する謝意から難民に柔軟に対応したのである。[30]

第一次世界大戦とロシア内戦中に日本に到着したユダヤ人難民の数は約五〇〇〇人いたと言われており、そのうち一九一七年から二〇年の間には約三〇〇〇人のユダヤ人難民が日本経由でアメリカに到着している。[31]日本に到着した難民の大半は女性と子どもであり、彼女たちの夫や父親はすでにアメリカに到着しているケースが多かった。よって、彼らの目的はもともと日本に定住することではなく、主にアメリカに移民しているアメリカにいる家族と合流することだった。しかし、彼らは十分な旅費をもっておらず、それも関係してアメリカの入国ビザを取得することが難しかった。そのため最終目的地まで行く手段が見つかるまで横浜に滞在した。[32]

日本が経由地として選ばれたのにはいくつかの理由があった。ロシアからアメリカに行くに際して日本は地理的に好都合だったことに加えて、当時日本には政治的なユダヤ人差別は存在しなかった。ユダヤ人は日本においてアウトサイダーだったものの、それは他の外国人に関しても同じことが言えた。

難民の移民に関してはは主にＨＩＡＳとジョイントが支援したが、一九二〇年代前半にアメリカは移民数を制限する流れになったため、状況はさらに困難なものになった。アメリカがヨーロッパからの移民に制限を課したのはこの時が初めてだった。ユダヤ人難民問題全般に関してここで触れることはできないため、次に取り上げるのは主にシフが関与した日本におけるＨＩＡＳの活動についてである。日本のユダヤ人難民問題への対応は、シフが日露戦争において功績を残したことが、月日を経ても忘れられていなかったことが示される機会となった。

第一次世界大戦によるロシアのユダヤ人難民問題についての情報が入ると、アメリカ・ユダヤ人はすぐに救済基金を募り始めた。とくに、以前より東欧ユダヤ人に対する慈善に関心を寄せていたシフは、この時も有力な支援者になり、アメリカ・ユダヤ人戦災者救済委員会（American Jewish Relief Committee for Sufferers from the War）に一〇〇万ドルを寄付している。なお、この額は、第一次世界大戦中のアメリカにおいて、個人による救済基金の寄付額としては最大だったという。[33]

日本に到着したユダヤ人難民が行き場を失い困窮しているという知らせは、一九一七年一〇月頃にアメリカ・ユダヤ人たちの耳に届いた。ジョイントは一九一八年七月から一九年六月の間、五万五〇〇〇ドルを日本にいるユダヤ人難民に配給している。第一次世界大戦が勃発した一九一四年以降も含めると（一九一四年一一月から一九一九年六月）、ジョイントは日本にいるユダヤ人のために八万ドルを募ることに成功した。[34] その前に現地での救済活動を実行したのはＨＩＡＳだった。

当時のＨＩＡＳは、東欧からの移民を助けることを目的に、ロシア支配下のウクライナから到着したばかりの移民で形成された小さな組織だった。しかしその運営にはシフなどのドイツ系ユダヤ人有力者も関与していた。一九一五年まで、この機関の活動拠点はアメリカ国内だったが、第一次世界大戦期には、ヨーロッパと極東にも支援の範囲を広げ、これらの地域にも支部が設置された。第一次世界大戦は一九一八年に終結したが、その後もヨーロッパのユダヤ人は支援を必要としており、それに加えてロシア内戦による難民も援助を必要としていたため、その活動は精力的に継続された。他方でジョイントは、地元のユダヤ人共同体による救済事業の立ち上げを支援したり、ポーランドとロシアに保健と育児の施設を設立したりした。日本にいるユダヤ人難民のための救済金を集めたのも彼らだった。シフは、両組織の活動に関わっていたが、日本との親交があることを強みにして、HIASの現地における活動にはとくに深く関与した。

当時日本に在住するユダヤ人は少なかったものの、ユダヤ人難民の到着にできる限り対応しようという動きが見られた。一九一七年の中頃に、横浜在住のベンジャミン・フライシャーが率いる若いユダヤ人が中心となって移民救済協会（Emigrant Aid Society）を設立した。横浜でこのようなユダヤ人による共同体が結成されたのはこれが初めてのことだったという。[35] フライシャーは、日本で主要な英字新聞の『ジャパン・アドヴァタイザー（*Japan Advertiser*）』紙の編集長だった。[36] ちなみに、シフが一九一〇年に日本人の彼に対する誤解を解くための説明を掲載した例の新聞である。当時、横浜、ハルビン、満洲は小さく見積もっても三〇〇〇人ほどの難民が立ち往生する状況だった。フライシャーからその状況が説明された手紙を受けとると、シフは臨時的な避難所を設立するために三〇〇〇ドルを寄付することを約束した。HIASが日本の状況について知ったのも、フライシャーがシフに難民について知らせたことがきっかけだった可能性が高い。[37] というのも一九一七年一〇月、ＨＩＡＳの理事たちは日本における難民問題について話し合うために集まり、会議の直後、難民に適切な住居を提供するため三〇〇〇ドルが横浜に送金されることになったからである。(38)

一九一七年一〇月に開催された会議では、極東にいる難民を助けるため、サミュエル・メイソンが日本に送られることも決定した。彼は七歳の時にリトアニアのカウナスから家族とともにアメリカに移住し、ロードアイランド州のプロヴィデンス育ちだった。一九一七年にＨＩＡＳの海外事業の議長に就任し、それから、日本、満洲、ウラジオストック、ロシアに渡り難民を支援した。(39) メイソンは、一一月一六日にニューヨークを出発し、一九一八年一月一日に横浜に到着した。途中で、シアトル、ポートランド、サンフランシスコ、ヴァンクーヴァーに寄り、汽船会社と交渉して難民のための交通の手配を済ませた。(40) それに加えて出発前に、国務省、労働局、日本とロシアの大使館から彼の難民に対する事業を支持する旨を示した書簡を受け取り、シフをはじめとするアメリカ・ユダヤ人有力者からも紹介状を書いてもらい準備を進めた。

シフはメイソンの活動において、個人的な日本人との人脈を提供するだけではなく、経済的な支援も行っている。さらには、アメリカ政府の協力を得るための働きかけをしたのもシフだったようである。一九一八年一月にＨＩＡＳの会長のジョン・Ｌ・バーンスタインは謝意を伝えるための手紙をシフに送っている。手紙から、シフは国務省の参事官であるフランク・ポルクから得た難民に関する情報をＨＩＡＳに転送することを含めてさまざまな働きかけをしていたことがわかる。シフはバーンスタインに「約束はできないが、私たちは協力するためにあらゆる努力をする」と言ったそうであるが、実際にあらゆる人脈を使ってメイソンの極東における任務を支援した。[41]

メイソンは日本に到着すると、ＨＩＡＳ日本支部の事業所を横浜の山下町八七に構えた。そこは横浜の移民救済協会が難民の住居のために借りた横浜の古いロイヤルホテルだった。横浜にはオデッサ出身の裕福なロシア系ユダヤ人のモリス・ギンズバーグがおり、彼は当時最も影響力のあるユダヤ人だった。彼の協力のもと、難民のための家が設置され、彼の名に因んで「ロシア移民のためのギンズバーグの家」（The Ginzburg Home for Russian Emigrants）と命名された。[42] 難民たちの暮らしは快適なものであったとは言い難かったが、健康上の問題を抱えている者のために日本人の医師が治療をするために雇われた。また、ユダヤの伝統に則った生活を送れるよう考慮された。

メイソンは、日本での任務に関して逐一シフに報告し、シフは彼の活動の個人的なアドヴァイザーとして関与していた。駐日アメリカ大使として一九一七年から二〇年までの間、任務についていたローランド・モリスとの話し合いの場が設けられた際にも、日本での救援活動を拡大させるためにＨＩＡＳの承認を得るには、シフと大使が直接やりとりをするのが効果的であると

いった趣旨の報告をしている。(43)

到着後メイソンが至急取り組まなければならなかった重要事項は、日本政府に対して難民の上陸を許可してもらうための請願だった。かつてワシントンで参事官を務め、著名な弁護士の宮岡恒次郎が通訳、顧問、仲裁人を務めた。彼は、シフの個人的な友人でもあった。宮岡はメイソンに宛てた手紙の中で「シフ氏に手紙を書く際には、一九〇七年から〇八年の冬に、シフ氏の素晴らしい屋敷とオペラハウスで彼と彼の家族と過ごした楽しい夜は今でも良い思い出だと伝えてもらえるだろうか」と書いている。(44)

メイソンは、一九一八年三月八日に宮岡の紹介で渋沢栄一を訪ねた。渋沢は日本の政治界において大きな影響力をもっていたため、宮岡に会うことを勧められたのである。しかしそれに先立って、数ヶ月前にシフはすでに渋沢宛にメイソンの事業を紹介するための手紙を書いている。(45)メイソンが日本の有力者に会う時には、決まってシフによろしく伝えるように言われたようである。渋沢に会ったことを、手紙でシフに伝えた際に、渋沢がシフによろしく伝えるように言っているということに加えて、宮岡から依頼されたとおり、シフが来日した時と宮岡が最近ニューヨークに行った際にシフと会えた喜びについて思い出しているということが述べられている。(46)このような紳士間の外交的な関係ややりとりは、当時実質的な意味合いをもっていた。渋沢はメイソンと会った後、シフに手紙を書き「メイソン氏は、ある日の昼食において私に好意を寄せ、彼の最も興味深く重要な事業について詳しく教えてくれた。私の力でできることはなんでも喜んで彼を支援するつもりです」と記した。渋沢は、その約束を守り、メイソンに代わって内務省と協力し、ロシア難民が日本を経由してアメリカに通過する許可を確保できるよう動いた。三日後、メイソンの元に内務大臣の後藤新平からユダヤ人難民の上陸許可が届いたことは決して偶然ではないだろう。こうして難民は正式に日本に一時滞在することを証明する入国許可書を携帯することができたのである。さらに、メイソンは渋沢と会う一〇日ほど前にすでに後藤に嘆願書を送っていたのである。その嘆願書においても、HIASの諮問委員会の委員のなかには「国際的に評判の高い紳士たち」がおり、シフもその一人であるという情報を付け加えるのを忘れなかった。[47]シフの紹介状や日本の彼の友人による支援は、この救援活動を成功させるのには不可欠であった。[48]

メイソンは、一九一八年八月に一定の期間アメリカに帰国した。それはメイソンが関わった大半の難民が一九一八年の六月までに日本を発ったからである。HIASは一七〇六名の難民を救援した。HIASは自分たちの難民や移民に対する取り組みをユダヤ人に限らずアメリカを代表する人道的な取り組みであると考えていたため、それには一〇六名のポーランド人、スラブ人、アルメニア人、シリア人、ペルシャ人などの非ユダヤ人も含まれていた。[49]一九一八年末にメイソンは再び横浜、ハルビン、ウラジオストックに設立された支部を通して、アメリカにすでに移住している者と、その離れ離れになってしまった家族が連絡を取れるようにすることを目的に、日本に戻っている。さらには一部の難民が日本に残されていたのである。出発前の一〇月には公会が開催され、シフに宛てた招待状には次のように書かれていた。「委員会と理事会のメンバー全員は、この新しい分野の取り組みにおける協会の成果は、あなたからいただいた支援と励ましのおかげであると感じています」[50]。シフの出席は叶わなかったが、HIASの代表者がシフの支援を高く評価したことがわかる。

メイソンは極東での事業に関してまとめた報告書において、この活動を支持した人々について次のように述べている。日本政府に関しては「内務大臣の後藤男爵、神奈川県知事の有吉（忠一）氏、そして横浜市長の安藤（謙介）氏に心より感謝する」と記されている。さらに支持をした日本人の個人については次のように紹介された。

渋沢男爵の協力と支援を得ることができて大変心強かった。横浜正金銀行頭取の井上（準之助）氏、東洋汽船の浅野（総一郎）社長と日本興業銀行副頭取の小野（英二郎）博士は皆ジェイコブ・H・シフ氏の個人的な友人である。私は小野氏を通じて日本を代表する法学者で元駐米全権公使の宮岡博士と知り合いになれてとても幸運だった。彼は協会の使命の重要性をすぐに認識し、私のために日本の最高権威者とのつながりを築いてくれた。宮岡博士もシフ氏の個人的な友人である。[51]

興味深いことに、上記に挙げられた日本の有力者の大半は、シフが来日した際に共に時間を過ごしたとすれば束の間の時間を過ごしただけである。さらに、シフの旅行日記のなかで触れられているのは渋沢と浅野のみである。しかし、さほど親交がなかった有力者たちも、シフのことはよく知っており、シフには恩義を感じていたのである。これがメイソンの日本での任務の成功を説明づけている。

一つ不明な点は、メイソンの日本での活動の支持者のなかに高橋是清の名前が登場しないことである。高橋は日本でシフと最も親しい人物であった。しかし当時高橋は六四歳になっており、一九一四年以降一時的に政界からも引退していたことがその理由とも考えられる。高橋もシフに日本の有力者に関する情報を提供したかもしれないが、今日それを証拠づける書簡は残されていない。

日本に滞在していたユダヤ人難民の大半が去った後も、ロシア内戦によるユダヤ人難民は、日本のユダヤ人共同体の懸念材料であった。一九二二年には、横浜のユダヤ人たちはウクライナの孤児たちを支援することを試みていた。しかし、会議にて、頼れるのはヨーロッパやアメリカにある、より経験豊富なユダヤ人の機関だということが話されたようである。以下は上海シオニスト協会の機関誌『イスラエルズ・メッセンジャー（*Israel's Messenger*）』に横浜のユダヤ人たちが掲載した内容である。

ユダヤ人の孤児たちは両親を亡くしているので、彼らは世界のユダヤ人の子どもであり、後者は彼らの世話をする義務がある。子どもたちはヨーロッパやアメリカの大規模なユダヤ人の中心地の近くにおかれるべきである。極東の委員会は資金援助をするよう要請されており、今後五年間は確実に必要となるこの種の支援に関して、最も経験豊富なヨーロッパとアメリカの中心的な委員会に取り決め全体を任せるのが良いと思われる。(52)

このように要請があったとおり、アメリカのユダヤ系機関はその後も難民に対する支援に尽力した。たとえば一九二三年に、ジョイントは日本のユダヤ人共同体に少額ではあるが戦争救援金を送っている。(53)

ＨＩＡＳの極東における事業に関する最後の報告において、メイソンは次のように述べている。

不幸な難民の運命にあらゆる気遣いを示し、この事業に心と魂を注いできたジェイコブ・Ｈ・シフ氏は、日本で最も高い地位にある紳士たちに宛てた四通の紹介状を私にくださった。私がシフ氏に推薦されて来たという事実は計り知れないほどの助けになった。実際、シフ

氏の影響力の大きい支持がなければ、これほど多くのことは達成されなかったと確信している。(54)

ところで、シフの影響力は難民に移動手段を提供する時にも役に立った。バーンスタインはシフの日本政府と個人とのつながりは、ユダヤ人難民を援助する際に非常に有益であった。一九一八年三月にシフに以下のような手紙を送った。

私はここに横浜の東洋汽船会社の社長、浅野氏からの手紙と一緒に私の返事をします。私と私の同僚のために、あなたはとても親切に二一日付の情報が書かれた手紙を送ってくださいました。あなたから浅野氏に宛てた紹介状は、メイソン氏が横浜に到着してから多くの移民が彼（浅野総一郎）の航路を使って汽船で到着したという点ですでに成果を上げています。この方面でのご支援と、浅野氏から受け取ったばかりの手紙を私に送ってくださったあなたの思慮深さに、私たちはいくら感謝してもしきれません。(55)

浅野総一郎は浅野財閥を築いた実業家である。彼は、石炭やセメント、埋立地の建設を通して富を築いたが、そのなかでも東洋汽船会社を立ち上げ、日本人で初めてサンフランシスコ－横浜

―香港の航路の設立に成功した人物だった。浅野はシフが一九〇六年に来日した際に知り合いになり、その縁もあって難民のための枠を彼の汽船に用意してくれたのである。[56] さらに日本政府は、経済的に自立していることを示すため一人当たり二五〇円保持していることを難民に義務づけていたが、実際には彼らは日本に上陸した際に、その金額をもっていなかったという。シフに恩義があった日本が厚意を返したいと、極貧の難民の入国ビザにかかる費用を免除していたという一説もある。[57]

これまで記してきたように、HIASによる極東での事業を例に挙げると、日露戦争でのシフの日本に対する資金調達は、明らかに日露戦争後の日本のユダヤ人に対する政策に影響を及ぼしたと言える。日本政府はシフの日本に対する貢献を忘れず、感謝しつづけたのである。

注

（1）Mason to Schiff, March 18, 1918. Jacob H. Schiff Papers 459/4, American Jewish Archives.

（2）日本国内におけるいくつかの研究において、シフは「アメリカ・ユダヤ人協会の会長だった」ことから日露戦争に対し特別な関心を寄せていたと書かれている。これはアメリカ・ユダヤ人委員会（AJC）を指していると思われるが、この機関が実際に設立されたのは日露戦争後のことであり、日露戦争時にはまだ存在していなかった。さらにはAJCの初代会長を務めたのはシフではなく、メイヤー・サルツバーガーだった。

（3）Urofsky, 75.

（4）Barkai, 217.

（5）Marianne R. Sanua. *Let Us Prove Strong: The American Jewish Committee, 1945-2006*. (Waltham, MA: Brandeis University Press, 2007), 6. なお、移民制限法に対する反対運動については次の研究が詳しい。Judith S. Goldstein. *The Politics of Ethnic Pressure: The American Jewish Committee Fight Against Immigration Restriction 1906-1917* (New York: Garland Service, 1990).

（6）Cohen, 21.

（7）サッカー、四二一－四二二。

（8）同書、四二二。

（9）同書、四二三。

（10）同書、四二六。Naomi W. Cohen, "The Abrogation of the Russo-American Treaty of 1832," *Jewish Social Studies* 25, no.1 (1963): 3-41.

（11）村岡「日露戦争期のアメリカ・ユダヤ人」、一五六。

（12）Daniel Kotzin, *Judah L. Magnes: An American Jewish Nonconformist* (Syracuse, NY: Syracuse University Press, 2010), 124.

（13）Adler, II, 249; Cohen, 189-195, 200-201.

（14）サッカー、四三六。

（15）同書、四三七－三八。

（16）同書、四四〇。

（17）Cohen, 212.
（18）シフから高橋宛の書簡（一九一八年七月二六日付）。
（19）サッカー、四二七–三三。第一次世界大戦におけるシフに関しては、以下も参照されたい。Caitlin Carenen, "Complicating the Zionist Narrative in America: Jacob Schiff and the Struggle over Relief Aid in World War I," *American Jewish History* 101, no.4 (October 2017): 441-63.
（20）Cohen, 208.
（21）サッカー、四三〇–三一。
（22）Peter Gatrell. *A Whole Empire Walking: Refugees in Russia during World War I* (Bloomington: Indiana University Press, 2005).
（23）"The Russian Blood Bath," *New York Tribune* (Sep.10, 1918) から引用.
（24）"French Orphans in Need of Relief," *The New York Times* (January 21, 1917).
（25）Zvia Shickman-Browman, "The Constitution of the Chinese Eastern Railway and the Origin of the Harbin Jewish Community, 1898-1931," in *The Jews of China*, Goldstein ed., 191.
（26）Angel Island, Jewish Refugee Records, 16742/18-4- Ionis Vodniak. 記録によると、一九〇〇年生まれの一七歳で、日本丸によってサンフランシスコに到着。Mordehai Yampolskym 15810/11-1; Mendel Chorrin, 14835/ 04-26. Angel Island: Immigration Station Foundation.（http://www.aiisf.org/education/station-history/oa-jewish-refugees. 最終閲覧日：二〇二一年二月一日）。
（27）"The Jewish Aid in Seattle," *The New York Times* (January 4, 1916).
（28）Cohen, 242.
（29）デイヴィッド・グッドマン、宮澤正典（藤本和子訳）『ユダヤ人陰謀説——日本の中の反ユダヤと親ユダヤ』（講談社、一九九三年）、三一－三三。

（30）Mina Muraoka, *Jews and the Russo-Japanese War: The Triangular Relationship between Jewish POWs, Japan, and Jacob H. Schiff*. PhD diss. (Brandeis University, 2014); Muraoka, "Safe Haven in Japan: The American Jewish Quest to Rescue Jewish Refugees in the Far East, 1917-1918,"『関東学院大学人文学会紀要』一四四（二〇二一年）：二九－四四頁。

（31）"U.S. Not Land of Strangers to Alien Jews," *Chicago Tribune* (December 5, 1920).

（32）Muraoka, "Safe Haven in Japan"; Samuel Mason, "Our Mission to the Far East," (New York: Hebrew Sheltering and Immigrant Aid Society of America, 1918). メイソンの報告によると、彼が支援した一七〇六名のうち、成人男性が一七二名、成人女性が六二四名、一六歳以下が九一〇名だった。

（33）"American Jewish Relief," *The New York Times* (Jan.21, 1917).

（34）"Events in 5678," *American Jewish Year Book* 20 (1918/1919), 153-54.

（35）"Events in 5679," *American Jewish Year Book*. 21 (1919-1920), 297.

（36）Ibid., 304.

（37）Mason, 15.

（38）Ronald Sanders. *Shores of Refuge: A Hundred Years of Jewish Emigration* (New York: Henry Holt and Company, 1988), 254.

（39）Geraldine S. Foster, "'Strands of History: HIAS and Rhode Island' Jewish Rhode Island"（https://www.jewishrhody.com/stories/strands-of-history-hias-and-rhode-island, 9401 最終閲覧日：二〇二三年六月一〇日）。

（40）Mason, 7; Sanders, 304-5.

（41）Schiff to Bernstein, Jan. 24, 1918; Bernstein to Schiff, Feb. 14, 1918.Schiff Papers. General Correspondence 456/2. American Jewish Archives.

（42）ギンズバーグに関しては本名も異なり、いろいろと不明な点がある。オデッサ出身で、元の名字はメス（Mess）であり、徴兵を逃れるためにロシアを去った。横浜の中心的な人物で、一八九二年にはユダヤ人墓地として使用されるように外国人墓地の一角に土地を購入している。Jan Van Rij, *Some of Them: The Story of a Russian Jewish Family and its Worldwide Peregrinations in Times of War and Revolution* (Paris: L'Harmattan, 2011), 21-24, 31. 横浜開港資料館の「居留地人物・商店小辞典」によると、彼は一八七九年に独立してアメリカ系貿易商社を経営した人物である。一八九八年頃に会社名をマーカス&ギンズバーグとし、宝石、皮革、西洋陶器の輸入、そして塗物、陶器、木綿、ハンカチーフの輸出に従事した。横浜開港資料館編「居留地人物・商店小辞典」『図説　横浜外国人居留地』（有隣堂、一九九八年）、七二。三浦屋ホテルからギンズバーグの家に宛てた領収書からも当時の様子を垣間見ることができる。Feb. 6, 1918. YIVO, HIAS MKM15.57 xvb-19.

（43）Mason to Schiff, Jan.26, 1918. 1914-1918 New York Collection, Folder: HIAS, 1918, JDC Archives.

（44）Miyaoka to Mason, Feb.9, 1918. YIVO. HIAS 245.4 MKM 15/56 xvb-3.

（45）Shibusawa to Schiff. Feb. 23, 1918. Jacob H. Schiff Papers. General Correspondence 456/2. この手紙はシフが渋沢に書いた一九一七年一一月五日付の手紙に対する返事だった。

（46）Mason to Schiff, March 15, 1918. Jacob H. Schiff Papers. General Correspondence 456/2.

（47）Mason to Goto, Feb.12, 1918. YIVO. HIAS 245.4MKM15.56 xvb-3.

（48）Mason to Schiff. March 18, 1918. Jacob H. Schiff Papers 459/4.

（49）Mason, 6.

(50) Jacob Massel to Schiff. October 1, 1918. Schiff Papers. General Correspondence.

(51) Mason, *Our Mission to the Far East*; 15; "Jews Suffering in China: Sickness and Want Among Refugees from Russia American-Bound," *The New York Times* (January 16, 1918).

(52) "Jewish Life in the Far East," *Israel's Messenger* (Feb. 10, 1922).

(53) H.S. Linfield, "A Survey of the Year 5684," *American Jewish Year Book* 26 (1924-1925), 74.

(54) Mason, *Our Mission to the Far East*; 14.

(55) Bernstein to Schiff, March 24, 1918. YIVO, HIAS MKM 15.

(56) HIAS, *Bulletin-Eight*. Undated. YIVO. HIAS 245.5 MKM 15.56 xvb-3.

(57) Marvin Tokayer and Steven Hall, "Jews in Japan," M. Avrum Ehrlich ed. *Encyclopedia of the Jewish Diaspora: Origins, Experiences, and Culture* (Santa Barbara, CA: ABC-CLIO, 2008), Vol.3, 1198.

第六章

シフの遺産

彼は偉大な慈善家だったが、慈善を私物化しようとはしなかった。他の者にも施しをするよう強く唱えた。最近のユダヤ人戦時救済募金運動において、ジェイコブ・シフは「痛みを感じるまで施しをし、その後も施しつづけなさい！」というスローガンを発した。さもなければ善きユダヤ人ではない、と主張した。シフはこの教義を実行し、他の者にも倣ってもらいたいと願った。(1)

（ラビ、S・フェリックス・メンデルソンによる賛辞）

生涯、ロシアのユダヤ人の境遇を気にかけたシフは、ロシア内戦の終結を待たずして一九二〇年九月二五日に亡くなった。七二歳の誕生日を迎えた頃から健康状態は徐々に悪化していたが、彼は体調不良を理由に商談や家族との楽しみを犠牲にはしなかった。一九一九年の夏には、シフ家の夏の恒例であるバーハーバーに滞在し、毎日趣味のハイキングを数時間楽しんだ。この頃シフはすでに心臓血管の病気を患っており、医者によるとハイキングは身体に大きな負担をかけるため推奨されていなかった。しかし身体が弱っても可能な限りそれまでどおりの日課をこなしたため、友人と仕事仲間は彼が病を患っていることに気がつかなかったという。(2) シフはユダヤ人に関わる多くの事業に尽力し、ユダヤ人がアメリカにおいてユダヤ人としてのアイデンティティを保ちながら暮らせる環境と権利のための努力を惜しまなかった。ユダヤ人にとって擁護者のような存在だったシフの死は、それまでの「シフの時代」が終わろうとしていることを暗示し、変容するアメリカのユダヤ社会を強く印象づけるものでもあった。

一節　シフの死

シフが亡くなる数日前の九月二二日は、ユダヤ教の「贖罪の日」（ヨム・キプル）だった。すでに身体を衰弱させていたためシナゴーグに行くことは叶わなかったが、シフはユダヤ教のしきたりに従って丸一日断食をした。[3] そしておそらくそのことが弱った身体にさらなる負担をかけた。三日後の二五日は土曜日で、安息日の終わりとともに自宅で家族に看取られるなか静かに息を引き取った。共に活躍したドイツ系ユダヤ人指導者の仲間の間ではシフが最初の故人となったが、シフと同じ時代に鉄道事業で活躍したモルガン（J・P）、ハリマン、ヒル（James J.）、カーネギーなどの実業家はすでに亡くなっていた。九月二六日付の各地の新聞にはシフの死に関する記事が大きく掲載された。

九月二八日には、五番街のテンプル・エマヌ・エルで葬儀が執り行われた。家族に付き添われた霊柩車がシフの自宅から寺院までの三〇ブロックの道のりを走った。葬儀は、ラビのジョセフ・シルバーマン、H・G・エネロウ、そしてサミュエル・シュルマンによって執り行われた。この三名はいずれもシフが所属していた改革派のテンプル・エマヌ・エルとテンプル・ベス・エルのラビだったが、儀式は正統派のしきたりに従って執り行われた。この時、シフの希望により、賛辞は述べられなかった。葬儀には推定一五〇〇人から二〇〇〇人が参列した。[4] ユダヤ人以外の参列者も多く、ニューヨーク知事のアルフレッド・E・スミス、市長のジョン・フランシス・ハイラン、そしてジョン・D・ロックフェラーJr.たちの姿も見られた。また富裕層や有力者だけではなく、ダウンタウンのテネメントに住む貧しいユダヤ人も参列した。シフの死は、まるで大統領や王族が亡くなったかのような出来事として扱われた。ニューヨーク市内のユダヤ人経営の商店や企業はシフの死を悼んで営業されなかった。ユダヤ系の組織においては半旗が掲げられた。さらに葬儀はユダヤ教の「仮庵の祭」（スコット）と重なったため、敬虔なユダヤ教徒は葬儀に参列するためにダウンタウンのロウアー・イースト・サイドからテンプル・エマヌ・エルがある五番街の四三丁目までの約七キロメートルの道のりを一時間半かけて歩いたという。多くの人々がシフを見送ろうとしたため、混雑からエマヌ・エルに近づけない人々は四二丁目のニューヨーク公立図書館の前で待機した【図10】。さらには三五〇名の警察官が警備にあたるために動員され、五番街の四二丁目から四三丁目までの区間は交通規制がしかれた。[5]

葬儀の後も、新聞記事にはシフの代表的な功績としてユニオン・パシフィック鉄道への出資や

図 10　シフの葬儀の際にニューヨーク公立図書館の前に集まった群衆
（*Midweek Pictorial* 1920-10-7: Volume 12, Issue 6. Courtesy of Internet Archives）

日露戦争における日本のための資金調達のことが取り上げられ、彼のアメリカに対する愛国心や慈善事業について報道された。亡くなった時のシフの財産は五千万ドルから一億ドルと推定されており、そこからも多額の寄付をすることが生前に指示されていた。(6) 彼の死についての知らせは瞬く間にニューヨーク以外にも広まり、アメリカ国内の至る所で追悼の言葉が述べられた。ここでシフに対する賛辞を一般的なものとユダヤ人によるもの、ひとつずつ紹介しておきたい。

後に経済誌の『フォーブス（*Forbes*）』を創刊したことで知られ、シフとも面識があった金融ジャーナリストのバーティー・C・フォーブスは次にように記している。

私は（彼ほど）見返りを考えずに、善行のためにより多くの時間と思考を費やしたビジネス界の大物を知らない。他の多くの者たちも、一般の人々が想像するよりもはるかに多くの富を価値ある目的のために惜しみなく与えている。しかし、シフ氏はビジネスよりも慈善活動に多くを捧げた。彼は寄付に関して最も秘密主義であっただけでなく、功績に対するいかなる類の栄誉も積極的に拒否した。［中略］　なぜ仲間の市民が示したいと願う敬意の表明に反対するのか私が聞いたところ、シフ氏からは「私がこれまでにしてきたのと同じくらい（寄附を）したいけれども力が及ばなくてできなかった人は多くいる。神が他の人のために使うべく大きな富を私に恵んでくださったからといって、それを（実行）したことで私が賞賛されるようにお膳立てをする理由にはならない[7]」という返事が返ってきた。

当然ながらユダヤ人共同体においてもシフの死に対する大きな反応が見られた。シカゴ改革派の代表的なシナゴーグであるテンプル・ベス・イスラエルのラビ、S・フェリックス・メンデルソンによる追悼演説の一部を次に紹介する。メンデルソンはシフを「イスラエルの王子」と称え、彼の慈善行為に関して次のように賛辞を呈している。[8]

故人（シフ）は間違いなく同時代に生きた最も偉大なアメリカ・ユダヤ人でした。彼が偉大な理由は、彼の生涯がユダヤ人として最も優れ最も高貴な模範だったからです。〔中略〕私たちがジェイコブ・H・シフ氏の追悼演説を行う理由は、彼がお金の蓄え方を把握していたからではなく、むしろお金の使い方を把握していたからであるということを心に留めておかなければなりません。〔中略〕富が彼の目を眩ませることはありませんでした。彼は最も裕福な一人でしたが、暮らしにおける道徳的な局面を決して忘れませんでした。彼は金持ちであろうと貧乏であろうと、人にはこの世でなすべき仕事がある、というユダヤ教の教義を常に覚えていました。〔中略〕シフ氏の最も偉大で際立った特徴は、彼がユダヤ人であることを決して忘れなかったという事実でした。彼は自らが著名なラビの家系の子孫であることをとても誇りに思っていました。自分がユダヤ人であることを全世界に知ってもらうことを切望していました。これが、五番街にある彼の宮殿のような屋敷の入り口にメズーザー（ユダヤ人の家屋やシナゴーグの入口に設置されるヘブライ語の銘刻文が書かれた羊皮紙を入れた箱）が設置されていた理由です。これは「またあなたの家の入口の柱と、あなたの門とに書きしるさなければならない」〔申命記 六：九〕という聖書の命令に従ってのことです。〔中略〕彼の経済に対する関心は、ユダヤ教（の信仰）の妨げになりませんでした。それどころか彼は財政をユダヤ化しようとしました。いかなる形であれ、ユダヤ人に害を及ぼすような金融事業には決して手を出しませんでした。日露戦争中、彼は（ロシア）皇帝による劣悪な政府に対する援助を拒否し、他の銀行家にも融資を思いとどまらせました。[9]

この追悼演説には、シフがアメリカのユダヤ人とアメリカ社会に及ぼした多大な影響が示されている。メンデルソンは当時若く精力的なラビとして知られており、年齢的にはシフと四〇歳以上も離れていた。シフがドイツ出身であるのに対して、メンデルソンはそのゲルマン系に聞こえる苗字にもかかわらず東欧の出身だった。しかし二人には伝統的なユダヤ人の家庭で育ち、一〇代後半にアメリカに移住したという共通点があった。シフは成人してから改革派ユダヤ教寺院に所属したが、ユダヤ教の習慣に関しては他のドイツ系ユダヤ人より伝統的な立場をとっていた。メンデルソンもまた一九一七年にラビに任命されてからは改革派の寺院のラビを務めたが、個人的にはシカゴの正統派ユダヤ教の熱心な信者だった。[10] これらの共通点に加えて、シフは非ユダヤ人社会に受け入れられるためにアメリカ社会に同化していった多くの者とは異なり、自分の信仰や信条を曲げることなく公共の場で活躍することに成功した人物だった。たとえば銀行業の営みに関しても、ユダヤ教を犠牲にしたり共同体の指導者としての責任から目を背けたりして利益を得ることを拒んだ。このようなシフの生き方は、出身も職業も異なる次世代のメンデルソンにも共感されたのだった。[11]

さらにはシフの死の知らせに対する反響は、海を隔てた日本でも大きかった。[12] 新聞等で報道された他、当時外務大臣を務めていた内田康哉は、シフは日本の友人だったという次の内容の電報をシフの妻テレーズに送っている。

あなたのご不幸に関する知らせを大きなショックとともに受け取りました。シフ氏は計り知れない財政上の奉仕を日本のために尽くしてくださいました。これまで日本の親友の一人として敬愛されていました。ご主人のご逝去に対して、日本政府と私個人から深くお悔やみを申し上げます。(13)

テレーズのもとには、それ以外にも大久保利賢と和喜子夫妻や井上準之助と深井英五から電報が届いた。(14)

二節　「シフの時代」の終焉

シフが亡くなったことで「シフの時代」も終焉にさしかかっていた。一九二〇年頃のアメリカ・ユダヤ社会は大きな変容を遂げていた。まず人口統計に関して触れると、一九二〇年のアメリカにおけるユダヤ人の人口は三六〇万人であり、二〇年前の一九〇〇年と比べると三倍以上に増加していた。総人口に占めるユダヤ人の割合も、一九〇〇年の一・四パーセントから二〇年には三・四パーセントに増えていた。[15] 人口の増加に加え、終結したばかりの第一次世界大戦は次の二つの点からアメリカ・ユダヤ人社会に大きな変化をもたらした。

一つに、第一次世界大戦はユダヤ系機関の在り方に大きな影響を及ぼした。この戦争に対する反応として一九一四年にはジョイントが設立され、一八年の休戦協定の後には公共政策の擁護を通じて国内外のユダヤ人の利益を守る目的でアメリカ・ユダヤ人会議（American Jewish Congress, 以下 AJCongress）が設立された。AJCongress は、シフを含む裕福なドイツ系ユダヤ人が主導権を握るＡＪＣに対して、人種、宗教、祖先を問わず全国的な民主的組織の基礎を築くことを試みた機関である。さらには国外においても、同時期にイギリス、フランス、ドイツや東欧において同様のユダヤ人の人権保護のための機関が設立されている。マーシャ・L・ローゼンブリットとジョナサン・カープによると、第一次世界大戦以前のユダヤ社会においては、国境を越える問題に対してシフのような裕福で著名な個人が仲裁役になり、彼らのイニシアチブに頼る傾向があった。しかし第一次世界大戦を経て、機関が主体的に対応する形態へと転換されていき、それは大きく重要な変革をもたらしたという。[16]

二つには、第一次世界大戦は、戦時中の熱狂のなか急速に高まった排外主義に直接的な関わりがあった。時代は明らかにユダヤ人にとって不穏な空気が流れていた。移民制限を訴える声の他、一九一五年にはレオ・フランク事件が起き、一九一八年にはワシントン州キャンプ・ルイスにてフランスのドレフュス事件を彷彿させるような事件が起きた。ユダヤ人の陸軍大尉のロバート・ローゼンブルースがピストルの射撃練習中に少佐を射殺するよう命じた、という容疑をかけられて逮捕されたのである。さらに一九二〇年五月からヘンリー・フォードは二年前に買収した『ディアボーン・インディペンデント』紙においてユダヤ人陰謀説を助長する記事「国際ユダヤ人－世界の問題」を連載して反ユダヤキャンペーンを開始したのである。そこにはアメリカのユダヤ人による陰謀の例としてシフの名前も幾度か挙げられた。[17] さらに間が悪いことにフォードは一九二三年に『コリアーズ（*Colliers*）』誌において大統領に相応しい人物として一位に選ばれるほど人気があったため、その影響力が心配された。[18] 排外主義は、結果的に一九二四年の移民法の制定に至ったが、この移民法は各国から受け入れられる移民の数を、当時アメリカにすでに居住しているそれぞれの人口の二パーセントを上限に制限するというものだった。さらにこの時に示された「当時」というのは、実は一八九〇年の国勢調査の結果に基づいており、そのため一八九〇年以降に急増したユダヤ人にとって不利な内容だった。この法により、ユダヤ人によるアメリカへの移民の数は著しく減少し、一九二三年に移民したユダヤ人の総数は約五万人だったのに対して、一九二四年は一万人、それが翌年になると七〇〇〇人までに減少したのである。[19] このような動きによって、アメリカはかつて謳われていたような行き場のないユダヤ人に手を差し伸べる

「黄金の国」（"Goldene Medina"：イディッシュ語で上記の意味）ではなくなった。しかし、結果論から言うと、それまでの大規模な移民の波に終止符が打たれたことで、アメリカ・ユダヤ人は「移民」から「アメリカ人」に変容を遂げた。第一次世界大戦前にアメリカに来た移民たちは、移民が集うロウアー・イースト・サイドから出て各地に散らばり、労働者階級から中産階級への階級上昇を果たした者も多かった。さらには移民の子どもたち、すなわち移民二世は高等教育を受けて、専門的な職業に就くようになった。[20] よってアメリカ・ユダヤ史においては、ユダヤ人がアメリカ化を遂げた一連の流れとして考えられている。[21]

シフが生前たずさわったユダヤ人の権利の擁護や慈善事業は、友人でＡＪＣの委員長を務める弁護士のルイ・マーシャルや、娘の夫でジョイントの指導者として活躍したフェリックス・ウォーバーグによって引き継がれた部分もあった。しかしシフのようなカリスマ性と威厳、そして絶対的な自信と信念をもち、ユダヤ人に関わる件に関しては政府高官に直接アプローチすることも厭わないユダヤ人の有力者は他に類を見なかった。[22] さらには有能な指導者として知られるマーシャルも一九二九年に亡くなり、それまでの有力なドイツ系ユダヤ人が指導層の中心として活動する組織のあり方は時代に合わず、成立しなくなった。

銀行に関しては、第一次世界大戦でドイツが敗戦したことにより、戦前はドイツとの関係が強みだったドイツ系ユダヤ人の銀行にとって、戦後はその関係が弱みになったとも考えられている。[23]

しかしクーン・ローブ商会は、シフの死後も安定した金融や商品取引を行い、金融史に詳しいチャールズ・R・ガイストによると、一九二〇年代後半から三〇年代初頭にかけて一六億ドルの新規債権を引き受けるなど、決して衰退したわけではなかった。[24]

シフの慈善の精神は、間違いなく家族や子孫にも受け継がれたが、シフが大切にしたユダヤ教の伝統や慣習に関しては、時代風潮も関係して彼が願う方向には向かわなかった。シフの死後、妻のテレーズは一九三三年に亡くなるまでの余生を静かに過ごした。長男のモーティマーは、不遇にも一九三一年に五三歳（五四歳の誕生日を迎える前日）の若さで心臓発作のため亡くなった。亡くなるまでクーン・ローブ商会の共同経営者の座に就いていたが、父親と異なって銀行業よりも、創立してまだ間もないボーイスカウト・アメリカ連盟（Boy Scouts of America, 以下ＢＳＡ）の活動に多大な貢献をしたことで知られており、一九二七年に『タイム』誌の表紙を飾っている。[25] 数年間ＢＳＡの国際理事を務め、亡くなる一ヶ月前には会長に選出された。テレーズはかつて夫婦で高い関心を寄せていた福祉事業に参加することもあった。モンテフィオーレ病院やヘブライ・ユニオン大学、そしてとくに息子が亡くなった後にはＢＳＡに高額の寄付をしている。[26]

長女フリーダは、父親の慈善の精神を受け継ごうと心に固く決めていた。夫のフェリックス・ウォーバーグが一九三七年に心臓発作のため六六歳で亡くなると、フリーダはそれまで以上に社会活動に精を出すようになった。夫の生前から自ら会長を務めていたヘブライ女子青年

図11　ユダヤ博物館
(Courtesy of Wikimedia Commons)

会(YWHA)における活動に尽力し、一九三八年には女性として初めてユダヤ教神学セミナリー(JTS)の理事に就任している。このポストは、父、夫、そして弟が代々担ってきた、すなわち家族に受け継がれた役割だった。さらに一九四四年には、JTSの図書館内に設置されていた「ユダヤ博物館」(The Jewish Museum)の移転先として使用されるように、家族と暮らした五番街の九二丁目にある屋敷を寄付している【図11】。この屋敷は一九四七年からユダヤ博物館として機能しており、アメリカ最古のユダヤ系博物館というだけではなく、現存のものとしては世界最古のユダヤ系博物館である。(27)

こうしてシフの慈善事業に対する精神は受け継がれた一方で、ユダヤの宗教や伝統の側面から見ると、シフ家においては世代が若くなるにつれて信仰が急速に薄れていったといえる。フリーダの長男と次男は二人ともユダヤ人ではない女性と結婚した。和喜子と仲が良かったフリーダの娘のカローラは、一九一五年にユダヤ人のウォルター・N・ロスチャイルドと結婚した。一九六〇年にウォルターが亡くなると、母のフリーダと同様に慈善事業に精を出し、アメリカン・ガールスカウトの副理事長とマンハッタンの産科センターおよび動物医療センターの理事長を務めた。(28) カローラには三人の息子がいたが、その全員がユダヤ人ではない女性と結婚した。

モーティマーが亡くなった際に所有していた財産は一億ドルであり、そのうちの一〇〇〇万ドルを息子のジョン・M・シフに、そしてそれより少し多い一〇〇万一〇〇〇ドルを慈善事業と教育機関に寄付している。自宅と別荘、そして財産の五分の三は夫人のアデル・ヌスタットに信託として残されたが条件付きだった。それは夫人が亡くなる時に、ジョンが母親の許可を得た上で結婚している場合には彼女に残された遺産の三分の二を彼が受け継ぐという遺言だった。(29) モーティマーが息子の信仰外の結婚を恐れたために条件として記されたものだと思われる。息子のジョンは、父親の意思を受け継いでBSAに深く関わり、一九五一年から五六年には選出されたものの亡くなったために父親が果たせなかった会長の座についた。しかし結婚に関しては、米国史上最も裕福で、最も権力があり、最も寡黙な商業銀行家と謳われたジョージ・フィッシャー・ベイカーの孫娘で、ユダヤ人ではない女性と結婚した。モーティマーの娘のドロシー・シフは進歩的な女性として知られ、一九三九年から七六年の間『ニューヨーク・ポスト（*New York Post*）』紙の所有者であり編集長も務めた。四回の結婚歴があり、一度目の結婚を機にキリスト教に改宗し、二度目の結婚の前にユダヤ教徒に回帰している。ドロシーは改宗することに対して「おじいさまが生きていたらどうなっていたかわからない」とコメントしている。[30]加えて、シフの子孫と交流のあるダニエル・シュルマンによると、今日のシフ家はユダヤ教徒ではなく、キリスト教のエピスコパリアンである。[31]

シフの慈善の精神が受け継がれた一方で、多民族で形成されているアメリカにおいて少数派のユダヤ人が信仰内で結婚相手を選ぶことは困難だった。これはシフ家のみが直面した問題ではなく、実際にユダヤ人の信仰外での結婚は当時一般的には珍しかったものの増加しつつあったことからもうかがえる。[32]異教徒間結婚は、ユダヤ人によるアメリカ社会への同化と宗教離れが著しくなったことと同時に、ユダヤ人に対する偏見がアメリカにおいて薄れつつあったことを意味した。

三節　日本におけるシフの記憶

シフの死後、日本におけるシフの記憶は大きく分けて二つの方向に分かれていったと言える。

彼に対する感謝の意は一部の者の間で語り継がれる一方で、一九二〇年代に日本にもたらされた反ユダヤ主義の影響を受け、皮肉にもシフの日本に対する支援はユダヤ人陰謀論の典型的な事例として利用されることもあった。

多くはシフの死後も彼の日露戦争における功労を忘れなかった。一九二一年六月に、ロウアー・マンハッタンのウィリアムズバーグ橋の前にある大通りにシフ・パークウェイ（Schiff Parkway）という名前が付けられた。亡きシフに敬意を示してのことである。シフの生前の友人であるアドラーによると、シフ・パークウェイの記念式典が開催された際には、在ニューヨークの日本領事が出席をしている。さらにシフが来日した際に知り合いになった大蔵官僚の森賢吾は、ニューヨークを訪れた際にシフの墓に花輪を供えたという。数年たってもシフの墓参りをする日本の代表者の姿が見られた。[33]加えて彼と直接面識があった政府高官以外の日本人の間でも、シフは日本に貢献した人物として名を残すことになった。実際にどのくらいの日本人がシフを覚えていたのかを数字で示すことは難しいが、シフについて触れている文献を参考に、日本におけるシフの記憶について探ってみたい。

日露戦争の際に元帥陸軍大将として満洲軍総司令部の総司令官を務め活躍した大山巌と捨松の孫にあたる元貴族院議員の渡辺昭は、子どもの時に祖母の捨松に幾度か聞かされていた話を次のように回想している。「もし、シフさんというアメリカ人が日露戦争時、日本の味方をしてくれなかったら日露戦争は絶対に勝てなかった。この人の名前を決して忘れてはいけませんよ」[34]。また、日露戦争から三〇年後に在ハルピン総領事の地位に就いていた外交官の森島守人は、日露戦争時にユダヤ人が支援して応援してくれたことに対し日本人は感謝していると現地のユダヤ人に話している。森島はシフのことを思っていたのである[35]。さらには、シフの貢献については昭和天皇も知るところであり、イスラエル大使が皇居にて天皇に謁見する際には、日本人は日露戦争におけるシフの貢献を決して忘れないと述べられたという。昭和天皇は祖父にあたる明治天皇から、一九〇六年に来日した際に面会したシフのことを頻繁に聞かされていたという[36]。日本人の多くは時がたつにつれてシフの功績や、彼がユダヤ人だったということを忘れたかもしれない。しかし少なくとも天皇や政府関係者を中心にこれらのことが記憶として残されていたことは確かだった。

他方で、シフの日露戦争における日本支持は、日本でユダヤ人陰謀論が広まった際に、その具体例として挙げられるようになった。ロシアにおける反ユダヤ主義はシベリア出兵を通じて日本にもたらされ、広がりを見せていた。一九二四年には、ロシアで一九〇三年に発行された『シオン長老の議定書（*The Protocols of the Elders of Zion*）』が和訳され、陸軍と海軍はユダヤ人の金融力をどうにかして日本に取り込めないかと研究と観察を続けるようになった[37]。そして日露戦争に日本が勝利したこともシフの協力による「ユダヤ人の才能と功績」だと敬った[38]。しかしながら、日本におけるユダヤ人に関する見解は複雑なものだった。反ユダヤ的な思想に影響を受けユダヤ人を警戒する一方で、ユダヤ人の経済力と政治力を称賛するという矛盾に満ちていた。反ユダヤ主義と関連づけられる形でシフの名が挙げられることは多かったが、反対にそれに対抗する意見として彼の功績について指摘されることもあった。

たとえば日本ホーリーネス教会の創始者の一人で初代監督を務めた中田重治は、早期よりユダヤ人問題に関心を示していたが、「現今における日本とユダヤの関係」のなかで、次のように述べている。

> 日露戦争の時に外債に応じて大いに日本を助けてくれた人はニューヨークのシーフというユダヤ人であったことは人みな知るところである。〔中略〕日本が勝利を得たうらには、このシーフ氏の援助があずかって力がある。〔中略〕しかるに、近ごろある一部の人々の間にユダヤ人排斥運動をしている者があるが、われら日本人は恩を忘れる民ではない。国運を賭けて戦っている際、資金が欠乏して困っている時、大いに助けてくれた人民を排斥するとは何ごとであるか。(39)

一八七〇年に生まれた中田には日露戦争時の記憶があったのだろう。

別の例としては、一九五〇年代に、日本の政治家の間で反ユダヤ主義が見受けられることが懸念され、そのことがアメリカのユダヤ通信社の刊行物にも取り上げられた。その際には実業家の五島慶太が、日露戦争時にシフやクーン・ローブ商会が資金調達のために助けの手を差し伸べてくれなければ何が起きていたか、日本人によく考えてほしいと言った、という内容が報道された。[40]

今日では、日露戦争関連の出版物や研究の影響を受けて、シフは日露戦争の際に日本の外債発行を引き受けてくれた人物として広く知られるようになったが、日本における彼のイメージは、記憶の風化や反ユダヤ主義の影響も受けつつ複雑な形で形成されつづけている。

注

（1）S. Felix Mendelsohn, *Jacob H. Schiff: A Prince in Israel* (Chicago: Temple Beth Israel, 1920), 3-8. American Jewish Historical Society.

（2）Cohen, 245.

（3）Ibid.

（4）Ibid., 256.

（5）"Jacob H. Schiff, Banker and Philanthropist, Who Died at His Home in New York a Week Ago," *The New York Times* (Oct. 3, 1920).

（6）シフの財産は、実際には三五〇〇万ドルだったという。シフが生涯慈善事業にこれほど多く寄付をしていなければ、もっと多額の財産を遺していただろうとも言われている。Schulman, 457.

（7）B.C. Forbes. "Late Philanthropist Had Burning Desire to Aid Right Type of Citizen." *Philadelphia Public Ledger.* 一九二〇年一〇月二日付の『ボルティモア・ニュース（*Baltimore News*）』紙から引用。

（8）Mina Muraoka, "'A Prince in Israel': S. Felix Mendelsohn's Eulogy for Jacob H. Schiff, 1920," in Mark A. Raider and Gary Phillip Zola eds. *New Perspectives in American Jewish History: A Documentary Tribute to Jonathan D. Sarna* (Brandeis University Press, 2021): 166-172 も参照されたい。説教のタイトルは「ジェイコブ・H・シフ――イスラエルの王子」であり、一〇月八日の安息日の夜にシカゴのテンプル・ベス・イスラエルで語られた。

（9）Mendelsohn, 3-8.

（10）Zev Eleff, ed., *Modern Orthodox Judaism: A Documentary History* (Philadelphia: Jewish Publication Society, 2016), 159.

（11）Muraoka, "'A Prince in Israel'," 166-72.

（12）Muraoka, "Jacob H. Schiff and Japan," 49-50.

（13）*New York Legislative Documents*, Vol.19 (Albany: J.B. Lyon Company, 1922), 23.

（14）シフの死に際して送られた電報。Mr. Mrs. Okubo to Mrs. Schiff Sep. 27, 1920, Inouye et. al. to Mrs. Schiff Sep. 27, 1920. Schiff Papers. MSS COL #123. A, General.

（15）Cohen, 248-49.

（16）Marsha L. Rozenblit and Jonathan Karp eds. *World War I and the Jews: Conflict and Transformation in Europe, the Middle East, and America* (New York: Berghahn Books, 2017), 9-10.

（17）Dearborn Independent, *Jewish Influence in American Life*. Vol. III of The International Jew: The World's Foremost Problem (Dearborn, MI: The Dearborn Publishing, 1921). 第五七章と第六〇章でシフを含むユダヤ系銀行

家について取り上げられている。

(18) *Colliers*, May 1923; "Henry Ford Leads Poll for President", *The New York Times* (May 23, 1923).

(19) サッカー、五七六－七八、Chaim Waxman, *America's Jews in Transition* (Philadelphia: Temple University Press, 1983), 30.

(20) Cohen, 249.

(21) Deborah Dash Moore. *At Home in America: Second Generation New York Jews* (New York: Columbia University Press, 1981); Hasia R. Diner. *A New Promised Land: A History of Jews in America* (Oxford: Oxford University Press. 2003) 69-92.

(22) ラビのスティーブン・ワイズは説教において「誰も彼（シフ）の代わりを務めることはできない」と言っている。Morris D. Waldman. *Nor by Power* (Madison, CT: International University Press, 1953), 323.

(23) Pak, *Gentlemen Bankers*, 111.

(24) ガイスト、一四四。

(25) Cover. *TIME Magazine* (Feb. 14, 1927).

(26) Pak, 125-26.

(27) 実際には一八九六年に設立されたウィーンのユダヤ博物館の方が歴史は古いが、ホロコーストを経て建物が変わったため、ニューヨークにあるユダヤ博物館が最古となった。

(28) "Carola W. Rothschild, Leader in Civic Affairs," *The New York Times* (Sep.2, 1987).

(29) "Milestones," *TIME Magazine* (June 22, 1931).

(30) Marilyn Nissenson, *The Lady Upstairs: Dorothy Schiff and The New York Post* (New York: St. Martin's Griffin, 2008), 24.

(31) Schulman, 480-481.

(32) 一九三一年から四〇年までのユダヤ人による異教徒間結婚の率は、わずか三パーセントだった。四一年から五〇年は六・七パーセントに増加した。Keren R. McGinity, *Still Jewish: A History of Women and Intermarriage in America* (New York: NYU Press, 2007), 64. Pew Research Center の報告によると、一九八〇年代もその率は一八パーセント未満にとどまっていた。Pew Research Center, "Marriage, families and children," *Jewish Americans in 2020* (May 11, 2021).（https://www.pewresearch.org/religion/2021/05/11/jewish-americans-in-2020/ 最終閲覧日：二〇二四年五月三〇日）。

(33) Adler, I, 242; "40,000 Honor Schiff at Parkway Opening: Mayor and Officials Eulogize Philanthropist at Dedication of Memorial Street," *The New York Times* (June 15, 1921).

(34) 久野明子『昭和天皇最後の御学友――ある華族の一世紀』（中央公論新社、二〇〇〇）、一八八-八九。

(35) Bei Gao, *Shanghai Sanctuary: Chinese and Japanese Policy towards European Jewish Refugees during World War II* (New York: Oxford University Press, 2013), 19.

(36) 加瀬英明「日露戦争とヤコブ・シフ」『みるとす』八二号（二〇〇五年一〇月）。

(37) Gao, 22-25. 阪東宏『日本のユダヤ人政策 一九三一-一九四五――外交史料館文書「ユダヤ人問題」から』（未來社、二〇〇二年）。

(38) Marcia Ristaino. *Port of Last Resort: The Diaspora Communities of Shanghai* (Stanford, CA: Stanford University Press, 2001), 280.

(39) 中田重治『中田重治全集』第二巻（中田重治全集刊行会、一九七六年）、一〇六-一〇七、および『日本人とユダヤ人』（東洋宣教会ホーリネス教会出版部、一九三六年）、三七-三八。

(40) "Tokyo Publication Notes that Anti-semitism exists in Japanese Government Circles," *JTA* (26 Sep. 1958). ちな

みにＪＴＡはJewish Telegraphic Agencyの略で、ニューヨークを拠点にするユダヤ系通信社である。

おわりに

マンハッタンに位置する小学校の一つにはジェイコブ・H・シフの名前がつけられている。[1] 公立学校にはそれぞれ与えられた番号の他にアメリカに貢献した著名人の名前をつけるニューヨーク市の習慣に因んでのことである。学校のモットーは、「正義」「名誉」「自己鍛錬」と、シフの生き方を象徴するかのような三つが掲げられている。

シフは日露戦争時に日本に貢献した銀行家として知られるところではあるが、フランクフルトでの生い立ちからニューヨークのユダヤ人共同体との関わり、そして指導者あるいは慈善家としてたずさわった移民救援事業に代表される活動を検討することで、さらに多角的な視点から日露戦争との関わりについても見えてくる。

シフの生涯を振り返る時、彼が当時としてはいかに進歩的な思想をもっていたのかということに気づかされる。彼は専門とする金融の他、政治や外交、それに加えて人権や公共福祉についても広い知識と見解をもっていた。シフは、アメリカ市民であることを重んじつつもユダヤ人のアイデンティティーをたずさえ、さらには国境を越えて世界を舞台に活躍したコスモポリタンだった。伝統的な慣習や規律を好みながらも、新しい変化に対する偏見は少なかった。このようなシフの特徴は、銀行業だけではなく彼がたずさわった慈善事業にも大きく反映された。

シフが活躍した背景には、南北戦争後の高度成長と工業化の発展を遂げた資本主義国としての急成長や、世界において覇権国として歩みだしたアメリカの姿があった。シフの日露戦争への関与はさまざまな視点から検討されてきたが、このような時代の先端を行くような形で、日露戦争以前からアジアに関心を寄せ、投機の機会をうかがっていた。それだけではなく、当時十分に価値を認められていなかったアジア文化に関する研究を後押しし、将来発展が期待される教育や研究分野の促進にも関わった。日露戦争が勃発すると、アジアにおける投機と、それに加えてユダヤ人迫害が悪化するロシアに制裁を下したいという思いから日本の外債を発行するに至った。また、シフの日露戦争に対する反応は必ずしも逸脱したものではなかった。その証拠に日本は当時の一般アメリカ人、そしてとりわけアメリカ・ユダヤ人から十分な支持を受けたのである。シフの行動が珍しかったとすれば、それは日本を支持したということよりも、むしろ彼がアメリカ有数の銀行家であり、一国家の戦況に影響を及ぼすほどの外債を発行するリスクを負える立場にあったことだった。そのようなリスクを負ってまでロシアに大きな打撃を与えることができて、同時に正しいタイミングにその決断ができるユダヤ人は他にはいなかったのである。そこには、他の者たちよりも恵まれている立場にいる者が皆のために行動をおこすのは当然だという、シフの慈善に対する考え方とも共通する姿勢が見られた。シフの外債発行は個人の判断によるものだったかもしれないが、シフは指導者としてアメリカ・ユダヤ人全体に対する責任を背中に背負い、彼らの希望を形にしたとも言える。

シフの日本への関与は日露戦争後には新たな展開を迎えた。日露戦争における日本の資金調達を通じて、シフは日本と特別な関係を築いた。彼は日本政府に対する貢献で多くの人から高い評価を受けただけでなく、日本の政府高官の非公式の財政顧問としても頼りにされる存在になった。一九〇六年には来日を果たし、明治天皇に謁見し、外国人として初めて旭日章が授与された。さらにシフはアメリカの代表とみなされたため、日米関係に関する彼の意見は尊重され、他方で日本の財界人も自分の考えを彼と共有した。シフと日本との関係はアメリカでもよく知られるようになり、シフはアメリカにおいて日本人とその国家に関する見識者としての役割を果たした。プライベートでは多くの日本人の親しい友人でありつづけたが、日米間の緊張の高まりや日露間での協定に影響を受けて、日本との関係は年月の経過とともに変化した。しかし、日露戦争を通して築かれた日本との関係は、帝国として拡張するアメリカにおいてシフに特権的な立場をもたらした。さらにそれは、国際的な銀行家としての彼自身の地位を高め、歴史の流れに影響を及ぼしたのである。

シフは高橋是清の娘の和喜子を三年間預かる経験もした。当時、日本の子女がユダヤ系の家庭に迎え入れられることにはおそらく前例がなかった。英語を話すことができず、西洋文化にさらされていない東洋の子女を偏見なく迎えたのも、シフ自身のユダヤ人としての生い立ちや、移民としての経験、そして博愛の精神があったからに他ならない。シフは、日本に滞在する以前は日本に関する知識はほとんどなかったが、来日を通して日本の文化や日本人に対し良い印象をもった。アメリカに帰国後は、日米の友好関係を助長しようとジャパン・ソサエティを設立している。その後アメリカで日本人排斥運動が起きたり、軍事化する日本に対する非難の声が高まったりした際にも、日本を擁護する姿勢を保った。南満洲における日本の独占化については、厳しい態度で見つめたが、最終的には日本の極東政策を支持するに至った。

しかし、第一次世界大戦時にはその姿勢にゆるぎが見られた。当初シフは日本が自身の祖国であるドイツと敵対関係になったことに落胆したが、さらに彼の意見を左右したのは日露関係だった。日本がロシアと手を組んだことに関して失望を拭うことができなかったのである。よってジャパン・ソサエティからも一時退会するに至った。しかしその後アメリカが参戦し、日本と同じ側につくと、シフの態度には大きな変化が見られた。日本の南満洲における侵攻に関しては警戒心を高めたものの、高橋是清をはじめ、個人的には日本の友人と連絡を取り合うことで友好関係を失うことはなかった。その友好関係は後に日本の対ユダヤ人政策に大きく影響を与えることになる。第一次世界大戦からロシア内戦の期間、多くのユダヤ人難民が日本にたどり着いた時、シフは日本人との人脈を通じて、ユダヤ人難民のための救援活動を支援したのである。

このように日本との関係はシフの生涯において大きな出来事だったが、それとは別にして、シフはアメリカのユダヤ人共同体の指導者として活躍した。一九〇六年にはシフたち有力者を中心にアメリカ・ユダヤ人委員会（ＡＪＣ）が設立され、国内外のユダヤ人の権利を擁護する活動が精力的に展開された。彼が関わらなかったユダヤ人に関係する事業はなかったとされ、人権を脅かされるユダヤ人がいればシフはその防波堤になり、困っているユダヤ人がいれば惜しみなく金銭的に支援した。その姿はまさに「イスラエルの王子」そのものだったのである。

注

（1）ニューヨーク市の小学校であるPS192にはJacob H. Schiffという名前が付けられている。

参考文献

新聞、年鑑

朝日新聞

毎日新聞

読売新聞

American Hebrew

American Israelite

American Jewish Year Book

Chicago Daily Tribune

Daily Press

Israel's Messenger

Jewish Chronicle

Jewish Daily News

Judisches Tageblatt

Los Angeles Times

New York American

New York Tribune
The Advocate: American Jewish Journal
The Boston Advocate
The Japan Advertiser
The Jewish Advocate
The Jewish Daily News
The Jewish Exponent
The Jewish Review and Observer
The Literary Digest
The New York Times
The Sun

インタビュー

高橋是修氏（高橋是清の孫、IBM Japanの元ＣＥＯ）
　二〇〇六年六月二日 公益財団法人国際文化会館にて
安田信氏（高橋是清の曾孫、大久保和喜子の孫、株式会社安田信事務所法取締役社長）
　二〇〇六年六月一九日 株式会社安田信事務所にて

個人文書等

American Jewish Archives, Cincinnati, OH.

Moses J. Gries Papers

Louis Marshall Papers

Jacob H. Schiff Papers

Felix M. Warburg Papers

American Jewish Historical Society, New York.

Cyrus M. Adler Papers

Philip H. Cowen Papers

Jacob H. Schiff Papers

Oscar S. Straus Papers

Simon Wolf Papers

Rothschild, Carola W. (1982) “Oral History of Carola Warburg Rothschild”, *UJA Federation of New York oral history collection, 1981–2000.*

Jabotinsky Institute, Tel Aviv.

Yosef Trumpeldor Papers

New York Public Library, The Dorot Jewish Division.

Lilian Wald Papers

YIVO Institute for Jewish Research, New York.

Papers of Lucien Wolf
Hebrew Immigrant and Aid Society
Yosef Trumpeldor Library, Tel Hai
国会図書館憲政資料室
高橋是清関係文書
北海道大学附属図書館スラブ・ユーラシア研究センター図書室
福知山収容所記録
姫路収容所記録
習志野収容所記録

書籍・論文

板谷敏彦『日露戦争、資金調達の戦い——高橋是清と欧米バンカーたち』新潮社、二〇一二年。

エロン、アモス（滝川義人訳）『ドイツに生きたユダヤ人の歴史——フリードリヒ大王の時代からナチズム勃興まで』明石書店、二〇一三年。

小野圭司『日本戦争経済史』日本経済新聞出版、二〇二一年。

ガイスト、チャールズ・R（菅下清廣監修、中山良雄訳）『ウォール街の歴史』フォレスト出版株式会社、二〇一〇年。

クプチンスキー、F・P（小田川研二訳）『松山捕虜収容所日記：ロシア将校の見た明治日本』中央公論新社、一九八八年。

公益財団法人渋沢栄一記念財団渋沢史料館『実業家たちのおもてなし　渋沢栄一と帝国ホテル』新晃社、二〇一四年。

才神時雄『松山収容所――捕虜と日本人』中央公論社、一九六九年。

サッカー、ハワード（滝川義人訳）『アメリカに生きるユダヤ人の歴史【上巻】――アメリカへの移住から第一次世界大戦後の大恐慌時代まで』明石書店、二〇二〇年。

佐藤唯行『英国ユダヤ人の歴史』幻冬舎、二〇二一年。

シロニー、ベン＝アミ、河合一充『日本とユダヤ　その友好の歴史』ミルトス、二〇〇七年。

鈴木俊夫「日露戦時公債発行とロンドン金融市場」、日露戦争研究会編『日露戦争研究の新視点』成文社、二〇〇五年、八四－一〇三頁。

スメサースト、リチャード・J（鎮目雅人ほか訳）『高橋是清　――日本のケインズ　その生涯と思想』東洋経済新報社、二〇一〇年。

高尾千津子「米国ユダヤ人とソヴェト・ユダヤ政策」『ユダヤ・イスラエル研究』第一一号（一九八八年）、三三－四二頁。

高橋是清『高橋是清自伝』（上・下）中央公論社、一九七六年。

田中史憲「ジェイコブ・シフ――ユダヤ人銀行家」『奈良大学紀要』三九号（二〇一一年）、一－二四。

田畑則重『日露戦争に投資した男――ユダヤ人銀行家の日記』新潮社、二〇〇五年。

津本陽『生を踏んで恐れず――高橋是清の生涯』幻冬舎、一九九八年。

中田重治『日本人とユダヤ人』東洋宣教会ホーリネス教会出版部、一九三六年。

日露戦争研究会編『日露戦争研究の新視点』成文社、二〇〇五年。

二村宮國「ジェイコブ・H・シフと日露戦争――アメリカのユダヤ人銀行家はなぜ日本を助けたか」『帝

京国際文化』一九号（二〇〇六年）、一－二四頁。

半田英俊『明治外債史の研究』一藝社、二〇二二年。

阪東宏『日本のユダヤ人政策　一九三一－一九四五――外交史料館文書「ユダヤ人問題」から』未來社、二〇〇二年。

久野明子『昭和天皇最後の御学友――ある華族の一世紀』中央公論新社、二〇〇〇年。

フォン・タイル、ソフィア（小木曽龍、小木曽美代子訳）『日露戦争下の日本――ロシア軍人捕虜の妻の日記』新人物往来社、一九九一年。

ポリアコフ、レオン（菅野賢治ほか訳）『反ユダヤ主義の歴史』全四巻、筑摩書房、二〇〇六年。

松村正義「日露戦争後の高橋是清とヤコブ・シフ」『国際関係研究』二三巻三号（二〇〇二年）、一五－四二頁。

――『松山の記憶』松山大学出版、二〇〇四年。

松本慎二「アルベール・カーン――忘れられた富豪の肖像」『中央公論』一〇四（九）（一九八九年）、三四二－三五九頁。

丸山直起『ホロコーストとアメリカ――ユダヤ人組織の支援活動と政府の難民政策』みすず書房、二〇一八年。

村岡美奈「日露戦争期のアメリカ・ユダヤ人――ダヴィデに例えられた日本」『地域研究』第一四巻、二号（二〇一四年）、一四〇－一六一頁。

――「日本におけるユダヤ系ロシア人戦争捕虜のアイデンティティの変容――日露戦争を通して」『防衛大学校紀要』人文科学分冊、第一〇八号（二〇一三年）、一九－三八頁。

横浜開港資料館編『図説　横浜外国人居留地』有隣堂、一九九八年。

ロス、シーセル（長谷川真ほか訳）『ユダヤ人の歴史』みすず書房、一九九七年。
和田春樹『ニコライ・ラッセル――国境を越えるナロードニキ』（上・下）中央公論社、一九七三年。
Abrams, Jeanne. "Remembering the Maine: The Jewish Attitude Toward the Spanish American War." *American Jewish History* 76 (June, 1987): 439-455.
Adler, Cyrus."Jacob Henry Schiff: A Bibliographical Sketch." *American Jewish Yearbook*, Vol.23 (1921/22).
———*Jacob H. Schiff: His Life and Letters*, Garden City: Doubleday, 1928.
Adler, Cyrus ed. *Voice of America on Kishineff.* Philadelphia: The Jewish Publication Society of America, 1904.
Alexander, Michael. *Jazz Age Jews*. Princeton: Princeton University Press, 2001.
Aronsfeld, C.C. "Jewish Bankers and the Tsar." *Jewish Social Studies* 35 (1973): 87-104.
Baldwin, Neil. *Henry Ford and the Jews: The Mass Production of Hate*. New York: Public Affairs, 2002.
Barkai, Avraham. *Branching Out: German-Jewish Immigration to the United States, 1820-1914*. New York: Holmes & Meier, 1994.
Baron, Salo W. "The Impact of the Revolution of 1848 on Jewish Emancipation." *Jewish Social Studies* Vol.11, No.3 (Jul.1949): 195-248.
Beizer, Michael. *Relief in Time of Need: Russian Jewry and the Joint, 1914-24* (New Approaches to Russian and East European Jewish Culture). Bloomington, IN: Slavica Publishers, 2015.
Benari, Yahuda. *Yosef Trumpeldor* [in Hebrew] Tel Aviv: ha-Congres ha-Yehudi haolami, ha-Hanhalah ha-Yisraelit, 1975.
Best, Gary Dean."Financing a Foreign War: Jacob H. Schiff and Japan, 1904-05," *American Jewish Historical Quarterly*, 61(4)(1972): 313-324.

———"Jacob Schiff's Early Interest in Japan." *American Jewish History*, 69 (3), (March, 1980): 355-359.

———*To Free People: American Jewish Leaders and the Jewish Problem in Eastern Europe, 1890-1914*. Westport: Greenwood Press, 1982.

Birmingham, Stephen. *Our Crowd: The Great Jewish Families of New York.* New York: Harper & Row, 1967.

Carosso, Vincent. "A Financial Elite: New York's German-Jewish Investment Bankers," *American Jewish Historical Quarterly*, Vol.66, no.1 (Sep. 1976): 67-88.

———*Investment Banking in America: A History*. Cambridge, MA: Harvard University Press, 1970.

Catrenen, Caitlin, "Complicating the Zionist Narrative in America: Jacob Schiff and the Struggle over Relief Aid in World War I," *American Jewish History* 101, no.4 (October 2017): 441-63.

Chernow, Ron. *The House of Morgan: An American Banking Dynasty and the Rise of Modern Finance*. New York: Grove Press, 2010.

———*The Warburgs*. New York: Vintage Books, 1993.

Cohen, Naomi W. "The Abrogation of the Russo-American Treaty of 1832." *Jewish Social Studies* 25 (1)(1963): 3-41.

———*Not Free to Desist: The American Jewish Committee, 1906-1966*. Jewish Publication Society of America, 1972.

———*Encounter with Emancipation: The German Jews in the United States 1830-1914*. Philadelphia: The Jewish Publication Society of America, 1984.

———*Jacob H. Schiff: A Study in American Jewish Leadership*. Hanover: Brandeis University Press, 1999.

———*What the Rabbis Said: The Public Discourse of 19th Century American Rabbis*. New York: New York University Press, 2008.

Dicker, Herman. *Wanderers and Settlers in the Far East a Century of Jewish life in China and Japan*. San Francisco:

Twayne Publishers, 1962.

Diner, Hasia R. *A New Promised Land: A History of Jews in America*, Oxford: Oxford University Press, 2003.

Dinnerstein, Leonard. *Antisemitism in America*. New York: Oxford University Press, 1994.

Eisenberg, Ellen M. *The First to Cry Down Injustice?: Western Jews and Japanese Removal during WWII*, Lanham, MD: Lexington Books, 2008.

Feld, Marjorie N. *Lillian Wald: A Biography*. Chapel Hill: University of North Carolina Press, 2008.

Friesel, Evyatar., Pamela S. Nadell, Lloyd P. Gartner, Robert Rockaway, Arthur A. Goren, Jonathan D. Sarna, Walter Jacob, June Sochen, Leon A. Jick, Stephen J. Whitefield, Benny Kraut. "The Greatest American Jewish Leaders." *American Jewish History*, Vol.78, No.2 (December, 1988): 169-238.

Friesel, Evyatar. "Jacob H. Schiff and the Leadership of the American Jewish Community." *Jewish Social Studies*, 7(2/3), (Winter/ Spring 2002): 61-72.

Gao, Bei. *Shanghai Sanctuary: Chinese and Japanese Policy towards European Jewish Refugees during World War II*. New York: Oxford University Press, 2013.

Gatrell, Peter. *A Whole Empire Walking: Refugees in Russia during World War I*. Bloomington, IN: Indiana University Press, 2005.

Goldstein, Eric L. *The Price of Whiteness: Jews, Race, and American Identity*. Princeton: Princeton University Press, 2007.

Goldstein, Judith. *The Politics of Ethnic Pressure: The American Jewish Committee Fight Against Immigration Restriction, 1906-1917*. New York: Garland Service, 1990.

Goodman, David G. and Masanori Miyazawa. *Jews in the Japanese Mind*. Washington D.C.: Free Press, 1994.

Gordon, Judah Lieb. *Kol Kitvei Yehudah Leib Gordon: Shirim* (All the Writing of Judah Leib Gordon: Poems). Tel

Aviv: Dvir, 1959.

Gower, Adam. *Jacob Schiff and the Art of Risk: American Financing of Japan's War with Russia*. London: Palgrave Macmillan, 2018.

Granick, Jaclyn. "Waging Relief: The Politics and Logistics of American Jewish War Relief in Europe and the Near East (1914-1918)," *First World War Studies* 5 (1)(2014): 55-68.

Gutwein, Daniel."Jacob H. Schiff and Financing of the Russo-Japanese War: A Chapter in the History of Jewish Diplomacy." [in Hebrew] *Zion*, 54 (3)(1989): 321-350.

Halpern, Ben."America is Different." *Midstream* (Autumn, 1955): 39-52.

Hoffman, Stefani and Ezra Mendelsohn eds. *The Revolution of 1905 and Russia's Jews*. Philadelphia: University of Pennsylvania Press, 2008.

Imber, Naphtali Herz. *Barkoi Third/ Blood Avenger*. New York: Press of A. H. Rosenberg [First Edition], 1904. The Dorot Jewish Division, New York Public Library.

Israel, Jerrry. *Progressivism and the Open Door: America and China, 1905-1921*. Pittsburg: University of Pittsburg Press, 1971.

Joselit, Jenna Weissman. *Our Gang: Jewish Crime and the New York Jewish Community, 1900-1940*. Bloomington, IN: Indiana University Press, 1983.

Kabakoff, Jacob ed. *Master of Hope: Selected Writings of Naphtali Herz Imber*. New York: Herzl Press, 1985.

Katz, Steven T. ed. *Why is America Different?: American Jewry on Its 350th Anniversary*. Lanham, MD: University Press of America, 2010.

Kennan, George." How Russian Soldiers were Enlightened in Japan." *The Outlook* Vol.109 (March 17, 1915): 622-626.

Klier, John and Shlomo Lambroza eds. *Pogroms: Anti-Jewish Violence in Modern Russian History*. Cambridge: Cambridge University Press, 1995.

Kolsky, Thomas A. *Jews against Zionism*. Philadelphia: Temple University Press, 1990.

Kotzin, Daniel. *Judah L. Magnes: An American Jewish Nonconformist*. Syracuse, NY: Syracuse University Press, 2010.

Kowner, Rotem. *Historical Dictionary of the Russo-Japanese War*. Lanham: The Scarecrow Press, 2006.

————ed. *The Forgotten Campaign: The Russo-Japanese War and its Legacy*. Tel Aviv: Defense Ministry Press, 2005.

————*Rethinking the Russo-Japanese War 1904-05: Centennial Perspectives*. Honolulu: University of Hawaii Press, 2007.

Lederhendler, Eli. *Jewish Immigrants and American Capitalism, 1880-1920: From Caste to Class*. Cambridge: Cambridge University Press, 2009.

Litvak, Olga. *Conscription and the Search for Modern Russian Jewry*. Bloomington: Indiana University Press, 2006.

Löwe, Heinz-Dietrich. *The Tsar and the Jews: Reform Reaction and Antisemitism in Imperial Russia, 1772-1917*. Chur, NY: Harwood Academic Publishers, 1993.

Lury, Robert M. "Jews in Japan." *Yearbook*. Congregation in Tokyo, Japan, 5717 (1956-57).

Mendelsohn, S. Felix. *Jacob H. Schiff: A Prince in Israel* (Chicago: Temple Beth Israel, 1920). American Jewish Historical Society.

Michels, Tony. "Is America 'Different'?: A Critique of American Jewish Exceptionalism." *American Jewish History* vol.96, no.3 (September, 2010): 201-224.

Moore, Deborah Dash., Jeffrey S. Gurock, Annie Polland, Howard B. Rock, and Daniel Soyer. *Jewish New York: The Remarkable Story of a City and a People*. New York: New York University Press, 2017.

Muraoka, Mina."Jacob H. Schiff and Japan: The Continued Friendship after the Russo-Japanese War." *Studies in Humanities and Social Sciences*. Humanities Series. No.113 (September, 2016): 23-59.

———*Jews and the Russo-Japanese War: The Triangular Relationship between Jewish POWs, Japan, and Jacob H. Schiff*. PhD dissertation, Brandeis University, 2014.

———"'A Prince in Israel': S. Felix Mendelsohn's Eulogy for Jacob H. Schiff, 1920." in Mark A. Raider and Gary Phillip Zola eds. *New Perspectives in American Jewish History: A Documentary Tribute to Jonathan D. Sarna* (Brandeis University Press, 2021): 166-172.

———"Safe Haven in Japan: The American Jewish Quest to Rescue Jewish Refugees in the Far East, 1917-1918," *Bulletin of the Society of Humanities*, Kanto Gakuin University, No.144 (2022): 29-44.

Myers, Ramon H., Peattie, Mark R. eds. *The Japanese Colonial Empire: 1895-1945*. Princeton: Princeton University Press, 1984.

Nakanishi, Michiko. *Heroes and Friends: Behind the Scenes of the Treaty of Portsmouth*. Portsmouth, NH: Peter E. Randall Publisher, 2005.

Nathans, Benjamin. *Beyond the Pale: The Jewish Encounter with Late Imperial Russia*. Berkeley, CA: University of California Press, 2002.

Nissenson, Marilyn. *The Lady Upstairs: Dorothy Schiff and the New York Post*. New York: St. Martin's Griffin, 2008.

Pak, Susie J. *Gentlemen Bankers: The World of J. P. Morgan*. Cambridge, MA: Harvard University Press, 2013.

Penkower, Monty Noam."The Kishinev Pogrom of 1903: A Turning Point in Jewish History." *Modern Judaism*, 24(3), (October, 2004), 187-225.

Petrovsky-Shtern, Yohanan. *Jews in the Russian Army, 1827-1917: Drafted into Modernity*. Cambridge: Cambridge

University Press, 2009.

Philipson, David. *My Life as an American Jew*. Cincinnati: J.G. Kidd & Son, Inc., 1941.

Ribak, Gil. *Gentile New York: The Images of Non-Jews among Jewish Immigrants*. New Brunswick: Rutgers University Press, 2012.

Ristaino, Marcia. *Port of Last Resort: The Diaspora Communities of Shanghai*. Stanford, CA: Stanford University Press, 2001.

Robert, Priscilla. "Jewish Bankers, Russia, and the Soviet Union, 1900-1940: The Case of Kuhn Loeb and Company." *The American Jewish Archives Journal* 49(1997): 9-37.

Rozenblit, Marsha L. and Jonathan Karp eds. *World War I and the Jews: Conflict and Transformation in Europe, the Middle East, and America*. New York: Berghahn Books, 2017.

Rubin, Ruth. *Voices of a People: The Story of Yiddish Folksong*. Champaign, IL: University of Illinois Press, 1979.

Sanders, Ronald. *Shores of Refuge: A Hundred Years of Jewish Emigration*. New York: Henry Holt and Company, 1988.

Sarna, Jonathan D. *American Judaism: A History*. New Haven, CT: Yale University Press, 2004.

Schiff, Jacob H. "Japan After the War." *North American Review*, 183(1906): 161-168.

————*Our Journey to Japan*. New York: New York Co-operative Society, 1907.

————"Social Serbice [sic] and the Free Synagogue." *Free Synagogue Pulpit*, Vol.1/ no.3 (March, 1908): 49-51.

Schimmelpenninick van der Oye, David et al, ed. *The Russo-Japanese War in Global Perspective: World War Zero*. 2vols. Boston: Brill, 2007.

Schoenberg, Philip E."The American Reaction to the Kishinev Pogrom of 1903." *American Jewish Historical Quarterly*, 63 (March, 1974): 262-283.

Schulman, Daniel. *The Money Kings: The Epic Story of the Jewish Immigrants Who Transformed Wall Street and Shaped Modern America.* New York, Alfred A. Knopf, 2024.

Sherman, A. J."German-Jewish Bankers in World Politics: The Financing of the Russo-Japanese War." *Leo Baeck Institute Year Book*, 28 (1) (1983): 59-73.

Shickman-Browman, Zvia."The Constitution of the Chinese Eastern Railway and the Origin of the Harbin Jewish Community, 1898-1931." in *The Jews of China*: Vol.1. *Historical and Comparative Perspectives.* Jonathan Goldstein ed. NY: Routledge, 1999: 187-199.

Silver, Matthew M. *Louis Marshall and the Rise of Jewish Ethnicity in America: A Biography.* Syracuse: Syracuse University Press, 2013.

Smele, Jonathan. *The Russian Revolution and Civil War 1917-1921: An Annotated Bibliography.* London: Continuum, 2006.

Sorkin, David. "Is American Jewry Exceptional?: Comparing Jewish Emancipation in Europe and America." *American Jewish History* Vol.96, no.3 (September, 2010): 175-200.

Steinberg, John W. et al., eds. *The Russo-Japanese War in Global Perspective: World War Zero.* Boston: Brill, 2005.

Stukts, Taylor. "Roosevelt, Russian Persecution of Jews, and American Public Opinion." *Jewish Social Studies*, 33 (January, 1971), 13-22.

Supple, Barry E. "A Business Elite: German-Jewish Financiers in Nineteenth-Century New York." Jonathan D. Sarna ed. *The American Jewish Experience*, New York: Holmes & Meier Publishers, 1986: 99-112.

Suzuki, Toshio. *The Japanese Government Loan Issues on the London Capital Market 1870-1913.* London: The Athlone Press, 1994.

Szajkowski, Zosa. "The Attitude of American Jews to East European Jewish Immigration." *Publication of the American Jewish Historical Society*, 40 (March, 1951): 221-280.

————"Paul Nathan, Lucien Wolf, Jacob H. Schiff and the Jewish Revolutionary Movements in Eastern Europe 1903-1917." *Jewish Social Studies*, 29 (1)(1967): 75-91.

Thorson, Winston B. "American Public Opinion and the Portsmouth Peace Conference." *American Historical Review*, 53 (April 19, 1948): 439-464.

Tokayer, Marvin and Steven Hall, "Jewis in Japan," M. Avrum Enrlich ed. *Encyclopedia of the Jewish Diaspora: Orgins, Experiences, and Cilture*. Santa Barbara, CA: ABC-CLIO, 2008.

Travis, Frederick F. *George Kennan and the American-Russian Relationship, 1865-1924*. Athens, OH: Ohio University Press, 1990.

Tulchinsky, Gerald J. J. *Taking Root: The Origins of the Canadian Jewish Community*. Hanover, NH: Brandeis University Press, 1993.

Tupper, Eleanor and George E. McReynolds. *Japan in American Public Opinion*. New York: Macmillan, 1939.

Ujifusa, Steven. *The Last Ships from Hamburg: Business, Rivalry, and the Race to Save Russia's Jews on the Eve of World War I*. New York: Harper Collins Publisher, 2023.

Urofsky, Melvin I. *American Zionism from Herzl to the Holocaust*. Garden City, NY: Anchor Press, 1975.

Warburg, Frieda Schiff. *Reminiscences of a Long Life*. New York: Self-Published, 1956.

Warburg, James, P. *The Long Road Home: The Autobiography of a Marverick*. New York: Doubleday, 1964.

Waxman, Chaim. *America's Jews in Transition*. Philadelphia: Temple University Press, 1983.

Weinberg, Robert. *The Revolution of Odessa: Blood on the Steps*, Bloomington: Indiana University Press, 1993.

Wenger, Beth. *New York Jews and Great Depression: Uncertain Promise*. Syracuse: Syracuse University, 1999.

Wilkins, Mira. *The History of Foreign Investment in the United States to 1914*. Cambridge, MA: Harvard University Press, 1989.

Wischnitzer, Mark. *Visas to Freedom: The History of HIAS*. Cleveland and New York: The World Publishing Company, 1956.

Witte, Sergei. *The Memoir of Count Witte*. Abraham Yarmolinsky edition, Garden City: Doubleday, 1921.

Wolf, Simon. *The Presidents I Have Known From 1860-1918*. Washington D. C. : Press of Byron S. Adams, 1971 (The original was published in 1918).

Wolff, David. *The Harbin Stations: The Liberal Alternative in Russian Manchuria, 1898-1914*. Redwood City, CA: Stanford University Press, 1999.

Yong, Louise. *Japan's Total Empire: Manchuria and the Culture of Wartime Imperialism*. Berkeley, CA: University of California Press, 1998.

Zavadivker, Polly "Contending with Horror: Jewish Aid Work in the Russian Civil War Pogroms." in *The Pogroms of the Russian Civil War at 100: New Trends, New Sources*, eds. Elissa Bemporad, Thomas Chopard, *Quest. Issues in Contemporary Jewish History*, Issue n.15 (2019): 1-49.

あとがき

本書は、筆者が二〇一四年に米国マサチューセッツ州に所在するブランダイス大学に提出した学位論文（題目：*Jews and the Russo-Japanese War: The Triangular Relationship between Jewish POWs, Japan, and Jacob H.Schiff*）をもとに、シフについて記した部分を中心に大幅に加筆修正と削除を行い、さらに一章、二章、六章を新しく執筆し加えたものである。著者が博士論文を提出してから早くも一〇年がたった。その間にもシフに関連する新しい文献が数点出版されているため本書はそれらの新しい資料も検討した。本書を出版するに至った背景には、日本に貢献した人物としてすでに名が広く知られているシフについて、日本と関わりのない部分も含めて彼の人物像を明らかにしておきたいと思ったからである。彼はアメリカ史およびアメリカ・ユダヤ史において主要な人物であり、英語版の伝記もそれぞれ一九二八年と九九年に出版されている。

本書でも紹介したとおり実に多くの分野で活躍をした人物で、アメリカ・ユダヤ史に関連する書籍に彼の名前が記載されていないものは存在しないと言っても決して過言ではない。そのため筆者の力量ではシフという人物について十分に扱い切れないだろうと不安に感じることが多々あった。しかし日本で出版されているシフに関する書物や論文は非常に少なく、それらは金融史や外交史を専門とする著者が記したものに限られていた。また日露戦争への関与に関連する内容を除けばシフについてほとんど触れられていない。加えてシフがウォール街を代表する銀行家だったことや、一九世紀末から二〇世紀初頭にかけてアメリカ・ユダヤ社会を担う有力者だったということを除いては、彼が日露戦争に関与した理由に関しても限られた視点からしか紹介されていない。それではシフという人物の半分も掴めないのではないかと感じられた。よって日露戦争後の日本との関係についても触れながら、シフの生涯について日本語でも確かなものにしておきたいという思いから筆を執った。

日本にはシベリア出兵の際にロシアの反ユダヤ的思想に影響を受けて、ユダヤ人陰謀説がもち込まれたが、今日も書店にはユダヤ人と金に関する一般図書やビジネス本が多く並ぶ。他方で欧米では、ユダヤ人と金にまつわるテーマはユダヤ人に対するステレオタイプを助長するものとして忌み嫌われてきた。その点から考えると、ユダヤ人銀行家の影響力を主題にした研究は、過去と比較すると近年ではより多く取り上げられるようにはなったものの、やはり避けられる傾向にあった。しかし日本に在住するユダヤ人は極少数であることから、日本人が直接ユダヤ人と関わる機会は少なく、ユダヤ人と金という定着したステレオタイプを誇張させるようなテーマが取り上げられていることに対しても、差別的だと意識しない人もいるだろう。筆者はアメリカで過ごした院生時代にニューヨークにあるアメリカ・ユダヤ人委員会の図書室を訪れることがあったが、そこに「日本における反ユダヤ主義」というファイルが存在していることに当初驚いた。それまで日本の反ユダヤ主義についてほとんど考えたことがなかったからである。ファイルには反ユダヤ的とされる日本の出版物や関連資料が集められており、日本の反ユダヤ主義に関する報告書も一六ページにわたってまとめられていた。(1) 日本人はある種の羨望の目でユダヤ人を見ているため、日本人がもつユダヤ人のステレオタイプは、悪意や敵意に基づくものではなく、無知からくるものだと主張されたこともあった。しかしシフは、日本の戦費を工面して戦況までも変えたユダヤ人として、金とパワーという典型的なイメージに当てはまる例としてメディア等で一部分だけが誇張され、偏った見方がされてきたのも事実である。よって本書は筆者がこれまでに行ってきた研究に基づいてはいるものの、専門書というよりはむしろ日露戦争やシフ、あるいはアメリカ・ユダヤ人に関心のある多くの方に読んでいただきたいという思いでまとめた。シフの全貌を本書で明らかにすることは到底不可能であるが、日本にゆかりの深いシフについて知っていただき、アメリカ・ユダヤ人にも関心を広げていただけたら、筆者にとってこれ以上喜ばしいことはない。

なお、本書の内容は一部、以下の論文にも掲載されている。

・村岡美奈「日本におけるユダヤ系ロシア人戦争捕虜のアイデンティティの変容――日露戦争を通して」『防衛大学校紀要』人文科学分冊　第一〇八号（二〇一三年）、一九－三八頁。

・Muraoka, Mina. *Jews and the Russo-Japanese War: The Triangular Relationship between Jewish POWs, Japan, and Jacob H. Schiff*. PhD diss. Brandeis University, 2014.

・村岡美奈「日露戦争期のアメリカ・ユダヤ人――ダヴィデに例えられた日本」『地域研究』第一四巻、二号（二〇一四）、一四〇－一六一頁。

・Muraoka, Mina. "Jacob H. Schiff and Japan: The Continued Friendship after the Russo-Japanese War", *Studies in Humanities and Social Sciences*. Humanities Series. Defense Academy of Japan, No. 113（2016）: 23-59.

・Muraoka, Mina. "Safe Haven in Japan: The American Jewish Quest to Rescue Jewish Refugees in the Far East, 1917-1918", *Bulletin of the Society of Humanities*, Kanto Gakuin University, No.144 (2022): 29-44.

・Muraoka, Mina. " 'Jacob H. Schiff: A Prince in Israel、S. Felix Mendelsohn's Eulogy for Jacob H. Schiff", in Mark A. Raider and Gary Phillip Zola eds. *New Perspectives in American Jewish History: A Documentary Tribute to Jonathan D. Sarna*. Waltham, MA: Brandeis University Press, 2021: 166-172.

最後に、この場を借りてお世話になった方々にお礼を述べたい。アメリカで過ごした大学院時代には多くの研究機関や研究者の方々にお世話になった。もともとシフについて研究することを勧めてくださったのは、ブランダイス大学大学院でお世話になった恩師のジョナサン・サーナ（Jonathan D. Sarna）先生だった。サーナ先生はアメリカ・ユダヤ史の一線で活躍されており、授業の他ご自身の研究や講演会などでご多忙にもかかわらず、いつも私の研究を応援してくださり惜しみなくアドヴァイスをくださった。あるとき先生に一体いつ研究活動をされているのか聞いてみたところ、家族が寝ている時間に早起きして行っているという返事を聞き、納得したことがある。先生の励ましを抜きにしては研究を続けることはできなかった。

また本研究は次に挙げる研究助成の成果の一部である。Marcus Center Fellowship of the American Jewish Archives, The Hadassah-Brandeis Institute Research Award, Center for Jewish History Graduate Fellowship (Dr. Sophie Bookhalter Fellow in Jewish Culture), Memorial Foundation for Jewish Culture, Marcus Center Fellowship of the American Jewish Archives, Ruth B. Fein Prize of the American Jewish Historical Society, Research Grant from the Tauber Institute for the Study of European Jewry, 松下幸之助研究助成からの支援があり研究を行うことが可能だった。この場を借りて感謝申し上げたい。デボラ・ダッシュ・ムーア（Deborah Dash Moore）先生とシャエラン・フリーズ（ChaeRan Freeze）先生からは博士論文の副査として大変貴重なコメントをいただいた。また、院生時代から筆者を応援

して下さった故佐藤唯行先生と北美幸先生をはじめに、学会や研究会でアドヴァイスやコメントをくださった多くの方々にも感謝申し上げたい。本書で対応しきれなかった検討事項に関しては、今後の課題としたい。また当時大学院生だった筆者によるインタビューに快く応じてくださった高橋是清のお孫さんの高橋是修氏、ひ孫さんの安田信氏にも感謝申し上げたい。是修さんを紹介してくださったのは筆者の大学時代の恩師である久守和子先生である。

春風社の下野歩さんは、二〇二二年に関東学院大学金沢文庫キャンパスにお越しいただき、出版をご提案くださった。出版を実現させるまでに時間がかかったが定期的に励ましの言葉をいただき大変お世話になった。また同社の編集部長でおられる山岸信子さんにも校正作業から出版まで大変お世話になった。なお本書の出版は、関東学院大学人文科学研究所の出版助成があって実現した。本研究所所長の井上和人先生と前所長の大橋一人先生にこの場を借りてお礼申し上げたい。

最後に、深夜や明け方の執筆の際にも文字通りそばにいてくれた武蔵と伊万里、そしていつも理解と興味を示し支えてくれた両親と夫にこの本を捧げたい。

二〇二五年春　筆者

注

（1）Jennifer Golub. *Japanese Attitudes Toward Jews* (New York: The American Jewish Committee, 1992).

関係年表

	シフに関連する出来事	ユダヤ人に関連する動き	アメリカの動き	日本の動き
一八四七	ドイツ、フランクフルトに生まれる			
一八四八			カリフォルニアで金鉱発見	
一八五二		ニューヨークにゲゼルシャフト・ハルモニー設立 マウント・サイナイ病院設立		
一八五三	ザムソン・ラファエル・ヒルシュの学校に通う（〜一八六一年）	アイザック・メイヤー・ワイズがシンシナティに定住		ペリー、浦賀来航
一八五四				日米和親条約調印
一八五六			ニューヨークにセントラル・パーク開園	
一八五八				日米修好通商条約調印
一八六一	父の指導のもと、ビジネスに関する実践的な教育を受ける		南北戦争勃発 ジョン・Ｐ・モルガンがＪ・Ｐモルガン商会を設立	
一八六三			奴隷制解放宣言	
一八六四		ジョセフ・セリグマンがセリグマン商会を設立		
一八六五	八月、アメリカに移住		南北戦争終結	
一八六七	フランク＆ガンズ証券会社に入社 バッジ＆シフ証券会社を創業	エイブラハム・クーンがクーン・ネッター・ローブ＆ウルフ仲買銀行を設立		

一八六八				明治維新
一八六九			大陸横断鉄道開通	
一八七〇	アメリカの市民権取得			
一八七一				岩倉遣外使節出発
一八七二	吉田清成と交渉			富岡製糸場開業
一八七三	バッジ&シフ証券会社解散 ドイツに帰国 ハンブルクのヴァールブルク商会に入社			
一八七五	一月、アメリカに再度移住 クーン・ローブ商会に入社 五月、テレーズ・ローブと結婚			
一八七六	娘のフリーダが生まれる			
一八七七	息子のモーティマーが生まれる	セリグマン事件		
一八八一		アレクサンドル二世暗殺 東欧系ユダヤ移民が米国に増加		
一八八二		ロシアで「五月法」制定		日本銀行設立
一八八五	五番街の七四丁目に屋敷を建てる モンテフィオーレの会長に就任	ピッツバーグ宣言		
一八八七		ニューヨークにユダヤ神学セミナリー設立		

一八八九		ハーヴァード大学セム博物館設立	ベンジャミン・ハリソン大統領就任	明治憲法発布
一八九一	セム博物館に寄付			滋賀県大津にてロシア皇太子暗殺未遂（大津事件）
一八九二		ヘブライ・フリー・ローン協会設立		
一八九三		リリアン・ウォルドがヘンリー街セツルメントを設立	恐慌 グロバー・クリーブランド大統領就任	
一八九四		フランスでドレフュス事件	日米通商航海条約	日清戦争勃発（〜一八九五）
一八九五	娘のフリーダがフェリックス・ヴァールブルクと結婚			
一八九七	ハリマンと共にユニオン・パシフィック鉄道を購入		ウィリアム・マッキンリー大統領就任	
一八九八			米西戦争	
一九〇〇	ドイツ政府の債権発行 ロシアに対する金融ボイコット開始 息子のモーティマーがアデル・ヌスタットと結婚 ＹＭＨＡに建物を寄付			清において義和団の乱
一九〇一	ノーザン・パシフィック事件 五番街の七八丁目に屋敷を建てる アメリカ自然史博物館による中国探検のスポンサーになる（〜一九〇四年）		セオドア・ローズヴェルト大統領就任	

一九〇二	ルーマニアとロシアにおけるユダヤ人迫害に関して大統領に持ちかけるようになる			日英同盟調印
一九〇三		四月、ロシアのキシニョフでポグロム勃発		
一九〇四	日露戦争勃発			二月、日露戦争勃発（〜一九〇五）
一九〇五	高橋是清とロンドンで会う 日本政府の債権発行 勲二等瑞宝章の叙勲 高橋是清がシフの別荘に滞在 ポーツマスでウィッテと会談	ユダヤ人がアメリカに定住してから二五〇周年記念の年 ビャウィストクでポグロムが起きる	桂＝タフト協定 九月、ポーツマス講和条約	九月、日露戦争終結 韓国の保護国化 桂＝ハリマン協定（一九〇六年破棄）
一九〇六	三月、来日（〜五月） 明治天皇に謁見し、勲一等旭日大綬章の叙勲 高橋是清の娘、和喜子を連れてアメリカに帰国	アメリカ・ユダヤ人委員会設立 オスカー・ストラウスが商務大臣に就任	サンフランシスコの公立学校で日本人移民排斥	鉄道国有法公布
一九〇七			日米紳士協定	
一九〇八	ニューヨークにジャパン・ソサエティを設立		高平・ルート協定 フォード「モデルT」発売	
一九〇九	和喜子が日本に帰国		ウィリアム・H・タフト大統領就任 全米黒人地位向上協会（NAACP）結成	
一九一〇				韓国併合

一九一一			一八三二年の米露通商条約の廃止	
一九一二				明治天皇死去
一九一三	ドイツ研究推進のためコーネル大学に寄付		カリフォルニア州議会が排日土地法 ウッドロー・ウィルソン大統領就任 連邦準備法	
一九一四	一〇月、ジャパン・ソサエティの役員を辞退	ジョイント設立	第一次世界大戦勃発	対独宣戦布告
一九一五		レオ・フランク、リンチ殺害事件		対華二一カ条要求提出
一九一七	HIASによる日本におけるユダヤ難民救済活動を支援	三月、ロシアにおいて二月革命	アメリカ参戦 自由公債の募集	
一九一八		一一月、ロシアにおいて十月革命 一一月、バルフォア宣言 アメリカ・ユダヤ人会議設立	第一次世界大戦終結	シベリア出兵
一九一九	健康状態が悪化		禁酒法制定	
一九二〇	九月、ニューヨークの自宅で死去		国際連盟発足 女性参政権発効	

17日	東京に向けて日光を出発 和喜子の留学について話し合うため、高橋が夜に会いに来る	
18日	実業家の岩崎久弥邸で昼食会 東京市長主催の夕食会	
19日	元在英外国官の園田孝吉邸で昼食会 福田孤児院を訪問し、寄付 三井財閥の三井高棟のクラブにて夕食会	
4月20日	明治天皇によってお花見の会が開催される 日本興業銀行の総裁である添田壽一の邸宅で夕食会	4/20-21 安息日
21日	シフ夫人が高橋夫人を訪問し、和喜子の留学について話し合う 政治家の松方正義邸で昼食会 京都に向けて東京を出発	
28日	京都滞在最終日 公立小学校と女学校を訪問し、授業を見学する 瀬戸内海観光のため京都を出発	4/27-28 安息日
5月2日	朝鮮半島を訪問	5/4-5 安息日
7日	日本に戻る	5/11-12 安息日
15日	帝国ホテルにてシフ主催の送別会を開催※	
16日	政治家の井上馨邸にて昼食会	
18日	アメリカに向けて横浜港を出発 高橋、渋沢、井上、添田が船まで見送りに来る	5/18-19 安息日

※渋沢の日記によると日程は5月14日となっている。

（読売新聞とシフの旅行日記、および『渋沢栄一伝記資料』を参考に作成）

シフの日本における旅程表

1906年

日時	出来事	*ユダヤ教の祝日
2月22日	日本に向けてニューヨークを出発	
28日－3月3日	カリフォルニア州サンタバーバラに滞在	3/2-3 安息日
3月15 － 17日	ハワイ、ホノルルに滞在	3/16-17 安息日
25日	横浜に到着、グランド・ホテルに宿泊	3/23-24 安息日
27日	横浜および鎌倉観光	
28日	東京に到着 明治天皇に謁見し、昼食を共にする 勲一等旭日大綬章の授与 大蔵大臣の阪谷芳郎邸で夕食会	
29日	上野および浅草観光 日本銀行主催の夕食会	
30日－31日	東京観光	3/30-31 安息日
4月1日	柔道の道場を見学 高橋是清邸で昼食会、和喜子に初めて会う	
2日	グランド・ホテルにてアメリカ－アジア協会主催の夕食会	
3日	箱根観光	
4日	富士山周辺を観光	
5日	箱根から東京に戻る 枢密顧問官の金子堅太郎邸で夕食会 舞踏会	
7日	小石川後楽園にて日本銀行主催の園遊会に出席 500名が参加	4/6-7 安息日
8日	渋谷の赤十字病院を訪問 実業家の大倉喜八郎の別荘にて夕食会．美術館訪問	
9日	早稲田にある政治家の大隈重信邸で昼食会	4/9-17 過越祭
10日	実業家の渋沢栄一の飛鳥山邸で昼食会 夕食後、高橋が金融について話し合うために会いに来る	
11日	帝国大学（現東京大学）を訪問 日光観光のため東京を出発	4/13-14 安息日

索 引

［あ行］

［か行］

［さ行］

［た行］

［な行］

［は行］

［ま行］

［や行］

［ら行］

［わ行］

【著者】村岡美奈（むらおか・みな）

関東学院大学国際文化学部准教授。筑波大学大学院地域研究研究科およびニューヨーク市立大学ブルックリン・カレッジ大学院ユダヤ学部の修士課程を経て、ブランダイス大学大学院近東ユダヤ学部博士課程修了（Ph.D）。専門は近代ユダヤ史およびアメリカ・ユダヤ史。在学中にニューヨークのユダヤ遺産博物館の教育インターン、ユダヤ人歴史研究所およびアメリカ・ユダヤ文書館の研究フェローを務める。

主要業績に『ユダヤ文化事典』（分担執筆、丸善出版、二〇二四年）、*New Perspectives in American Jewish History: A Documentary Tribute to Jonathan D. Sarna*（共著、Brandeis University Press, 二〇二一年）、マリオン・イングラム『戦渦の中で――ホロコースト生還者による苦難と希望の物語』（共訳および解説、小鳥遊書房、二〇二〇年）がある。

ジェイコブ・H《えいち》・シフ――日本《にほん》を支持《しじ》したユダヤ系《けい》銀行《ぎんこう》家《か》の軌跡《きせき》

二〇二五年三月三一日　初版発行

著者　村岡美奈　むらおか みな

発行者　三浦衛

発行所　春風社　*Shumpusha Publishing Co., Ltd.*

横浜市西区紅葉ヶ丘五三　横浜市教育会館三階

〈電話〉〇四五・二六一・三一六八　〈FAX〉〇四五・二六一・三一六九

〈振替〉〇〇二〇〇・一・三七五二四

http://www.shumpu.com　✉ info@shumpu.com

装丁　長田年伸

印刷・製本　モリモト印刷株式会社

乱丁・落丁本は送料小社負担でお取り替えいたします。

ISBN 978-4-86816-046-5 C0023 ¥3700E

※表紙カバー写真：ジェイコブ・シフ五五歳の時の肖像写真

アメリカ・ユダヤ文書館所蔵［Courtesy of the American Jewish Archives］